高等教育“十二五”应用型人才培养规划教材

会计电算化教程

主　编　唐定芬　王玉华　马　媛
副主编　朱振东　姚　嘉　孙丽男
王　悦　卢　珊　王　奥
李　燕
主　审　张兴东　尹桂风

北京理工大学出版社
BEIJING INSTITUTE OF TECHNOLOGY PRESS

图书在版编目（CIP）数据

会计电算化教程/唐定芬，王玉华，马媛主编．—北京：北京理工大学出版社，2014.2

ISBN 978-7-5640-8798-2

Ⅰ.①会… Ⅱ.①唐… ②王… ③马… Ⅲ.①会计电算化-高等学校-教材 Ⅳ.①F232

中国版本图书馆 CIP 数据核字（2014）第 008870 号

出版发行／北京理工大学出版社有限责任公司
社　　址／北京市海淀区中关村南大街 5 号
邮　　编／100081
电　　话／（010）68914775（总编室）
　　　　　82562903（教材售后服务热线）
　　　　　68948351（其他图书服务热线）
网　　址／http：//www.bitpress.com.cn
经　　销／全国各地新华书店
印　　刷／北京地质印刷厂
开　　本／787 毫米×1092 毫米　1/16
印　　张／18.25
字　　数／423 千字
版　　次／2014 年 2 月第 1 版　2014 年 2 月第 1 次印刷
定　　价／39.00 元

责任编辑／王玲玲
文案编辑／王玲玲
责任校对／周瑞红
责任印制／马振武

前　言

随着信息技术的迅速发展和经济全球化进程的加快，会计信息化已成为不可阻挡的趋势，计算机会计人才也日渐为社会所认可和追逐。为了培养会计信息化人才，长春科技学院和长春大学旅游学院的教师联合编写了本书。本书符合高等院校本科应用型教育能力培养的理念，教材内容全面、适用面广，适用于财务管理、财务会计、会计电算化、注册会计师等专业课程的教学，同时也可作为职业教育学院和财会人员继续教育的教学用书。

本书按照企业正常财务业务流程来编写。首先介绍初始业务部分，包括系统管理、企业应用平台等初始业务，然后介绍日常业务的处理，包括应收应付等系统的日常业务，最后介绍各个模块结账和总账结账处理。结账后，根据之前的业务数据，利用报表模板生成资产负债表和利润表等相关财务报表。整个流程和实际会计电算化业务联系紧密，结构安排合理，内容整合得当，体系完整清晰，重点突出，详略得当，使读者能够准确把握会计电算化理论和方法体系。

全书由唐定芬、王玉华、马媛主编，其中唐定芬编写第一部分和第二部分，王玉华、马媛、朱振东、姚嘉、孙丽男、王悦、卢珊、王奥、李燕编写第三部分和附录。本书在编写过程中，得到了长春科技学院院长王晓光和长春大学旅游学院院长张兴东的大力支持，浙江南浔农村商业银行股份有限公司的李燕对资料的整理、格式的修改付出了艰辛的劳动，在此表示最诚挚的感谢。

限于编写人员水平，书中难免有疏漏和不当之处，恳请读者批评指正。

编　者

目　录

第一部分　初始化业务

第一章　系统管理 …………………………………………（3）
　第一节　系统管理的概述 …………………………………（3）
　　一、知识与技能要求 …………………………………（3）
　　二、功能概述 …………………………………………（3）
　　三、实验目的与要求 …………………………………（4）
　　四、教学建议 …………………………………………（4）
　第二节　系统管理的实验 …………………………………（4）
　　一、实验准备 …………………………………………（4）
　　二、实验要求 …………………………………………（4）
　　三、实验资料 …………………………………………（5）
　　四、实验指导 …………………………………………（6）
第二章　企业应用平台 ……………………………………（20）
　第一节　概述 ……………………………………………（20）
　　一、知识与技能要求 …………………………………（20）
　　二、功能概述 …………………………………………（20）
　　三、实验目的与要求 …………………………………（21）
　　四、教学建议 …………………………………………（21）
　第二节　基础设置 ………………………………………（21）
　　一、实验准备 …………………………………………（21）
　　二、实验要求 …………………………………………（21）
　　三、实验资料 …………………………………………（22）

四、实验指导 …………………………………………………………… (24)
第三章　总账系统初始化 ……………………………………………………… (31)
第一节　概述 …………………………………………………………… (31)
一、知识与技能要求 …………………………………………………… (31)
二、功能概述 …………………………………………………………… (31)
三、实验目的与要求 …………………………………………………… (32)
四、教学建议 …………………………………………………………… (32)
第二节　总账系统初始化的实验 ………………………………………… (33)
一、实验准备 …………………………………………………………… (33)
二、实验要求 …………………………………………………………… (33)
三、实验资料 …………………………………………………………… (33)
四、实验指导 …………………………………………………………… (36)
第四章　薪资管理系统初始化 ………………………………………………… (46)
第一节　薪资管理系统概述 ……………………………………………… (46)
一、知识与技能要求 …………………………………………………… (46)
二、功能概述 …………………………………………………………… (46)
三、实验目的与要求 …………………………………………………… (47)
四、教学建议 …………………………………………………………… (47)
第二节　薪资管理系统初始化 …………………………………………… (47)
一、实验准备 …………………………………………………………… (47)
二、实验要求 …………………………………………………………… (47)
三、实验资料 …………………………………………………………… (47)
四、实验指导 …………………………………………………………… (49)
第五章　固定资产系统初始化 ………………………………………………… (61)
第一节　固定资产系统概述 ……………………………………………… (61)
一、知识与技能要求 …………………………………………………… (61)
二、功能概述 …………………………………………………………… (61)
三、实验要求与目的 …………………………………………………… (62)
四、教学建议 …………………………………………………………… (62)
第二节　固定资产初始化的实验 ………………………………………… (62)
一、实验准备 …………………………………………………………… (62)
二、实验要求 …………………………………………………………… (62)
三、实验资料 …………………………………………………………… (62)
四、实验指导 …………………………………………………………… (64)

第六章 应收款管理系统初始化 …………………………………………………（74）
第一节 应收款管理系统概述 ………………………………………………（74）
一、知识与技能要求 …………………………………………………………（74）
二、功能概述 …………………………………………………………………（74）
三、实验要求与目的 …………………………………………………………（74）
四、教学建议 …………………………………………………………………（75）
第二节 系统初始化 …………………………………………………………（75）
一、实验准备 …………………………………………………………………（75）
二、实验要求 …………………………………………………………………（75）
三、实验资料 …………………………………………………………………（75）
四、实验指导 …………………………………………………………………（77）
第七章 应付款管理系统初始化 …………………………………………………（91）
第一节 应付款管理系统概述 ………………………………………………（91）
一、知识与技能要求 …………………………………………………………（91）
二、功能概述 …………………………………………………………………（91）
三、实验目的与要求 …………………………………………………………（92）
四、教学建议 …………………………………………………………………（92）
第二节 系统初始化的实验 …………………………………………………（92）
一、实验准备 …………………………………………………………………（92）
二、实验要求 …………………………………………………………………（92）
三、实验资料 …………………………………………………………………（93）
四、实验指导 …………………………………………………………………（94）

第二部分 日常业务处理

第一章 总账系统日常业务处理 …………………………………………………（103）
第一节 总账日常业务处理的实验 …………………………………………（103）
一、实验准备 …………………………………………………………………（103）
二、实验要求 …………………………………………………………………（103）
三、实验资料 …………………………………………………………………（104）
四、实验指导 …………………………………………………………………（105）
第二节 出纳管理的实验 ……………………………………………………（120）
一、实验准备 …………………………………………………………………（120）
二、实验要求 …………………………………………………………………（120）

三、实验资料 …………………………………………………………… (120)
四、实验指导 …………………………………………………………… (121)
第二章 薪资管理系统日常业务处理 …………………………………… (129)
一、实验准备 …………………………………………………………… (129)
二、实验要求 …………………………………………………………… (129)
三、实验资料 …………………………………………………………… (129)
四、实验指导 …………………………………………………………… (130)
第三章 固定资产日常业务处理 ………………………………………… (139)
一、实验准备 …………………………………………………………… (139)
二、实验要求 …………………………………………………………… (139)
三、实验资料 …………………………………………………………… (139)
四、实验指导 …………………………………………………………… (140)
第四章 应收款管理系统日常业务处理 ………………………………… (151)
第一节 单据处理的实验 ……………………………………………… (151)
一、实验准备 …………………………………………………………… (151)
二、实验要求 …………………………………………………………… (151)
三、实验资料 …………………………………………………………… (151)
四、实验指导 …………………………………………………………… (152)
第二节 票据管理的实验 ……………………………………………… (161)
一、实验准备 …………………………………………………………… (161)
二、实验要求 …………………………………………………………… (161)
三、实验资料 …………………………………………………………… (161)
四、实验指导 …………………………………………………………… (161)
第三节 转账处理的实验 ……………………………………………… (166)
一、实验准备 …………………………………………………………… (166)
二、实验要求 …………………………………………………………… (167)
三、实验资料 …………………………………………………………… (167)
四、实验指导 …………………………………………………………… (167)
第四节 坏账处理及其他处理的实验 ………………………………… (172)
一、实验准备 …………………………………………………………… (172)
二、实验要求 …………………………………………………………… (173)
三、实验资料 …………………………………………………………… (173)
四、实验指导 …………………………………………………………… (173)

第五章 应付款管理系统日常业务处理 …………………………………………（181）
第一节 单据处理的实验 ………………………………………………………（181）
一、实验准备 ……………………………………………………………（181）
二、实验要求 ……………………………………………………………（181）
三、实验资料 ……………………………………………………………（181）
四、实验指导 ……………………………………………………………（182）
第二节 票据管理的实验 ………………………………………………………（190）
一、实验准备 ……………………………………………………………（190）
二、实验要求 ……………………………………………………………（190）
三、实验资料 ……………………………………………………………（191）
四、实验指导 ……………………………………………………………（191）
第三节 转账处理的实验 ………………………………………………………（194）
一、实验准备 ……………………………………………………………（194）
二、实验要求 ……………………………………………………………（194）
三、实验资料 ……………………………………………………………（194）
四、实验指导 ……………………………………………………………（194）

第三部分 期末业务处理

第一章 薪资管理系统 ……………………………………………………………（201）
第一节 薪资月末处理 …………………………………………………………（201）
一、薪资月末结账 ………………………………………………………（201）
二、薪资反结账 …………………………………………………………（202）
第二节 查询薪资相关账表 ……………………………………………………（203）
一、查看薪资发放条 ……………………………………………………（203）
二、查看部门工资汇总表 ………………………………………………（205）
三、对财务部进行工资项目构成分析 …………………………………（205）
四、查询1月份“应付职工薪酬”的记账凭证 …………………………（207）
第二章 固定资产期末业务……………………………………………………（208）
第一节 固定资产月末处理 ……………………………………………………（208）
一、结账 …………………………………………………………………（208）
二、固定资产反结账 ……………………………………………………（208）
第二节 查询固定资产系统相关账表 …………………………………………（210）
一、查询固定资产原值一览表 …………………………………………（210）

二、查询“价值结构分析表” …… (211)
第三章 应收账款期末业务处理 …… (212)
第一节 应收账款月末处理 …… (212)
一、结账 …… (212)
二、反结账 …… (213)
第二节 账表查询及其他处理的实验 …… (214)
一、欠款分析 …… (214)
二、查询业务总账 …… (215)
三、查询科目余额表 …… (216)
第四章 应付账款期末业务处理 …… (217)
第一节 应付账款月末处理 …… (217)
一、结账 …… (217)
二、反结账 …… (218)
第二节 账表查询及其他处理的实验 …… (219)
一、查询1月份填制的所有采购专用发票 …… (219)
二、查询1月份所有的收付款单 …… (219)
三、删除1月31日填制的支付建卫股份公司商业承兑汇票的记账凭证 …… (220)
四、应付账龄分析 …… (221)
五、查询业务总账 …… (222)
六、查询科目余额表 …… (222)
七、取消转账操作 …… (223)
八、制单 …… (224)
第五章 总账业务期末处理 …… (225)
第一节 结转费用成本及利润结转 …… (225)
一、设置自定义结转凭证，结转借款利息 …… (225)
二、结转销项税额及相关成本 …… (226)
三、结转销售成本 …… (229)
四、期间损益结转 …… (230)
五、所得税费用结转 …… (232)
六、再生成期间损益结转凭证，把所得税费用转到本年利润 …… (234)
七、设置利润分配结转转账凭证 …… (234)
第二节 总账结账及反结账业务 …… (235)
一、对2013年1月份的会计账簿进行对账 …… (235)
二、对2013年1月份的会计账簿进行结账 …… (236)

三、总账系统反结账 …………………………………………………………………… (237)
四、账套备份 …………………………………………………………………………… (238)
第六章 UFO 报表系统 ……………………………………………………………… (239)
第一节 UFO 报表系统的功能概述 ……………………………………………… (239)
第二节 自定义报表的实验 …………………………………………………………… (240)
一、实验准备 …………………………………………………………………………… (240)
二、实验要求 …………………………………………………………………………… (240)
三、实验资料 …………………………………………………………………………… (240)
四、实验指导 …………………………………………………………………………… (241)
第三节 利用报表模板生成报表 ……………………………………………………… (252)
一、实验准备 …………………………………………………………………………… (252)
二、实验要求 …………………………………………………………………………… (253)
三、实验资料 …………………………………………………………………………… (253)
四、实验指导 …………………………………………………………………………… (253)

附录 综合实验

第一部分 初始化业务 ………………………………………………………………… (259)
实验一 系统管理与基础设置 ……………………………………………………… (259)
实验二 总账系统初始化 …………………………………………………………… (261)
实验三 薪资管理系统初始化 ……………………………………………………… (263)
实验四 固定资产系统初始化 ……………………………………………………… (265)
实验五 应收账款管理系统初始化 ………………………………………………… (267)
实验六 应付账款管理系统初始化 ………………………………………………… (269)
第二部分 日常业务处理 ……………………………………………………………… (270)
实验一 总账系统日常业务处理 …………………………………………………… (270)
实验二 薪资日常业务处理 ………………………………………………………… (272)
实验三 固定资产日常业务处理 …………………………………………………… (273)
实验四 应收管理系统日常业务处理 ……………………………………………… (274)
实验五 应付款管理系统日常业务处理 …………………………………………… (274)
第三部分 期末业务处理 ……………………………………………………………… (276)
实验一 期末业务处理的实验 ……………………………………………………… (276)
实验二 编制报表 …………………………………………………………………… (277)

第一部分

初/始/化/业/务

第一章

系统管理

第一节　系统管理的概述

一、知识与技能要求

通过系统地学习系统管理的主要功能和操作方法，理解系统管理在用友 ERP－U8 系统中的重要地位，熟悉账套引入和输出的方法，掌握在系统管理中设置用户、建立企业账套和设置用户权限及管理的方法。

二、功能概述

用友 ERP－U8 应用系统由多个子系统组成，各个子系统服务于同一主体的不同层面。子系统本身既有相对独立的功能，彼此之间又具有紧密的联系，它们共用一个企业数据库，拥有公共的基础信息、相同的账套和年度账，为实现企业财务、业务的一体化管理提供了基础条件。系统管理的主要功能是对用友 ERP－U8 管理系统的各个产品进行统一的操作管理和数据维护，包括账套管理、年度账管理、用户及权限的集中管理和系统运行安全的统一管理等几个主要方面，其他任何产品的独立运行都必须以此为基础。系统管理模块的设立对于企业的资金流、物流、信息流的统一管理和实时反映提供了有效的方法和工具，企业的信息化管理人员可以进行方便的管理、及时的监控，全面地掌握企业的信息系统状态。

1. 账套管理

账套指的是一组相互关联的数据，每一个企业（或每一个独立核算的部门）的数据在系统内部都体现为一个账套。换句话讲，在用友 ERP－U8 应用系统中，可以为多个企业（或企业内多个独立核算的部门）分别立账，且各账套数据之间相互独立，互不影响，使资源得以最大限度地利用。只有系统管理员可以进行账套管理。系统最多允许建立 999 个账套。

账套管理主要包括：账套的建立、修改、引入和输出等。

2. 年度账管理

在用友 ERP－U8 管理系统中，每个账套里都存放有企业不同年度的数据，称为年度账。

为了方便管理，系统可以将年度账作为操作的基本单位。

年度账管理主要包括：年度账的建立、引入、输出和结转上年数据、清空年度数据等。

3. 用户及权限的集中管理

为了保证系统数据的安全性与保密性，系统管理提供了用户及其功能权限的集中管理功能。通过对系统操作分工和权限的管理，一方面可以避免与业务无关的人员进入系统，另一方面可以按照企业需求对各个用户进行管理授权，以保证各司其责，流程顺畅。

用户及权限的集中管理主要包括：定义角色、设定系统用户和设置用户功能权限。

4. 系统运行安全的统一管理

对企业来说，系统运行安全、数据存储安全是必需的，为此，用友 ERP－U8 设立了强有力的安全保障机制。系统管理员要对系统运行安全负责，在系统管理中，可以对整个系统的运行过程进行监控、清除系统运行过程中的异常任务、设置系统自动备份计划等。

三、实验目的与要求

系统地学习系统管理的主要功能和操作方法，理解系统管理在用友 ERP－U8 中的重要地位，掌握在系统管理中设置用户、建立企业账套和设置用户权限的方法，熟悉账套引入和输出的方法。

四、教学建议

建议本章理论讲解 2 学时，上机练习 2 学时。

第二节　系统管理的实验

一、实验准备

已经安装用友 ERP－U872 财务管理软件，将系统日期修改为“2013 年 1 月 1 日”。

二、实验要求

1. 增加用户
2. 建立账套
3. 设置用户权限
4. 设置备份计划
5. 将账套修改为有“外币核算”的账套
6. 账套备份
7. 账套引入
8. 清除异常任务
9. 浏览上机日志

三、实验资料

（一）用户及其权限（表 1-1）

表 1-1　用户及其权限表

编号	姓名	口令	所属部门	角色	权限
001	张可	1	财务部	账套主管	具有系统所有模块的全部权限
002	王阳	2	财务部	总账会计	具有除恢复记账前状态外的所有总账系统的权限
003	李丽	3	财务部	出纳	具有总账系统中出纳签字及出纳管理的全部权限

（二）账套信息

账套号：666

单位名称：长春飞扬股份有限公司

单位简称：飞扬公司

单位地址：长春市净月区宝箱街 2 号

法人代表：张宏

邮政编码：130000

税号：220 105 758 191 898

启用会计期：2013 年 1 月

企业类型：工业企业

行业性质：2007 新会计制度科目

账套主管：张可

基础信息：对存货、客户进行分类

分类编码方案如下。

科目编码级次：4222

部门编码级次：122

客户分类编码级次：123

存货分类编码级次：122

收发类别编码级次：12

结算方式编码级次：12

（三）自动备份计划

计划编号：2013－1

计划名称：666 账套备份

备份类型：账套备份

发生频率：每周

发生天数：1

开始时间：12：00

有效触发：2

保留天数：31

备份路径：F：\ 账套备份
账套：666 飞扬公司

四、实验指导

（一）以系统管理员身份登录系统管理

操作步骤：

（1）执行“开始”→“程序”→“用友 ERP－U8”→“系统服务”→“系统管理”命令，进入“用友 ERP－U8［系统管理］”窗口。

（2）执行“系统”→“注册”命令，打开“登录”系统管理对话框。

（3）系统中预先设定了一个系统管理员 admin，第一次运行时，系统管理员密码为空，如图 1-1 所示。单击“确定”按钮，以系统管理员身份进入系统管理。

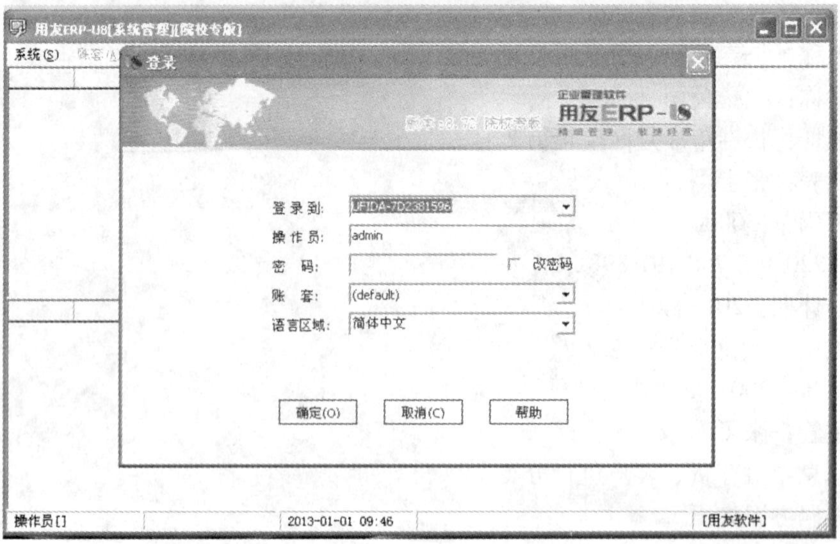

图 1-1　登录

提示：

①系统管理员的初始密码为空。在实际应用中，因为系统管理员是用友 ERP－U8 系统管理中权限最高的操作员，他对系统数据安全和运行安全负责，因此，为了保证系统运行的安全性，应及时为系统管理员设置密码。

②修改系统管理员密码的方法是：在系统管理员“注册”→“系统管理”中输入操作员密码后，单击“改密码”复选框，单击“确定”按钮，打开“设置操作员口令”对话框，在“新密码”文本框中输入欲设置的系统管理员密码，在“确认新密码”文本框中再次输入相同的密码，单击“确定”按钮即可。

③登录到自己机器名，一般为默认，不需要修改。

（二）增加用户

只有系统管理员（admin）才能进行增加用户的操作。

操作步骤：

（1）以系统管理员身份登录“系统管理”，执行“权限”→“用户”命令，打开“用户管理”对话框。

（2）单击“增加”按钮，打开“操作员详细情况”对话框，录入编号“001”、姓名“张可”、口令及确认口令“1”、所属部门“财务部”，在“所属角色”列表中选中“账套主管”前的复选框，如图 1-2 所示。

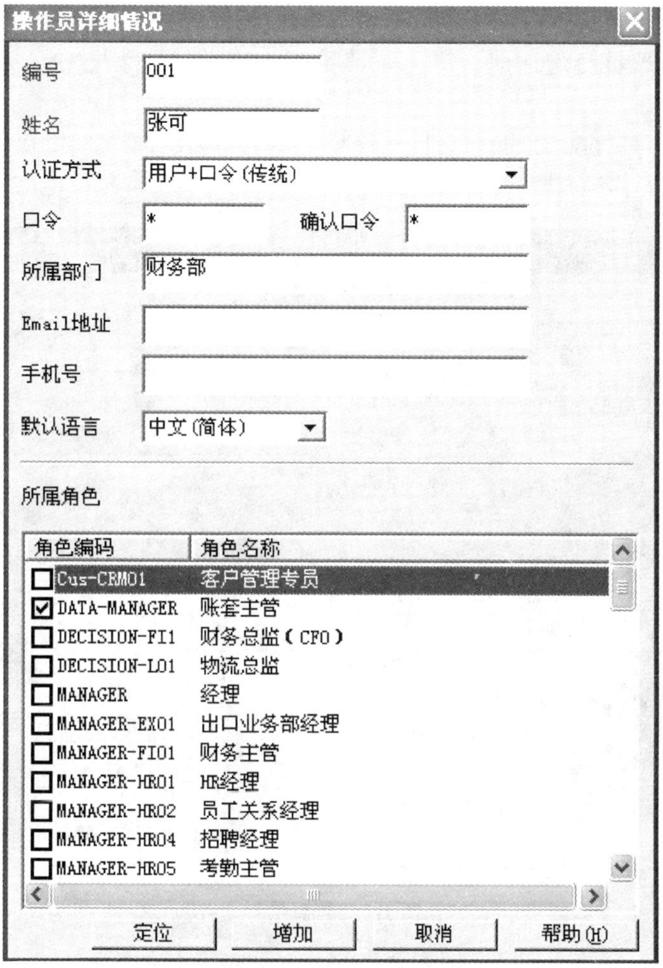

图 1-2　增加用户信息

（3）单击“增加”按钮，依次设置其他操作人员。设置完成后单击“取消”按钮退出。

提示：

①在增加用户时，可以直接指定用户所属角色。

如果在增加用户时就指定了相应的角色，如张可的角色为“账套主管”，则其就自动拥有了该角色的所有权限。

如果该用户所拥有的权限与该角色的权限不完全相同，可在“权限”→“权限”功能中进行修改。

②如果已设置用户为“账套主管”角色，则该用户也是系统内所有账套的账套主管。

③用户启用后将不允许删除。如果用户使用过系统后调离了单位，则应在用户管理窗口

中单击“修改”按钮，在“修改用户信息”对话框中单击“注销当前用户”按钮，最后单击“修改”按钮返回系统管理。此后该用户则无权再进入系统。

(三) 建立账套

只有系统管理员可以建立企业账套。

操作步骤：

(1) 以系统管理员身份注册，进入系统管理，执行“账套”→“建立”命令，打开“创建账套”对话框。

(2) 录入账套号“666”，账套名称“飞扬公司”，启用会计期“2013－1”，如图1-3所示。

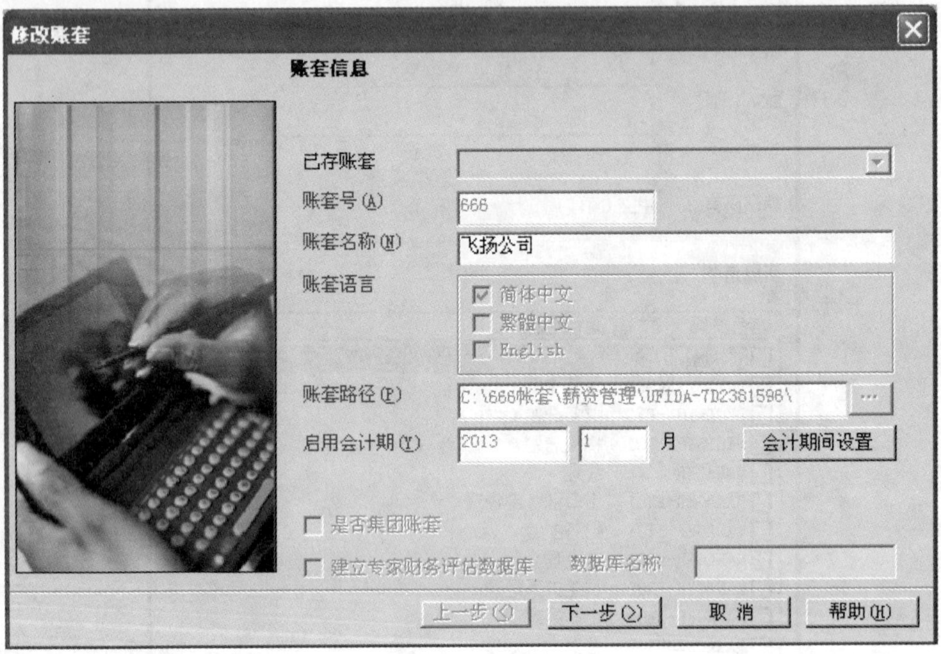

图1-3 账套信息

提示：

①账套号是账套的唯一标识，可以自行设置3位数字，范围为001～999。需要注意的是，设置的账套号不允许与已存账套的账套号重复，账套号设置后将不允许修改。

②账套名称是账套的另外一种标识方法，可以自行设置，并可以由账套主管在“修改账套”功能中进行修改。

③系统默认的账套路径是用友ERP－U872的安装路径，可以进行修改。

④建立账套时，系统会将启用会计期默认为系统日期，应注意根据所给资料进行修改，否则将会影响企业的系统初始化及日常业务处理等内容的操作。

(3) 单击“下一步”按钮，打开“单位信息”对话框。

(4) 录入单位信息，如图1-4所示。

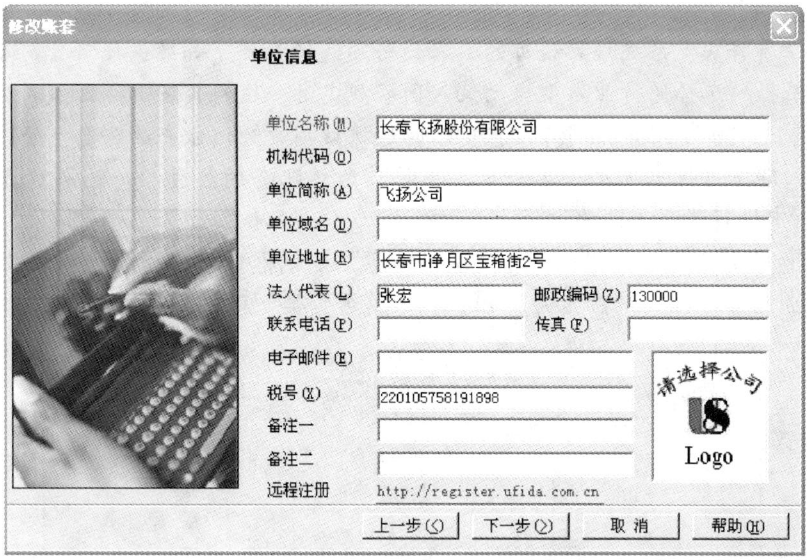

图 1-4　单位信息

提示：

①单位信息中只有“单位名称”是必须录入的。必须录入的信息以蓝色字体标识（下同）。

②单位名称应录入企业的全称，以便打印发票时使用。

（5）单击“下一步”按钮，打开“核算类型”对话框。

（6）单击“账套主管”栏的下三角按钮，选择“［001］张可”，其他采取系统默认，如图 1-5 所示。

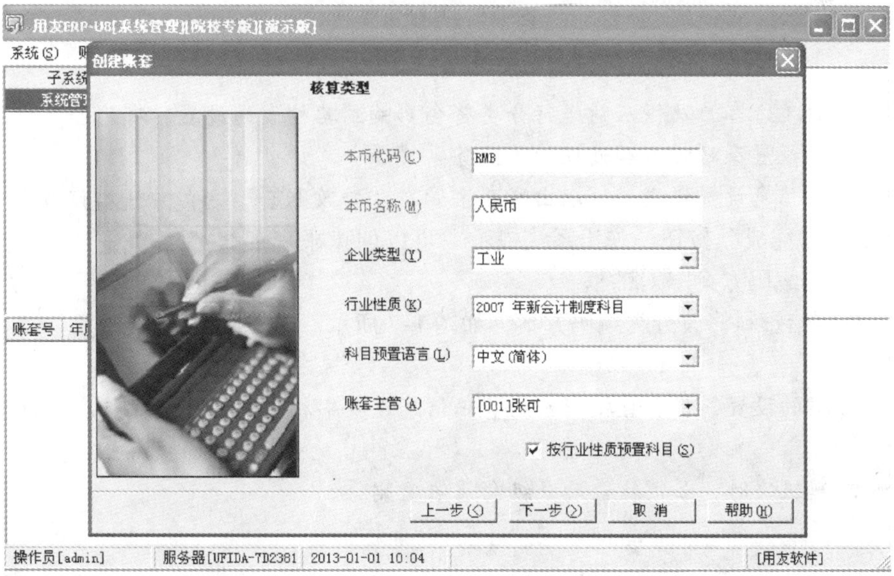

图 1-5　核算类型

提示：

①行业性质将决定系统预置科目的内容，必须选择正确。如果选择了按行业性质预置科目，则系统根据所选择的行业类型自动装入国家规定的一级科目及部分二级科目。

②如果事先增加了用户，则可以在建账时选择该用户为该账套的账套主管。如果建账前未设置用户，建账过程中可以先选一个操作员作为该账套的主管，待账套建立完成后再到“权限”功能中进行账套主管的设置。

(7) 单击“下一步”按钮，打开“基础信息”对话框。

(8) 分别选中“存货是否分类”和“客户是否分类”前的复选框，如图 1-6 所示。

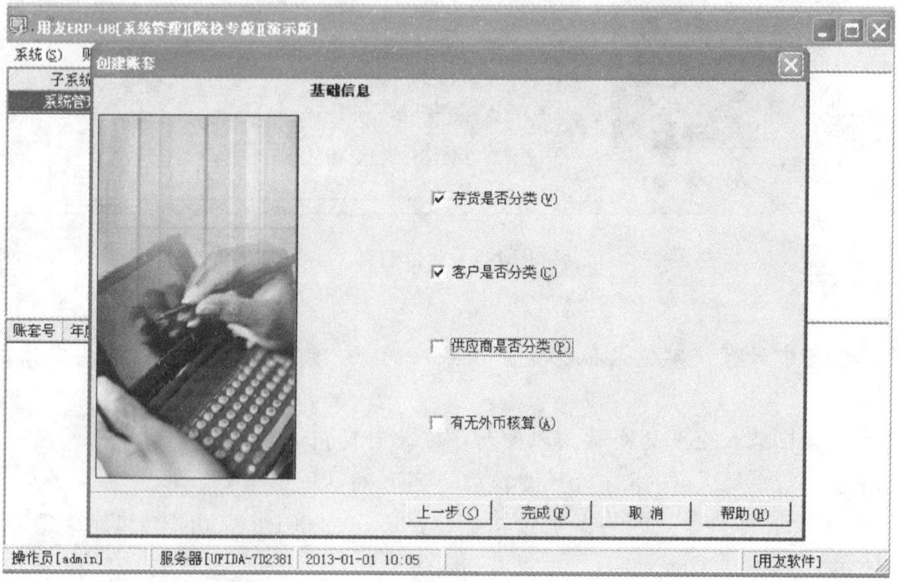

图 1-6 基础信息

提示：

①是否对存货、客户及供应商进行分类将会影响到其档案的设置。有无外币核算将会影响到基础信息的设置及日常能否处理外币业务。

②如果基础信息设置错误，可以由账套主管在“修改账套”功能中进行修改。

(9) 单击“完成”按钮，弹出系统提示“可以创建账套了么?”。单击“是”按钮，稍候，打开“分类编码方案”对话框。

(10) 按所给资料修改分类编码方案，如图 1-7 所示。

提示：

①编码方案的设置，将会直接影响到基础信息设置中相应内容的编码级次及每级编码的位长。

②删除编码级次时，必须从最后一级向前依次删除。

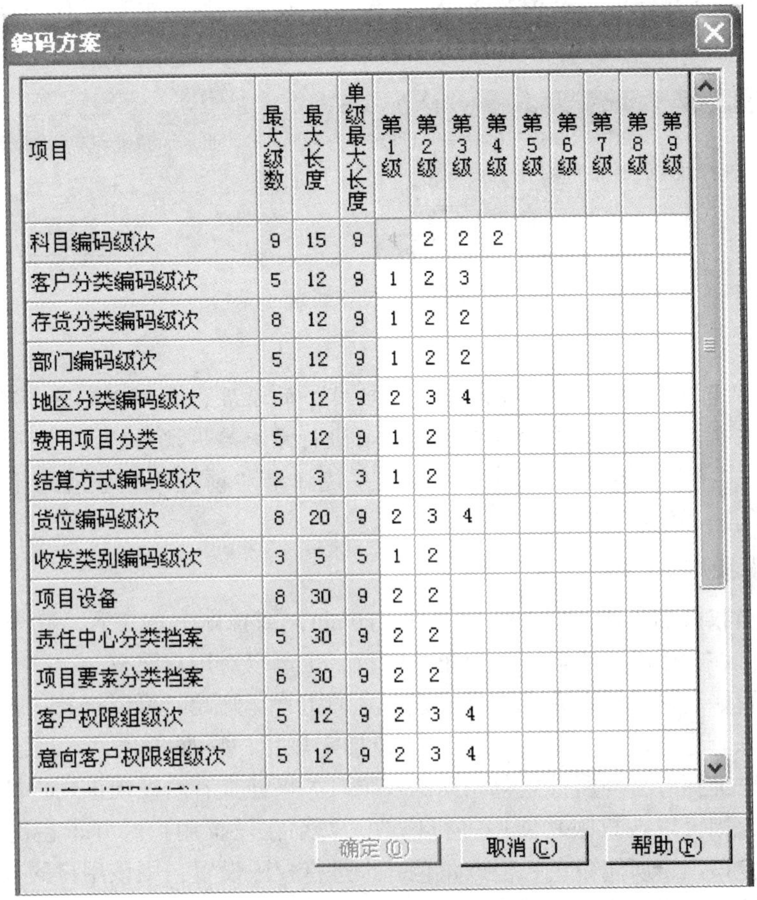

图 1-7 编码方案

（11）单击“确定”按钮，再单击“取消”按钮，打开“数据精度”对话框，如图 1-8 所示。

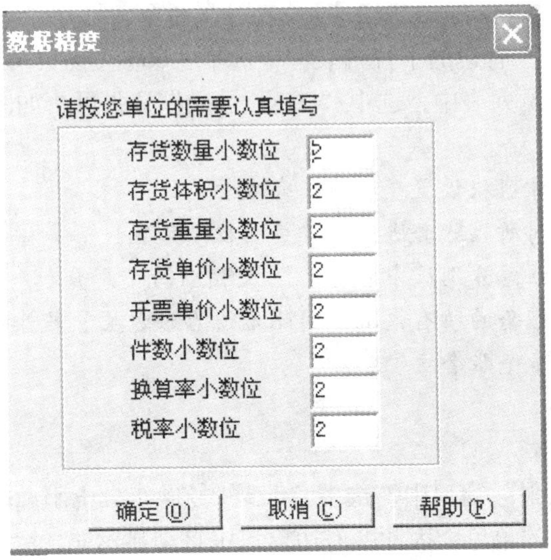

图 1-8 数据精度

（12）默认系统预置的数据精度的设置，单击“确定”按钮，稍等片刻后，系统弹出信息提示框，如图1-9所示。

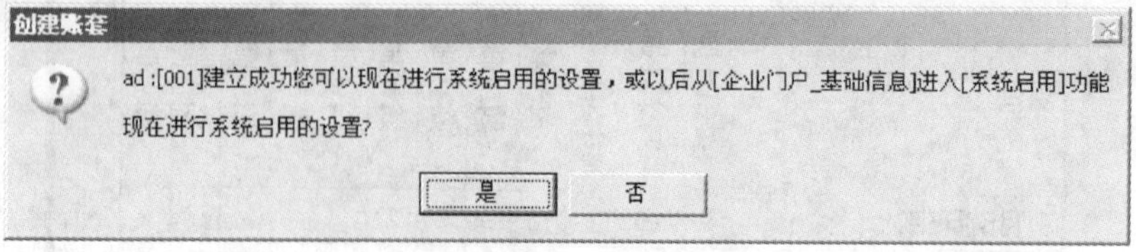

图1-9 创建账套

提示：

如果选择“是”，则可以直接进行“系统启用”的设置，也可以单击“否”，先结束建账过程，之后在企业应用平台中的基础信息中再进行系统启用设置。

（13）单击“否”按钮，结束建账过程。系统弹出“请进入企业应用平台进行业务操作!”提示，单击“确定”按钮返回系统管理。

（四）设置操作员权限

设置操作员权限的工作应由系统管理员（admin）或该账套的主管，在系统管理中的权限功能中完成。在权限功能中既可以对角色赋权，也可以对用户赋权。

如果在设置账套时已经正确地选择了该账套的主管，则此时可以查看；否则，可以在权限功能中设置账套主管。如果设置用户时已经指定该用户所属角色，并且该角色已经被赋权，则该用户已经拥有了与所选角色相同的权限，如果经查看后发现该用户的权限并不与该角色完全相同，则可以在权限功能中进行修改，如果在设置用户时并未指定该用户所属角色，或虽已指定该用户所属角色，但该角色并未进行权限设置，则该用户的权限应直接在权限功能中进行设置，或者应先设置角色的权限，再设置用户，并指定该用户所属的角色，则角色的权限就自动传递给用户了。

1. 查看张可是否是666账套的账套主管

操作步骤：

（1）在系统管理中，执行“权限”→“权限”命令，打开“操作员权限”对话框。

（2）在“账套主管”右边的下拉列表框中选中“666飞扬公司”账套。

（3）在左侧的操作员列表中，选中“001”号操作员张可，如图1-10所示。

提示：

①只有系统管理员才有权设置或取消账套主管。

②账套主管只有权对所辖账套进行操作员的权限设置。

③设置权限时，应注意分别选中“账套”及相应的“用户”。

④账套主管拥有该账套的所有权限，因此无须为账套主管另外赋权。

⑤一个账套可以有多个账套主管。

2. 为王阳赋权

操作步骤：

（1）在“操作员权限”窗口中，选中“002”号操作员王阳，因为在新增用户时已经赋予了王阳“总账会计”的角色，因此，右边窗口中自动显示总账会计角色所具有的权限。

（2）打开“操作员权限”对话框，单击“修改”按钮。

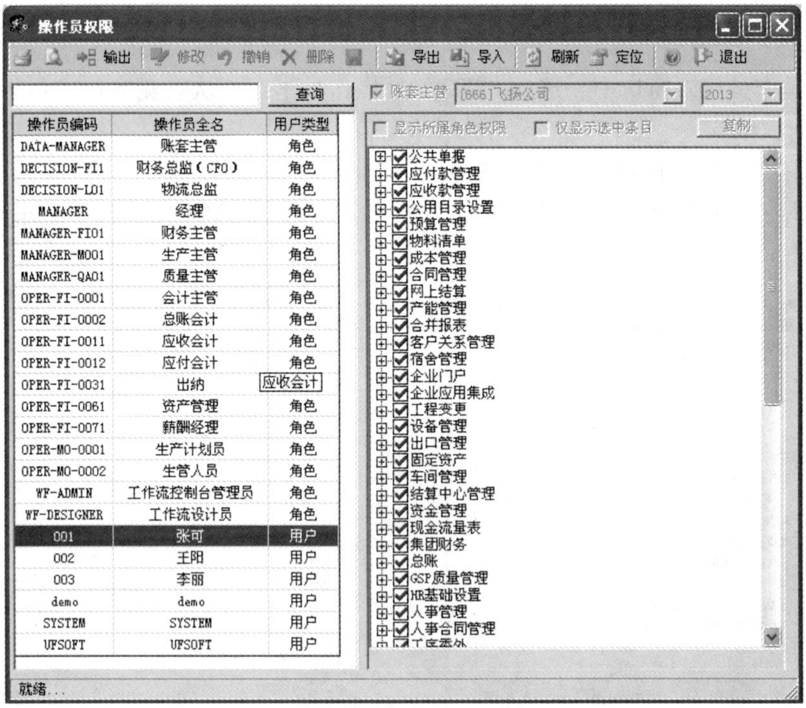

图 1-10　操作员权限

（3）单击“总账”前的复选框，单击总账、凭证前的“+”标记，展开其下级菜单。

（4）单击“恢复记账前状态”前的复选框，取消选中状态，如图 1-11 所示。

（5）单击“保存”按钮返回。

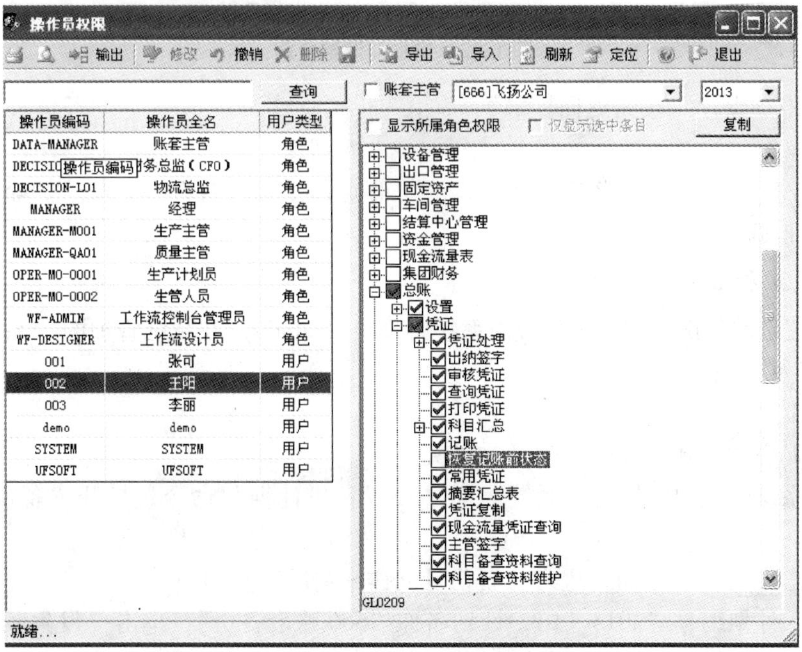

图 1-11　增加和调整权限

3. 为李丽赋权

操作步骤:

（1）在操作员权限窗口中，选中“003”号操作员李丽，从右侧窗口中可以看出，李丽此时没有任何权限。

（2）单击“修改”按钮，打开“增加和调整权限”对话框。

（3）单击“总账”前的“+”标记，依次展开总账、凭证前的“+”标记。

（4）单击“出纳签字”前的复选框，再单击“出纳”前的复选框，如图1-12所示。

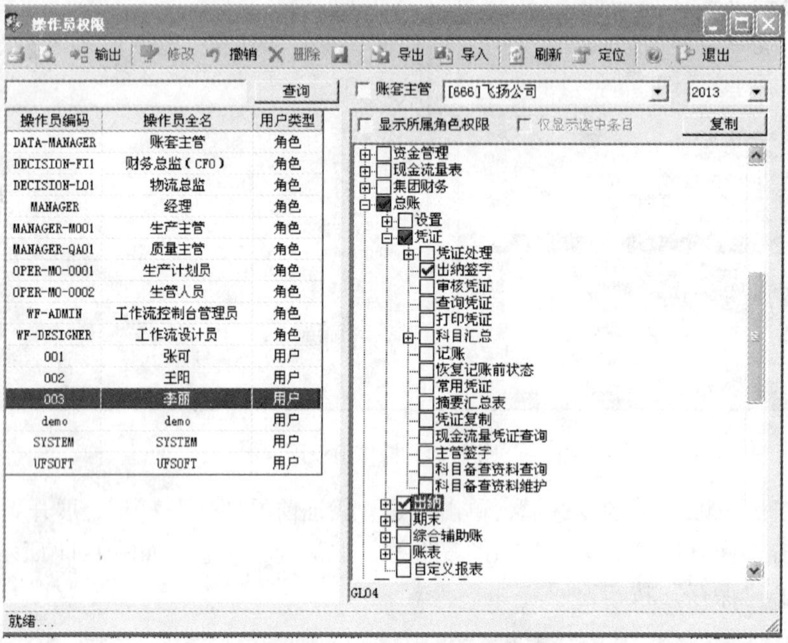

图1-12 增加和调整权限

（5）单击“保存”按钮返回。

提示:

如果在设置用户时已经指定李丽“出纳”的角色，此时只需要再赋予“李丽”出纳签字”的权限即可。

（五）设置系统自动备份计划

设置系统自动备份计划的工作应由系统管理员（admin）在系统管理的“系统”→“设置备份计划”功能中完成。

操作步骤:

（1）在F盘中新建“账套备份”文件夹。

（2）在系统管理中，执行“系统”→“设置备份计划”命令，打开“备份计划设置”对话框。

（3）单击“增加”按钮，进入“备份计划详细情况”窗口。

（4）录入计划编号“2013-1”，计划名称“666账套备份”，单击“发生频率”栏的下三角按钮，选择“每周”，在“开始时间”栏录入“12：00：00”，在“发生天数”栏录入或选择“1”，单击“增加”按钮，在“请选择备份路径”选项区中单击“浏览”按钮，打开“请选择账套备份路径”对话框。

（5）选择“F：\ 账套备份”文件夹为备份路径，单击“确定”按钮返回。

（6）选中“666 飞扬公司”前的复选框，如图 1-13 所示。

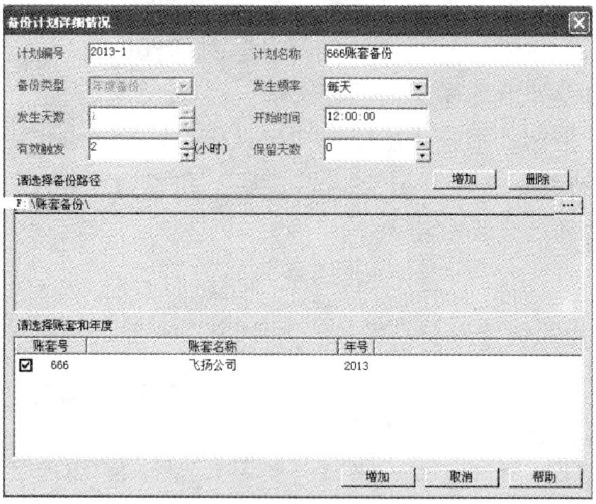

图 1-13 增加备份计划

（7）单击“增加”按钮，保存备份计划设置，单击“退出”按钮退出。

（六）修改账套

修改账套的工作应由账套主管在系统管理中的“账套”→“修改”功能中完成。

操作步骤：

（1）执行“系统”→“注册”命令，打开“登录”系统管理对话框。

提示：如果此时已由其他操作员注册系统管理，则应先通过“系统”→“注销”命令注销当前操作员后，再由账套主管重新注册。

（2）录入操作员“001”（或张可），密码“1”，单击“账套”栏的下三角按钮，选择“666 飞扬公司”，如图 1-14 所示。

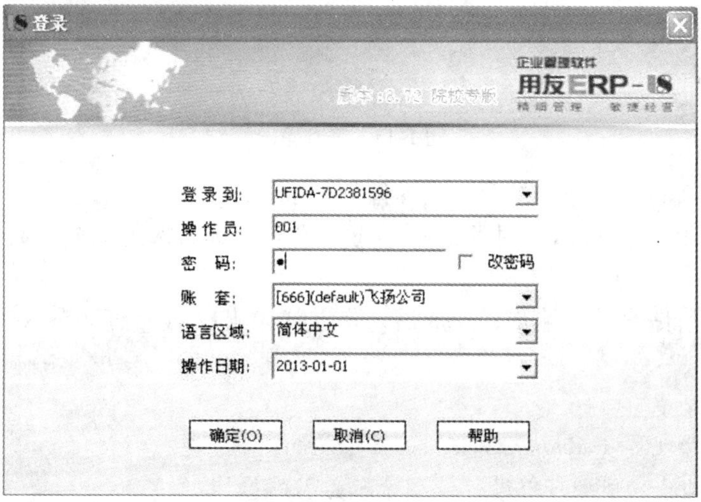

图 1-14 登录

（3）单击“确定”按钮，以账套主管身份登录系统管理。

（4）执行“账套”→“修改”命令，打开“修改账套”对话框。

（5）单击“下一步”按钮，打开“单位信息”对话框。

（6）单击“下一步”按钮，打开“核算类型”对话框。

（7）单击“下一步”按钮，打开“基础信息”对话框。

（8）单击选中“有无外币核算”前的复选框。

（9）单击“完成”按钮，系统弹出提示“确认修改账套了么?”。

（10）单击“是”按钮，并在“分类编码方案”和“数据精度”窗口中分别单击“取消”和“确定”按钮后确定修改成功。

（七）账套备份

账套备份的工作应由系统管理员在系统管理中的“账套”→“输出”功能中完成。

操作步骤：

（1）在E盘中新建“666账套备份”文件夹。

（2）由系统管理员注册系统管理，执行“账套”→“输出”命令，打开“账套输出”对话框。

（3）单击“账套号”栏的下三角按钮，选择“666飞扬公司”，如图1-15所示。

图1-15 账套输出

（4）单击“确认”按钮，打开“选择备份目标”对话框。

（5）在“选择备份目标”对话框中，选择“E:\666账套备份”文件夹。单击“确定”按钮。

（6）系统进行账套数据输出，完成后，弹出“输出成功”信息提示框，单击“确定”按钮返回。

提示：

①只有系统管理员（admin）有权进行账套输出。

②利用账套输出功能还可以进行“删除账套”的操作。

③正在使用的账套可以进行账套输出而不允许进行账套删除。

（八）账套引入

（1）由系统管理员注册系统管理，执行“账套”→“引入”命令，打开对话框。

（2）单击“账套号”栏的下三角按钮，选择“666 飞扬公司”，如图 1-16 所示。

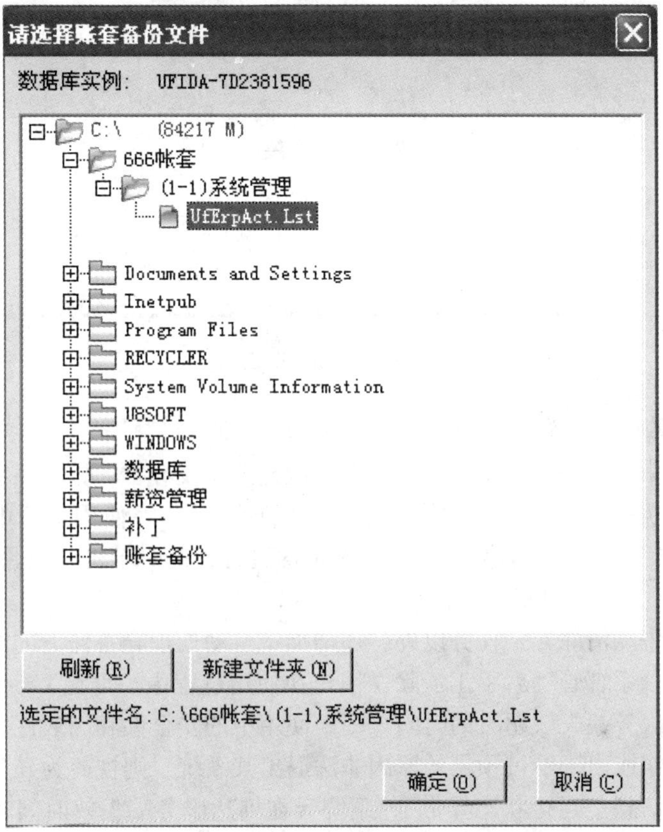

图 1-16 账套引入

（3）单击“确认”按钮，打开“选择备份目标”对话框。

（4）在“选择备份目标”对话框中，选择“F:\666 账套备份\（1－1）系统管理”文件夹。单击“确定”按钮。

（5）系统进行账套数据输出，完成后，弹出“引入成功”信息提示框，单击“确定”按钮返回。

提示：

①只有系统管理员（admin）有权进行账套引入。

②利用账套输出功能还可以进行“删除账套”的操作。

③正在使用的账套可以进行账套输出，不允许进行账套删除操作。

（九）系统运行监控

以系统管理员身份注册进入系统管理后，可以看到系统管理的功能列表分为上下两个部分，如图 1-17 所示。上一部分列示的是正登录到系统管理的子系统，下一部分列示的是登录的操作员在子系统中正在执行的功能。这两部分的内容都是动态的，它们都根据系统的执行情况而自动发生变化。

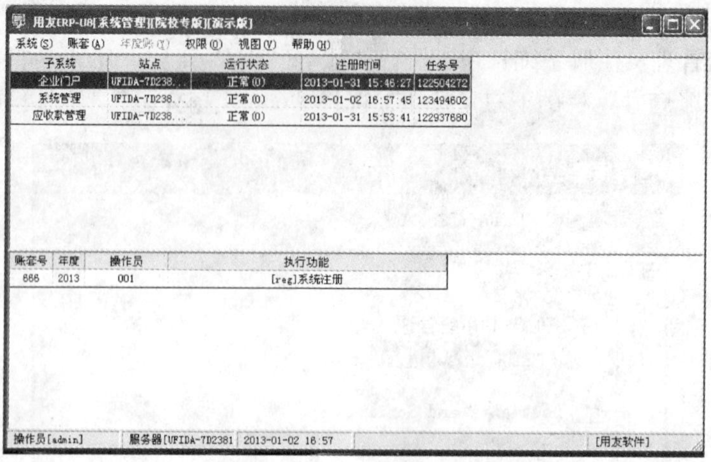

图 1-17　功能列表

（十）清除系统运行异常

系统运行过程中，死机、网络阻断等都有可能造成系统异常，针对系统异常，系统管理中提供了“清除单据锁定”和“清除异常任务”两项功能。在使用过程中，由于不可预见的原因造成单据锁定时，有关单据的操作不能正常进行，此时单击“视图”→“清除单据锁定”，即可恢复正常功能的使用。

系统除了提供手动清除异常任务以外，还增加了自动处理异常任务的能力，不用每次必须由系统管理员登录系统管理后手工清除。用户在使用过程中，可在 U8 服务管理器中设置服务端异常超时和服务端失效超时的时间，提高使用中的安全性和高效性。如果用户服务端超过限制时间未工作或由于不可预见的原因非法退出某系统，则视此为异常任务，在系统管理主界面显示提示信息“运行状态异常”，系统会在到达服务端失效时间时，自动清除异常任务。

（十一）上机日志

为了保证系统的安全运行，系统随时对各个产品或模块的每个操作员的上下机时间、操作的具体功能等情况都进行登记，形成上机日志，以便使所有的操作都有所记录、有迹可循。

操作步骤：

（1）用户以系统管理员身份注册进入系统管理。

（2）单击“视图”→“上机日志”，打开“日志过滤”对话框，录入或者选择过滤条件即可查看符合条件的上机日志。如图 1-18 所示。

提示：

①用户可以对上机日志的内容进行删除。

②在删除时，可以和过滤功能结合起来使用，即先利用过滤功能将需要删除的上机日志内容过滤出来或直接选中要删除的日志，然后在菜单条中单击“删除”按钮即可。

③为了方便用户查看上机日志，系统还提供了排序功能，具体方法是：用户选择要进行排序的列，然后单击“排序”即可。

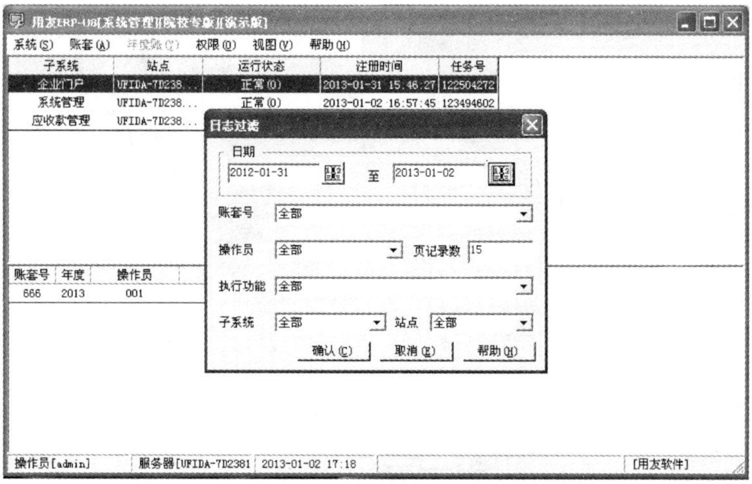

图 1-18　“日志过滤”对话框

举一反三

1. 账套和年度账的区别

账套是年度账的上一级，账套由年度账组成，首先有账套，然后才有年度账，一个账套可以拥有多个年度的年度账。采用账套和年度账两层结构方式的好处是：便于企业的管理，如可以实现对不同范围的数据进行输出和引入，可以方便地进行跨年度数据结构调整，提高应用效率。

2. 系统管理员和账套主管的权限划分

系统管理员（admin）和账套主管在系统管理中拥有不同的权限，见表 1-2。

表 1-2　系统管理员与账套主管权限比较

功能选项	系统管理员	账套主管
建立账套	√	×
修改账套	×	√
年度账	×	√
备份账套	√	√年度账
权限设置	√	×
用户与角色	√	√
登录内容	系统管理	企业门户　系统管理

（十二）账套备份

在 E 盘新建一个文件夹，命名为“666 账套备份”，将账套输出到此文件夹中。

第二章

企业应用平台

第一节　概述

一、知识与技能要求

为使企业能够存储企业内部和外部的各种信息，使企业员工、用户和合作伙伴能够从单一的渠道访问其所需的个性化信息，系统中提供了企业应用平台。通过企业应用平台，企业员工可以通过单一的访问入口访问企业的各中心信息，定义自己的业务工作，并设计自己的工作流程。信息的及时沟通，资源的有效利用，与合作伙伴的在线和实时的连接，将提高企业员工的工作效率以及企业处理能力。

本章学习的主要任务为：通过系统地学习企业应用平台的主要功能和操作方法，理解企业应用平台在用友 ERP－U8 管理软件中的作用。掌握在企业应用平台中设置系统启用、建立各项基础档案、进行数据权限设置及单据设置的方法。理解各项基础档案在系统中所起的作用及各项目的含义。

二、功能概述

用友 ERP－U8 管理软件应用中，企业应用平台扮演着很重要的角色。要进入 ERP－U8 应用系统，用户首先要注册“企业应用平台”，从而取得无须再次验证而进入任何一个子系统的“通行证”，充分体现数据共享和系统集成的优势。企业应用平台为企业员工、合作伙伴提供了访问系统的唯一通道；通过企业应用平台，用户可以设计个性化工作流程，提高工作效率，还可以实现与日常办公的协同进行。顾名思义，企业应用平台是用友 ERP－U8 管理软件的集成应用平台，可以实现系统基础数据的集中维护、各种信息的及时沟通、数据资源的有效利用。

企业应用平台中包含的内容极为丰富，与系统应用相关的主要项目包括：设置、业务和工具三项。即“工作列表”分设置、业务和工具三个页签。

1. 设置

企业应用平台的设置主要包括基本信息、基础档案、数据权限和单据的设置。在基本信息中，可以设置系统启用、修改建账时设置的分类编码方案和数据精度。在基础档案中，可以设置用友 ERP－U8 管理软件各个子系统公用的基础档案信息，如机构人员、客商信息、财务信息等。在数据权限中，可以针对系统数据的操作权限进行进一步细分。单据设置提供了个性化单据显示及打印格式的定义。

2. 业务

将用友 ERP－U8 管理软件分为财务会计、供应链、集团应用等功能群，每个功能群中又包括若干功能模块，此处也是用户访问用友 ERP－U8 管理软件中各功能模块的唯一通道。

3. 工具

提供了常用的系统配置工具。

三、实验目的与要求

理解企业应用平台在用友 ERP－U8 管理软件中的作用，掌握在企业应用平台中设置系统启用、建立各项基础档案、进行数据权限设置及单据设置的方法。理解各项基础档案在系统中所起的作用及各项目的含义。

四、教学建议

建议本章理论讲解 2 学时，上机练习 2 学时。

第二节　基础设置

一、实验准备

引入“E：\ 666 账套备份”的备份数据。

二、实验要求

1. 启用总账系统（启用日期为 2013 年 1 月 1 日）
2. 设置部门档案
3. 设置职员档案
4. 设置客户分类
5. 设置客户档案
6. 设置供应商档案
7. 设置操作员王阳有权对李丽及张可所填制凭证进行查询、删改、审核、弃审及关闭的权限
8. 利用单据设计功能将“应收单”表头中的“币种”项目和“汇率”项目删除
9. 账套备份

三、实验资料

（一）部门档案（表 2-1）

表 2-1 部门档案表

部门编码	部门名称
1	人事部
2	财务部
3	供应部
4	销售部
401	销售一科
402	销售二科
403	销售三科
5	生产部

（二）人员类别

企业在职人员分为四种，见表 2-2。

表 2-2 企业在职人员类别表

人员类别编码	人员类别名称
1001	企业管理人员
1002	经营人员
1003	车间管理人员
1004	生产工人

（三）人员档案（表 2-3）

表 2-3 人员档案表

人员编码	人员姓名	性别	人员类别	行政部门	是否业务员
001	张宏	女	企业管理人员	人事部	是
002	张可	男	企业管理人员	财务部	是
003	王阳	男	企业管理人员	财务部	是
004	李丽	女	企业管理人员	财务部	是
005	赵一	男	经营人员	供应部	是
006	刘夏	女	经营人员	销售一科	是
007	韩红	男	经营人员	销售二科	是
008	李好	男	经营人员	销售三科	是
009	刘学	男	车间管理人员	生产部	是
010	孙语	男	生产工人	生产部	是

（四）客户分类（表 2-4）

表 2-4　客户分类表

类别编码	类别名称
1	北京地区
2	上海地区
3	东北地区
4	华北地区
5	西北地区
6	天津地区
7	南京地区

（五）客户档案（表 2-5）

表 2-5　客户档案表

客户编码	客户名称	客户简称	所属分类	税号	分管部门	分管业务人员
01	北京东光公司	东光公司	1	110300210500011	销售一科	刘夏
02	北京立新公司	立新公司	1	110400235200555	销售一科	刘夏
03	上海宏大公司	宏大公司	2	210005560780250	销售一科	刘夏
04	上海辉煌公司	辉煌公司	2	210800500410325	销售一科	刘夏
05	伟建工具厂	伟建厂	3	150456486329565	销售二科	韩红
06	大安制造厂	大安厂	4	320854584398288	销售二科	韩红
07	宏达公司	宏达公司	5	559436668288425	销售二科	韩红
08	长江股份公司	长江公司	6	400201514708209	销售三科	李好
09	长城股份公司	长城公司	7	614520703102301	销售三科	李好
10	远东股份公司	远东公司	7	614310505201403	销售三科	李好
11	南京小天鹅公司	南京公司	7	100201514708209	销售一科	刘夏

（六）供应商档案（表 2-6）

表 2-6　供应商档案表

供应商编码	供应商名称	供应商简称	所属分类	税号	分管部门	分管业务人员
01	本溪股份有限公司	本溪公司	00	110435845278434	供应部	赵一
02	建卫股份公司	建卫公司	00	430455882395738	供应部	赵一
03	鞍钢公司	鞍钢公司	00	120885694387622	供应部	赵一
04	南京大华公司	大华公司	00	150114321450521	供应部	赵一
05	文峰冷轧厂	文峰厂	00	145201413512033	供应部	赵一

四、实验指导

(一) 启用总账系统

启用系统有两种方法，一种是系统管理员在建立账套时直接启用，另一种是账套主管在企业应用平台的基本信息中进行系统启用。666 账套并没有在账套建立后直接启用任何系统，现在在企业应用平台中分别启用总账、应收及应付系统。

操作步骤：

(1) 执行“开始”→“程序”→“用友 ERP－U8”→“企业应用平台”命令，打开“登录”对话框。

(2) 录入操作员“001”（或张可），密码“1”，单击“账套”栏的下三角按钮，选择“666 飞扬公司”，如图 2-1 所示。

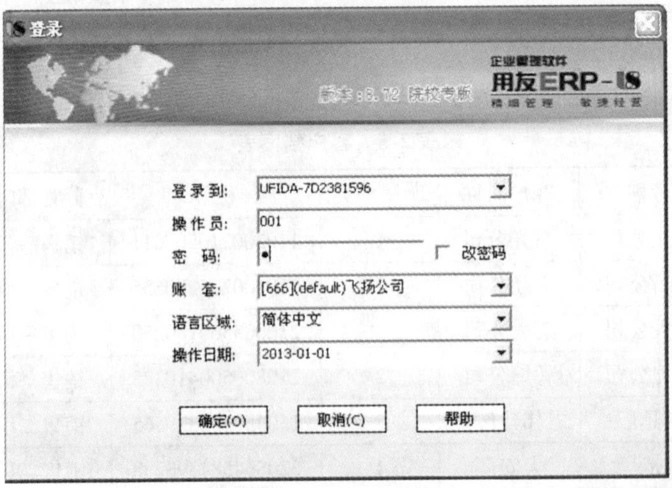

图 2-1 登录

(3) 单击“确定”按钮，进入“企业应用平台”窗口。

(4) 在“基础设置”选项卡中，执行“基本信息”→“系统启用”命令，打开“系统启用”对话框。

(5) 选中“总账”前的复选框，弹出“日历”对话框。

(6) 选择“日历”对话框中的“2013 年 1 月 1 日”，如图 2-2 所示。

(7) 单击“确定”按钮，系统弹出“确实要启用当前系统吗?”信息提示框，单击“是”按钮，完成总账系统的启用。

(8) 依此类推，分别启用“应收款管理”和“应付款管理”系统。在系统启用后，一定要重新进行注册登录。

提示：

①只有账套主管才有权在企业应用平台中进行系统启用。

②各系统的启用时间必须大于或等于账套的启用时间。

③要启用网上银行，必须先启用总账。

④供应链的系统启用，在采购、销售、存货、库存四个模块中，如果其中有一个模块启

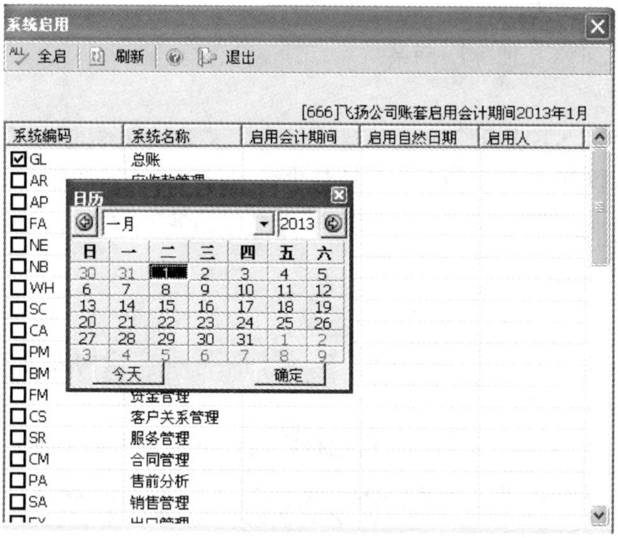

图 2-2　系统启用

用，其启用期间必须大于等于其他模块最大未结账日。

⑤只有集团账套，才允许启用集团财务系统。

（二）设置部门档案

操作步骤：

（1）在“基础设置”选项卡中，执行“基础档案”→“机构人员”→“部门档案”命令，进入“部门档案”窗口。

（2）单击“增加”按钮，录入部门编码“1”、部门名称“人事部”，如图 2-3 所示。

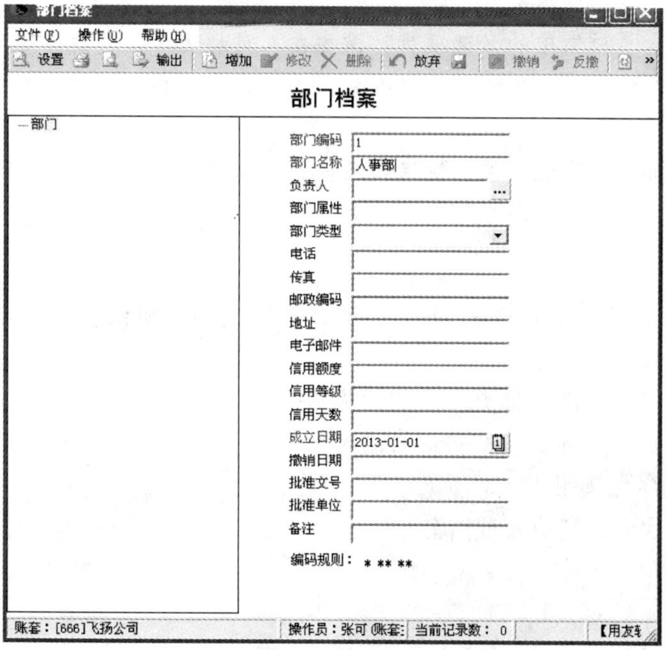

图 2-3　部门档案

（3）单击“保存”按钮。

（4）同理，依次录入其他部门档案。

提示：

①部门编码必须录入，且符合分类编码方案中定义的编码级次规则。

②由于此时还未设置“人员档案”，部门中的“负责人”暂时不能设置。如果需要设置，必须在完成“人员档案”设置后，再回到“部门档案”中以修改的方式补充设置。

（三）设置人员类别

操作步骤：

（1）在“基础设置”选项卡中，执行“基础档案”→“机构人员”→“人员类别”命令，进入“人员类别”窗口。

（2）单击“增加”按钮，按实验资料在在职人员下增加人员类别。如图 2-4 所示。

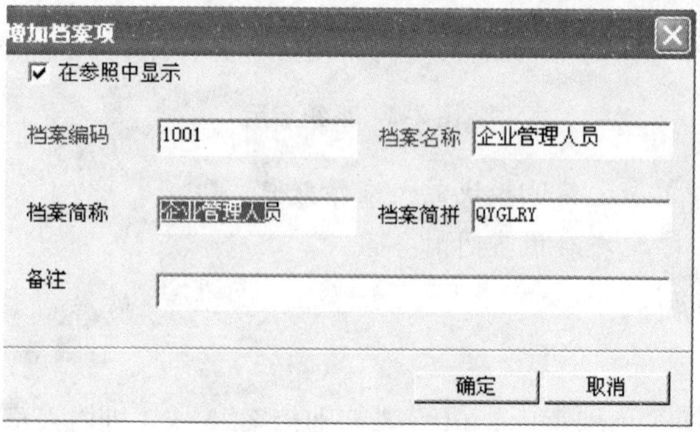

图 2-4　增加人员类别

提示：

①人员类别是人员档案中的必选项目，需要在人员档案建立之前设置。

②人员类别与工资费用的分配、分摊有关，工资费用的分配及分摊是薪资管理系统的一项重要功能。

③人员类别名称可以修改，但已使用的人员类别名称不能删除。

（四）设置人员档案

操作步骤：

（1）在“基础设置”选项卡中，执行“基础档案”→“机构人员”→“人员档案”命令，进入“人员列表”窗口。

（2）单击左窗口中“部门分类”下的“人事部”。

（3）单击“增加”按钮，按实验资料输入人员信息，如图 2-5 所示。

（4）单击“保存”按钮。

（5）同理，依次输入其他人员档案。

提示：

①人员编码必须录入，且必须唯一。

②人员姓名必须录入，可以重复。

③行政部门只能是末级部门。

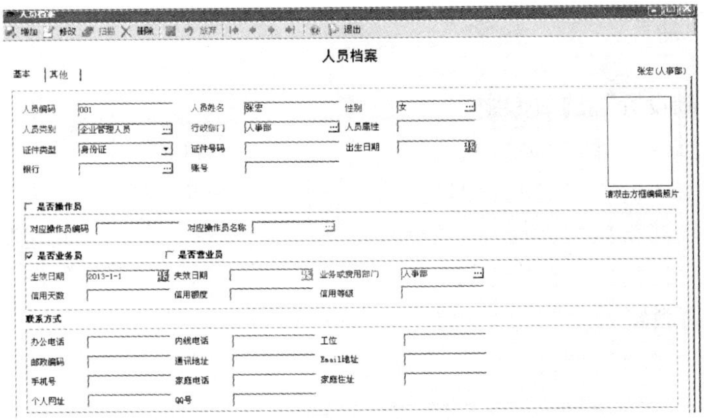

图 2-5　人员档案

④此处的人员档案应该包括企业所有员工。

⑤如果该员工需要在其他档案或其他单据的“业务员”项目中被参照，需要选中“是否业务员”选项。

(五) 设置客户分类

操作步骤：

(1) 在“基础设置”选项卡中，执行“基础档案”→“客商信息”→“客户分类”，进入“客户分类”窗口。

(2) 单击“增加”按钮，按实验资料输入客户分类信息，如图 2-6 所示。

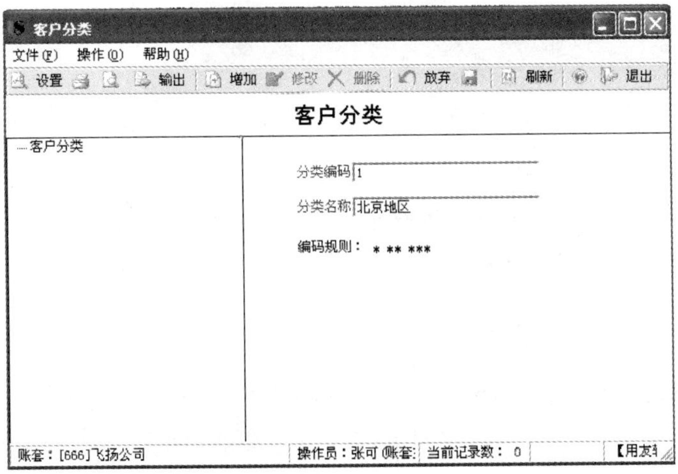

图 2-6　客户分类

(3) 单击“保存”按钮。

(4) 同理，依次录入其他客户分类。

提示：

①客户是否分类应在建立账套时确定。

②客户分类编码必须符合编码规则。

（六）设置客户档案

操作步骤：

（1）在“基础设置”选项卡中，执行“基础档案”→“客商信息”→“客户档案”命令，打开“客户档案”窗口。窗口分为左右两部分，左窗口显示已经设置的客户分类，单击鼠标选中某一客户分类，右窗口中显示该分类下所有的客户列表。

（2）单击“增加”按钮，打开“增加客户档案”窗口。窗口中共包括4个选项卡，即“基本”、“联系”、“信用”、“其他”，用于对客户不同的属性分别归类记录。

（3）按实验资料输入“客户编码”、“客户名称”、“客户简称”、“所属分类”、“税号”、“分管部门”、“分管业务员”等相关信息，如图2-7所示。

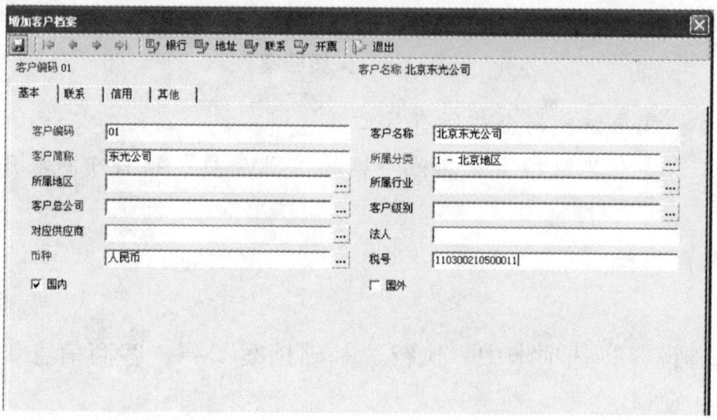

图2-7　增加客户档案

（4）单击“保存”按钮。

（5）同理，依次录入其他客户档案。

提示：

①客户编码必须录入，且必须唯一。

②设置分管部门、分管业务员，是为了在应收应付款管理系统填制发票等原始单据时能自动根据客户来显示部门及业务员信息。

（七）设置供应商档案

操作步骤：

（1）在“基础设置”选项卡中，执行“基础档案”→“客商信息”→“供应商档案”命令，打开“供应商档案”窗口。窗口分为左右两部分，左窗口中显示供应商无分类，右窗口中显示所有的供应商列表。

（2）单击“增加”按钮，打开“增加供应商档案”窗口，按实验资料输入供应商信息。

（3）同理，依次录入其他供应商档案。如图2-8所示。

提示：

①供应商编码及供应商简称必须录入。

②供应商编码必须唯一。

③供应商是否分类应在建立账套时确定，此时不能修改。如若修改，只能在未建立供应商档案的情况下，在系统管理中以修改账套的方式修改。

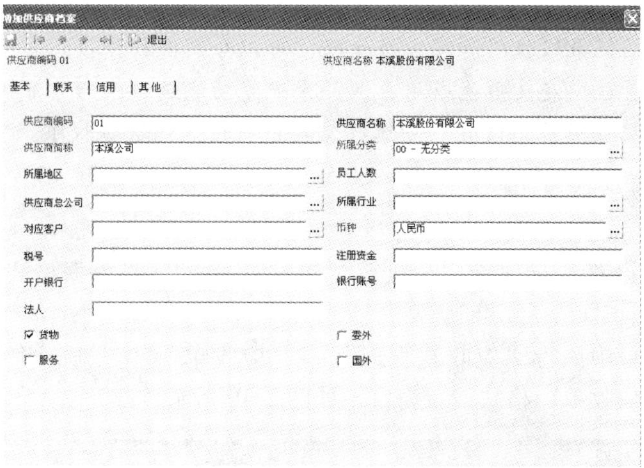

图 2-8　增加供应商档案

④由于该账套中并未对供应商进行分类，因此，所属分类为无分类。

（八）设置数据权限

操作步骤：

（1）在“系统服务”选项卡中，执行“权限”→“数据权限分配”命令，进入“权限浏览”窗口。

（2）在左侧“用户及角色”列表中选择“002 王阳”，再单击“授权”按钮，打开“记录权限设置”对话框。

（3）单击“业务对象”栏的下三角按钮，选择“用户”。

（4）单击“〉”按钮，将“003 李丽”从“禁用”列表中选择到“可用”列表中。以此方法，选择“001 张可”，如图 2-9 所示。

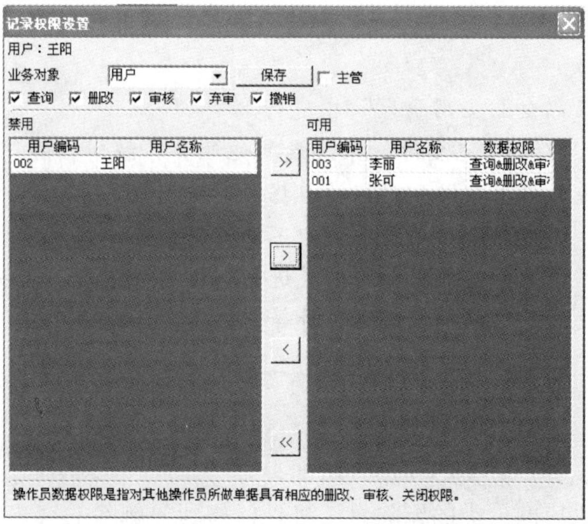

图 2-9　记录权限设置

（5）单击“保存”按钮，系统弹出“保存成功”信息提示框，单击“确定”按钮。

提示：

①数据权限包括记录级权限和字段级权限，可以分别进行授权。

②必须在系统管理中定义角色或用户，并分配完功能级权限后才能进行数据权限分配。

③可以在“数据权限控制设置”中选择需要进行设置的数据权限。

（九）单据设计

操作步骤：

（1）在“基础设置”选项卡中，执行“单据设置”→“单据格式设置”命令，进入“单据格式设置”窗口。

（2）在左侧窗口中执行“应收款管理”→“应收单”→“显示”→“应收单显示模板”命令，进入“应收单”格式设置窗口，如图 2-10 所示。

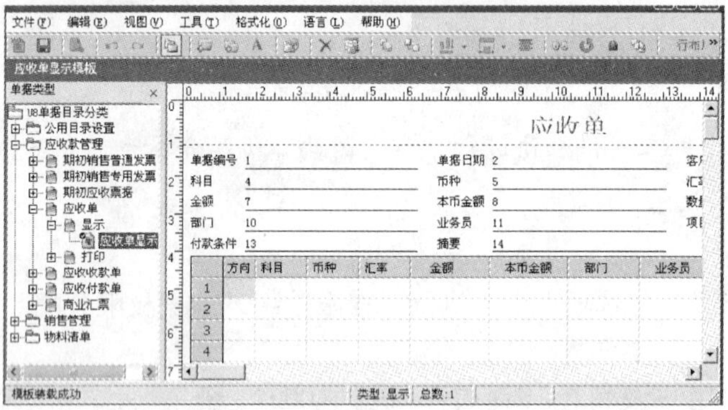

图 2-10　单据格式设置

（3）单击“应收单”中的表头项目“币种”，单击“删除”按钮，系统提示“是否删除当前选择项目?”信息，单击“是”按钮。

（4）同理，删除“应收单”表头项目中的“汇率”项目等。

（5）单击“退出”按钮，系统提示“模板已修改，是否保存?”，单击“是”确认。

提示：

①单据设计只能在“企业应用平台”中进行。

②只有在启用了“应收”、“应付”系统或其他业务系统时，在“企业应用平台”的单据目录分类中才会列出与启用系统相对应的单据分类及内容。

③单据设计功能可以分别进行不同模块中不同单据的显示格式和打印格式的设置。

④可以分别就单据的显示格式和打印格式进行单据属性设计、表头项目设计、表体项目设计、单据项目属性设计、单据标题属性设计等。

举一反三

（1）供应商分类、客户分类必须逐级增加。

（2）客户分类、供应商分类的删除只需将光标移到要删除的客户分类或供应商分类上，单击“删除”即可，非末级分类不能删除。

（十）账套备份

将账套输出至“E：\ 666 账套备份”文件夹中。

第二章

总账系统初始化

第一节　概述

一、知识与技能要求

总账系统的任务就是利用建立的会计科目体系，输入和处理各种记账凭证，完成记账、结账以及对账工作，输出各种总分类账、日记账、明细账和有关辅助账。通过系统地学习总账系统初始化、日常业务处理的主要内容和操作方法，要求掌握总账系统初始化中设置会计科目、录入期初余额及设置相关分类、档案资料的方法；掌握总账系统日常业务处理中凭证处理和记账的方法；熟悉出纳管理的内容和处理方法；熟悉期末业务处理的内容和方法。

二、功能概述

总账系统在系统中占据重要地位，可单独或协同其他系统使用。总账系统的任务就是利用建立的会计科目体系，输入和处理各种记账凭证，完成记账、结账以及对账工作，输出各种总分类账、日记账、明细账和有关辅助账。总账系统适用于各类企事业单位，主要提供凭证处理、账簿处理、出纳管理和期末转账等基本核算功能，并提供个人、部门、客户、供应商、项目核算等辅助管理功能。在业务处理过程中，可以随时查询包含未记账凭证的所有账表，充分满足管理者对信息及时性的要求。

总账系统主要包括：系统初始化、日常业务处理、出纳管理、账簿管理和期末处理等内容。

1. 系统初始化

总账系统初始化设置是应用总账系统的基础工作，是为总账系统日常业务处理工作所做的准备，主要包括设置系统参数、设置会计科目体系、录入期初余额、设置凭证类别、设置结算方式等。

2. 日常业务处理

日常业务处理主要包括填制凭证、审核凭证、出纳签字、记账以及查询和汇总记账凭证。

3. 出纳管理

出纳管理为出纳人员提供了一个集成办公环境，加强对现金及银行存款的管理。提供支票登记簿功能，用来登记支票的领用情况，并可查询银行日记账、现金日记账及资金日报表，定期将企业银行存款日记账与银行对账单进行核对，并编制银行存款余额调节表。

4. 账簿管理

账簿管理提供按多种条件查询总账、日记账及明细账等，具有总账、明细账和凭证联查功能。另外，还提供了辅助账查询功能。月末打印正式账簿。

5. 期末处理

月末自动完成分摊、计提、对应转账、销售成本、汇兑损益、期间损益结转等业务，完成月末自动转账处理，进行试算平衡、对账、结账及生成月末工作报告。

6. 总账系统与其他系统的主要关系

总账系统属于财务管理系统的一部分，而财务系统与其他系统呈并行关系。财务系统既可独立运行，也可同其他系统协同运转。

总账系统是财务管理系统的一个基本子系统，它概括地反映了企业供产销等全部经济业务的综合信息，它在财务管理系统中处于中枢地位。总账系统与其他系统之间的数据传递关系如图 3-1 所示。

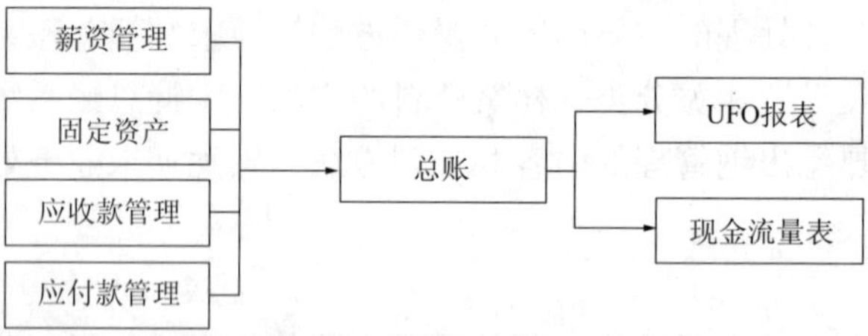

图 3-1　总账系统与其他系统之间的数据传递关系

三、实验目的与要求

系统学习总账系统初始化、日常业务处理和期末业务处理的工作原理和操作方法。要求掌握总账系统初始化中设置会计科目、录入期初余额及设置各种分类、档案资料的方法；掌握总账系统日常业务处理的凭证处理和记账的方法；了解期末业务的内容和处理方法；熟练掌握总账系统初始化、日常业务处理和期末业务处理的工作原理和操作方法；能够独立完成总账的各项工作。

四、教学建议

总账系统是 U8 系统中的重要内容，是在实际工作中运用最为广泛的系统，其功能较全面，学习时应和应收应付等模块结合起来，联系会计工作实际，灵活运用。

建议本章理论讲解 2 学时，上机练习 2 学时。

第二节　总账系统初始化的实验

一、实验准备

引入："E：\ 666 账套备份"的账套备份数据。将系统日期修改为"2013 年 1 月 31 日"，以账套主管的身份注册进入企业应用平台。

二、实验要求

1. 设置系统参数
2. 设置会计科目（指定、增加、修改会计科目）
3. 设置项目目录
4. 设置凭证类别
5. 输入期初余额
6. 设置结算方式
7. 账套备份

三、实验资料

（一）666 账套总账系统的参数

注意：不允许修改、作废他人填制的凭证；凭证审核控制到操作员。

操作步骤：平台→业务→财务会计→总账→设置→选项

（二）会计科目

（1）指定"1001 库存现金"为现金总账科目、"1002 银行存款"为银行总账科目。

（2）增加会计科目（表 3-1）。

表 3-1　增加的会计科目

科目编码	科目名称	辅助账类型
100201	工行存款	日记账、银行账
122101	应收职工借款	个人往来
151101	长期股权投资－其他股权投资	
160501	专用材料	项目核算
160502	专用设备	项目核算
160503	预付大型设备款	项目核算
160504	为生产准备的工具及器具	项目核算
190101	待处理固定资产损益	
222101	应交增值税/进项税额	
222102	应交增值税/销项税额	

续表

科目编码	科目名称	辅助账类型
222103	应交增值税/未交增值税	
222104	应交增值税/应交所得税	
400201	接受捐赠非现金资产准备	
500101	直接材料	
500102	直接人工	
660201	办公费	部门核算
660202	差旅费	部门核算
660203	工资	部门核算
660204	折旧费	部门核算
660205	福利费	部门核算
660206	其他	

(3) 修改会计科目。

- “1121 应收票据”、“1122 应收账款”、“2203 预收账款”科目辅助账类型为“客户往来”(受控系统为应收系统);
- “2201 应付票据”、“2202 应付账款”、“1123 预付账款”科目辅助账类型为“供应商往来”(受控系统为应付系统);
- “1605 工程物资”科目及所属明细科目辅助账类型为“项目核算”。

(三) 项目目录

项目大类为“自建工程”,核算科目为“工程物资”及明细科目,项目内容为 1 号工程和 2 号工程,其中 1 号工程包括“自建厂房”和“设备安装”两项工程。

操作步骤:平台→设置→基础档案→财务→项目目录→档案(+)

项目目录→项目大类(自建工程)

项目大类(自建工程)→“工程物资”待选→已选

项目目录→项目分类定义(增加 1、2 号工程)

项目目录→维护(增加自建厂房和设备安装)

(四) 凭证类别(表 3-2)

表 3-2 凭证类别表

类别名称	限制类型	限制科目
收款凭证	借方必有	1001,1002
付款凭证	贷方必有	1001,1002
转账凭证	凭证必无	1001,1002

操作步骤:平台→设置→基础档案→财务→凭证类别→预置类别

（五）期初余额（表3-3）

表3-3　期初余额情况表

科目名称	期初余额/元	备注
库存现金	19 000	
银行存款/工行存款	251 000	
应收票据	23 400	2012－11－22，东光公司购买乙产品，业务员刘夏，凭证号转－34，价税合计23 400元，付票据一张，票号78989
应收账款	129 200	2012－11－12，立新公司购买甲产品，价税合计58 500元，凭证号转－35，业务员刘夏，货款未付，发票号78987； 2012－11－18，宏大公司购买甲产品，价税合计70 200元，业务员刘夏，凭证号转－36，货款未付，发票号78988； 2012－11－22，为宏大公司代垫运费500元
其他应收款/应收职工个人借款	8 000	2012－11－20，供应部赵一出差借差旅费8 000元
预付账款	30 000	2012－11－23，预付建卫股份公司货款30 000元，供应部赵一付－35，票号2288
原材料	86 500	
库存商品	90 000	
固定资产	2 300 000	
累计折旧	252 100	
短期借款	200 000	
应付票据	11 700	2012－11－23，向本溪股份有限公司购入一批钢材11 700元
应付账款	81 900	2012－11－15，向建卫股份公司购入钢材46 800元； 2012－11－18，向大华公司购入油漆总计35 100元
预收账款	50 000	2012－11－26，预收北京东光公司一批货款计50 000元
应交税费/应交增值税/进项税额	3 600（借）	
应交税费/应交增值税/销项税额	45 000	
长期借款	500 000	
实收资本	1 800 000	

操作步骤：业务→总账→设置→期初余额

注意：

①白色单元：末级科目直接输入；

②灰色单元：非末级科目，待下级科目余额录入完成后自动生成；

③蓝色单元：辅助核算，辅助账中输入期初余额完成后自动返回总账期初余额表中。

（六）结算方式（表3-4）

表3-4　结算方式表

结算方式编码	结算方式名称
1	现金
2	现金支票
3	转账支票
4	信汇
5	电汇
6	银行汇票

操作步骤：平台→设置→基础档案→收付结算→结算方式

四、实验指导

（一）设置系统参数

操作步骤：

（1）在企业应用平台“业务工作”选项卡中，执行“财务会计”→“总账”命令，打开总账系统。

（2）在总账系统中，执行“设置”→“选项”命令，打开“选项”对话框。

（3）单击“编辑”按钮。

（4）在“凭证”选项卡中选中“可以使用应收受控科目”、“可以使用应付受控科目”等，如图3-2所示。

（5）在“权限”选项卡中选中“凭证审核控制到操作员”复选框，取消选中“允许修改、作废他人填制的凭证”复选框。

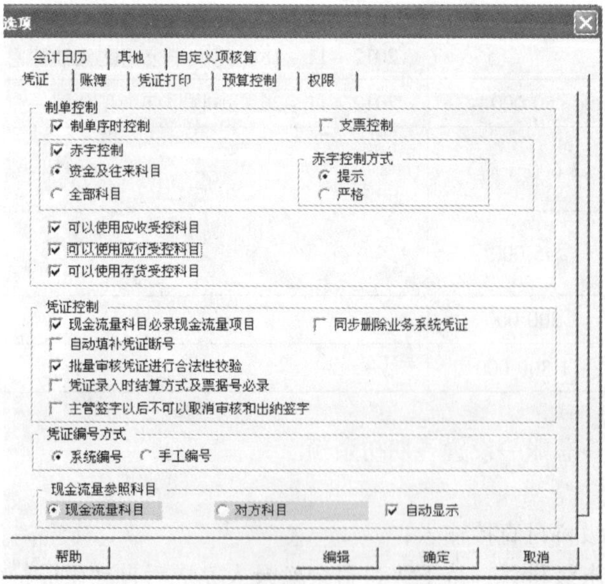

图3-2　“选项”对话框

（6）单击“确定”按钮保存并返回。

提示：

总账系统的参数设置将决定总账系统的输入控制、处理方式、数据流向、输出格式等，设定后一般不能随意改变。

（二）指定会计科目

操作步骤：

（1）在企业应用平台的“基础设置”选项卡中，执行“基础档案”→“财务”→“会计科目”命令，进入“会计科目”窗口。

（2）执行“编辑”→“指定科目”命令，打开“指定科目”对话框。

（3）单击“>”按钮，将“1001 库存现金”从“待选科目”窗口选入“已选科目”窗口，如图3-3所示。

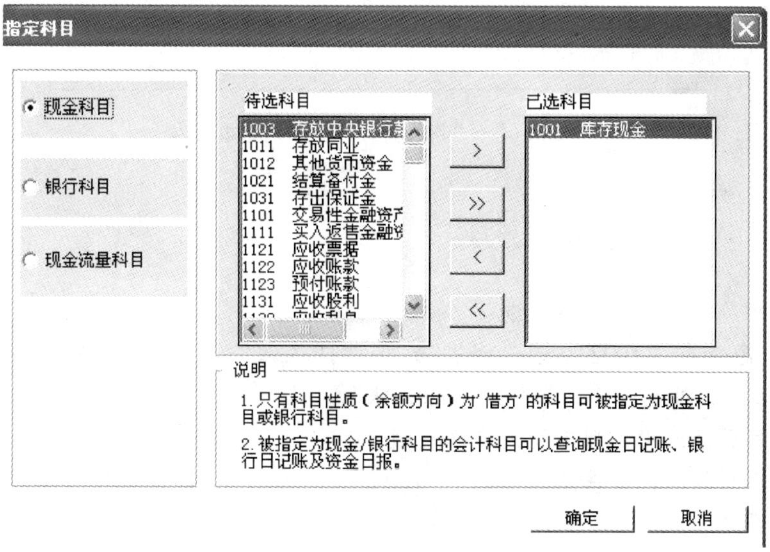

图3-3　“指定科目”对话框

（4）单击选择“银行总账科目”选项，单击“>”按钮，将“1002 银行存款”从“待选科目”窗口选入“已选科目”窗口。

（5）单击“确定”按钮。

提示：

①被指定的“现金总账科目”及“银行总账科目”必须是一级会计科目。

②只有指定现金及银行总账科目才能进行出纳签字的操作。

③只有指定现金及银行总账科目才能查询现金日记账和银行存款日记账。

（三）增加会计科目

操作步骤：

（1）在“会计科目”窗口中，单击“增加”按钮，打开“新增会计科目”对话框。

（2）录入科目编码“100201”、科目名称“工行存款”，如图3-4所示。

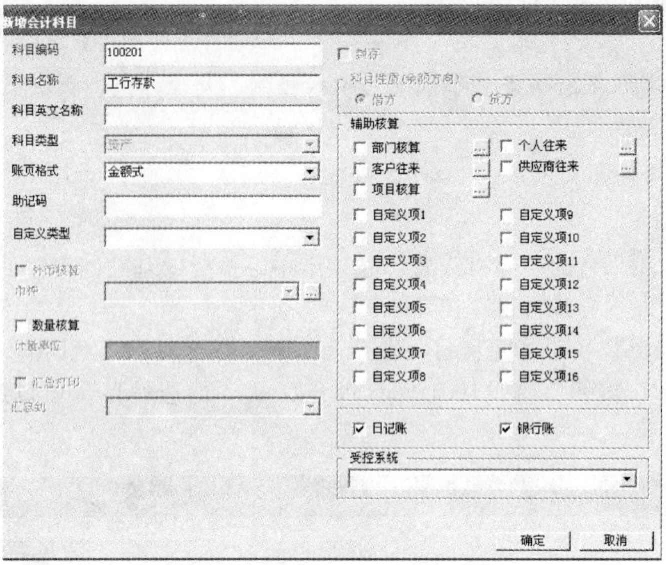

图 3-4 “新增会计科目”对话框

（3）单击“确定”按钮。

（4）同理，依次增加其他会计科目。

提示：

①会计科目编码应符合编码规则。

②由于预置科目“1002”已经被设置为“日记账”及“银行账”，所以新增科目“100201”自动被识别为“日记账”及“银行账”。

③如果科目已经使用，则不能被修改或删除。

④设置会计科目时，应注意会计科目的“账页格式”，一般情况下应为“金额式”，如果是“数量金额式”，还应继续设置计量单位。

（四）修改会计科目

操作步骤：

（1）在“会计科目”窗口中，双击“1122 应收账款”，或在选中“1122 应收账款”后单击“修改”按钮，打开“会计科目_ 修改”对话框。

（2）单击“修改”按钮，选中“客户往来”前的复选框，再单击“受控系统”栏的下三角按钮，选择“应收系统”，如图 3-5 所示。

（3）单击“确定”按钮。

（4）同理，可修改其他科目。

提示：

①“无受控系统”即该账套不使用“应收”及“应付系统”，“应收”及“应付”业务均以辅助账的形式在总账系统中进行核算。

②在使用会计科目前，一定要先检查系统预置的会计科目能否满足需要，如果不能满足需要，则以增加或修改的方式增加新的会计科目及修改已经存在的会计科目，如果系统预置的会计科目中有一些是并不需要的，可以采用删除的方法删除。

③凡是设置有辅助核算内容的会计科目，在填制凭证时，都需要填制具体的辅助核算

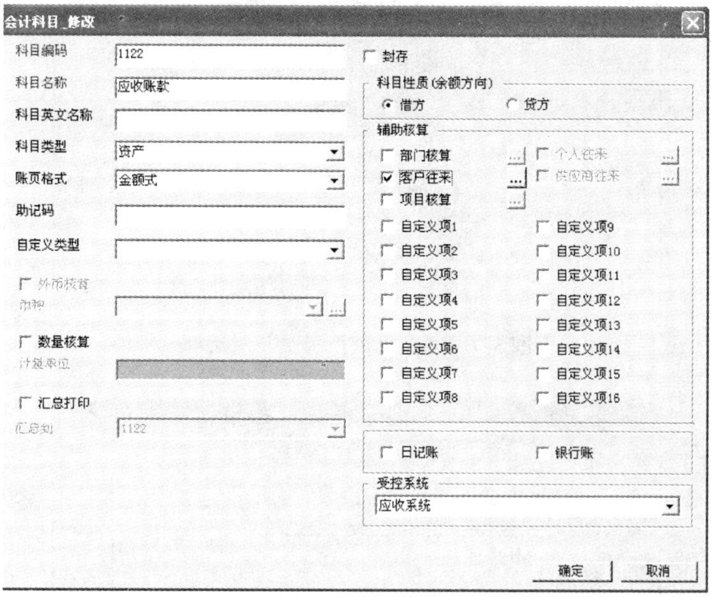

图 3-5　“会计科目_ 修改”对话框

内容。

（五）设置项目目录

1. 新增项目大类

操作步骤：

（1）在企业应用平台“基础设置”选项卡中，执行“基础档案”→“财务”→“项目目录”命令，打开“项目档案”对话框。

（2）单击“增加”按钮，打开“项目大类定义_ 增加”对话框。

（3）录入新项目大类名称“自建工程”，如图 3-6 所示。

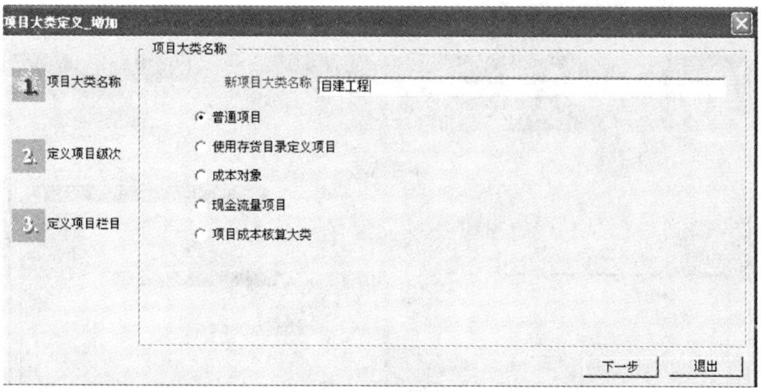

图 3-6　“项目大类定义_ 增加”对话框

（4）单击“下一步”按钮，打开“定义项目级次”对话框，如图 3-7 所示。

（5）默认系统设置，单击“下一步”按钮，打开“定义项目栏目”对话框，如图 3-8 所示。

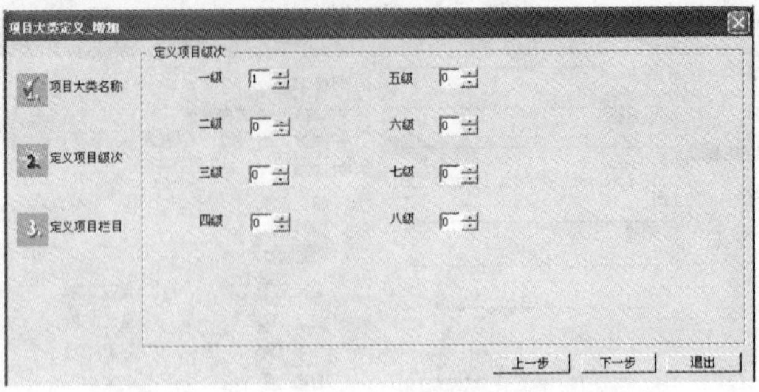

图 3-7 “定义项目级次”对话框

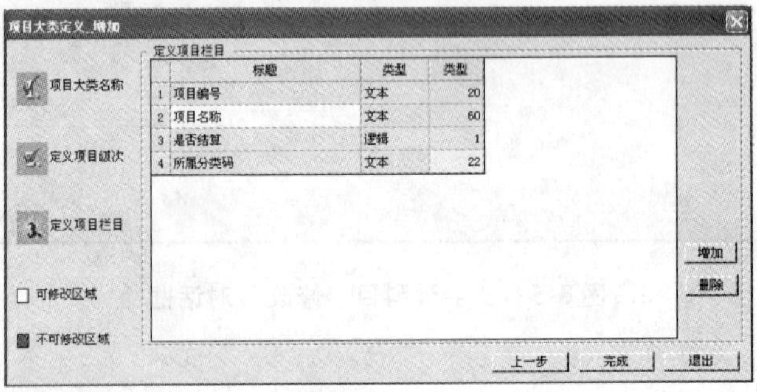

图 3-8 “定义项目栏目”对话框

（6）在“定义项目栏目”对话框中，单击“完成”按钮，返回“项目档案”窗口。

2. 指定项目核算科目

操作步骤：

（1）单击“项目大类”栏的下三角按钮，选择“自建工程”项目大类。

（2）单击“核算科目”选项卡。

（3）单击“≫”按钮，将在建工程及其下级明细科目从“待选科目”列表中选入“已选科目”列表，如图 3-9 所示。

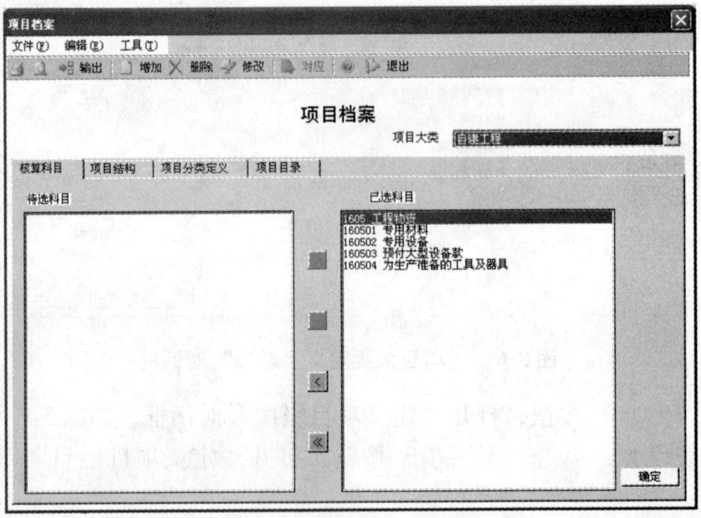

图 3-9 项目档案

（4）单击“确定”按钮确认。

3. 进行项目分类定义

操作步骤：

（1）单击“项目分类定义”选项卡。

（2）录入分类编码“1”，分类名称“1 号工程”，单击“确定”按钮。同理，增加“2 号工程”，单击“确定”按钮，如图 3-10 所示。

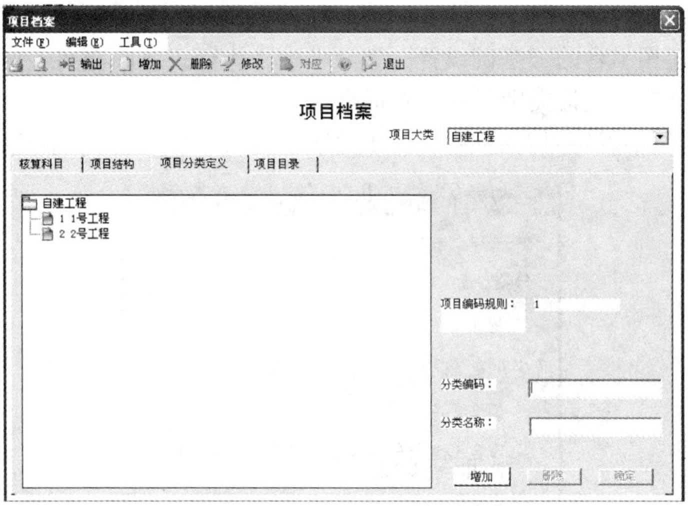

图 3-10　项目分类定义

4. 项目目录维护

操作步骤：

（1）单击“项目目录”选项卡，单击“维护”按钮，进入“项目目录维护”窗口。

（2）单击“增加”按钮，录入项目编号“1”，项目名称“自建厂房”，单击“所属分类码”栏参照按钮，选择“1 号工程”。同理，增加“设备安装”工程，如图 3-11 所示。

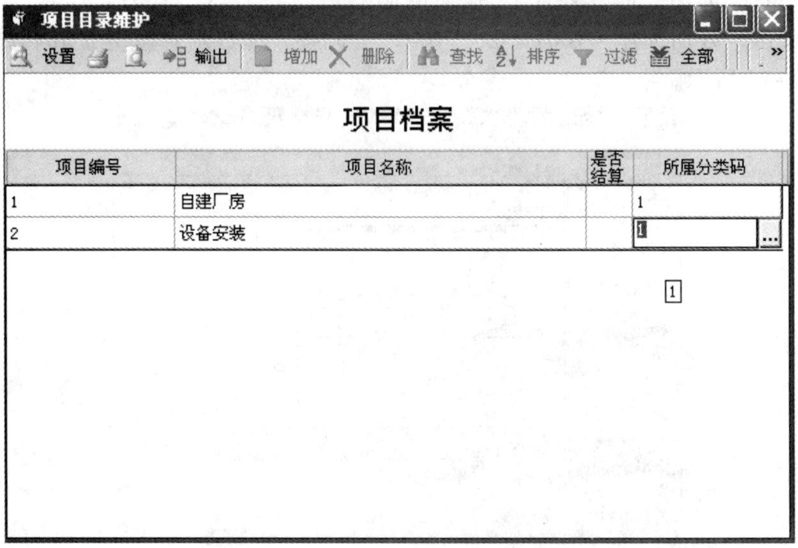

图 3-11　项目目录维护

（3）单击“退出”按钮。

提示：

①一个项目大类可以指定多个科目，一个科目只能属于一个项目大类。

②在每年年初，将已结算或不用的项目删除。

③标识结算后的项目将不能再使用。

（六）设置凭证类别

操作步骤：

（1）在企业应用平台的“基础设置”选项卡中，执行“基础档案”→“财务”→“凭证类别”命令，打开“凭证类别预置”对话框。

（2）选中“收款凭证　付款凭证　转账凭证”前的单选按钮，如图3-12所示。

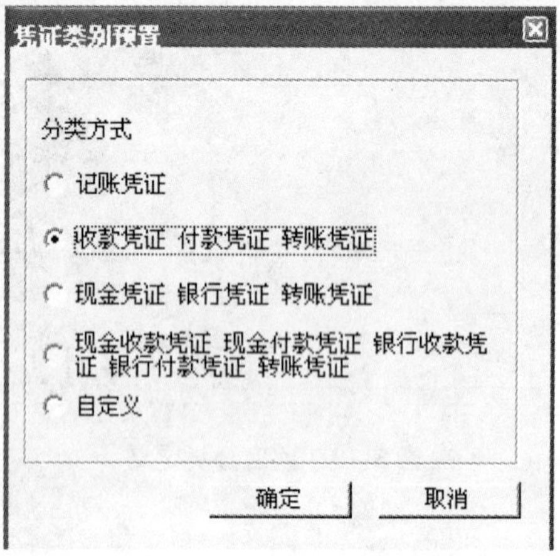

图3-12　“凭证类别预置”对话框

（3）单击“确定”按钮，打开“凭证类别”对话框。

（4）单击“修改”按钮，双击“收款凭证”所在行的“限制类型”栏，出现下三角按钮，从下拉列表中选择“借方必有”，在“限制科目”栏录入“1001，1002”，或单击限制科目栏参照按钮，分别选择“1001”及“1002”。同理，完成对付款凭证和转账凭证的限制设置，如图3-13所示。

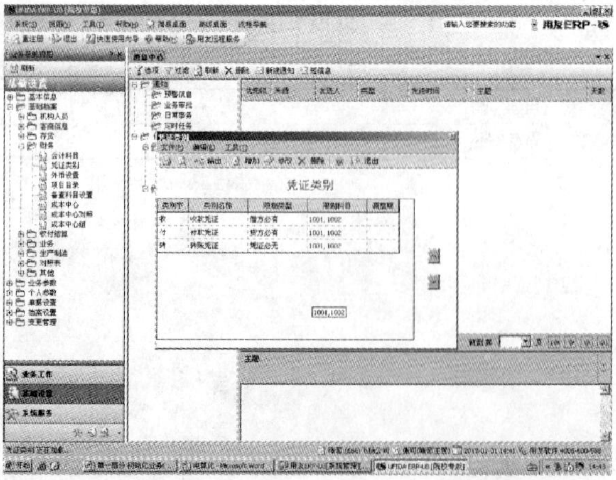

图3-13　“凭证类别”对话框

（5）单击“退出”按钮。

提示：

①已使用的凭证类别不能删除，也不能修改类别字。

②如果直接录入科目编码，则编码间的标点符号应为英文状态下的标点符号，否则系统会提示科目编码有错误。

③如果收款凭证的限制类型为借方必有“1001，1002”，则在填制凭证时，系统要求收款凭证的借方一级科目至少有一个是“1001”或“1002”，否则，系统会判断该凭证不属于收款凭证类别，不允许保存。付款凭证及转账凭证也应满足相应的要求。

（七）输入期初余额

（1）在总账系统中，单击“设置”→“期初余额”，进入“期初余额录入”窗口。

（2）白色的单元为末级科目，可以直接输入期初余额，如库存现金等。灰色的单元为非末级科目，不允许录入期初余额，待下级科目余额录入完成后自动汇总生成。

提示：

进项税为借方余额，但期初余额录入界面中进项税额的余额方向必须与上级科目“应交税费”保持一致，因此，需要录入“－3 600”表示借方余额。

（3）黄色的单元代表对该科目设置了辅助核算，不允许直接录入余额，需要在该单元格中双击进入辅助账期初设置，在辅助账中输入期初数据，完成后自动返回总账期初余额表中。如双击“应收账款”所在行“期初余额”栏，进入“辅助期初余额”窗口。

（4）单击“增行”按钮，单击“客户”栏参照按钮，选择“立新公司”，业务员选中“刘夏”，在“金额”栏录入“58 500.00”，如图 3-14 所示。再单击“往来明细”，把明细填写完整。

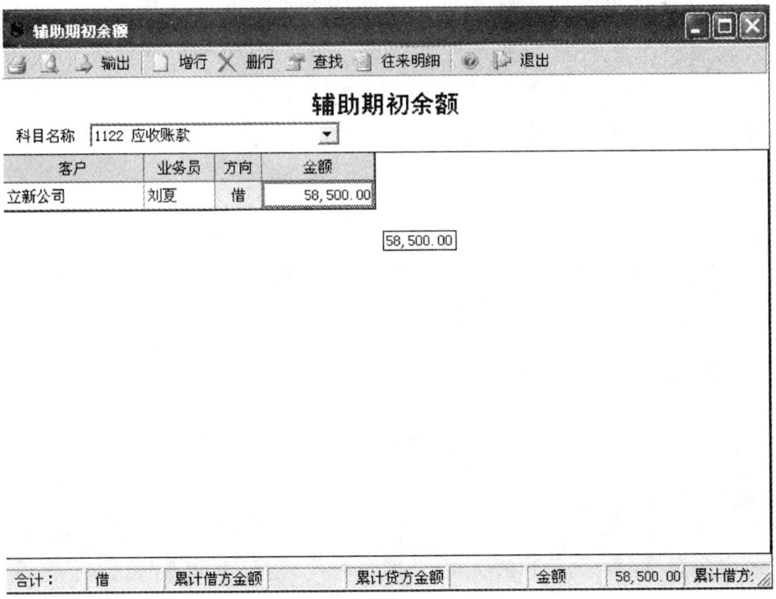

图 3-14　期初余额

（5）单击“退出”按钮。

（6）同理，录入其他带辅助核算的科目余额。

（7）单击“试算”按钮，系统进行试算平衡。试算结果如图3-15所示。

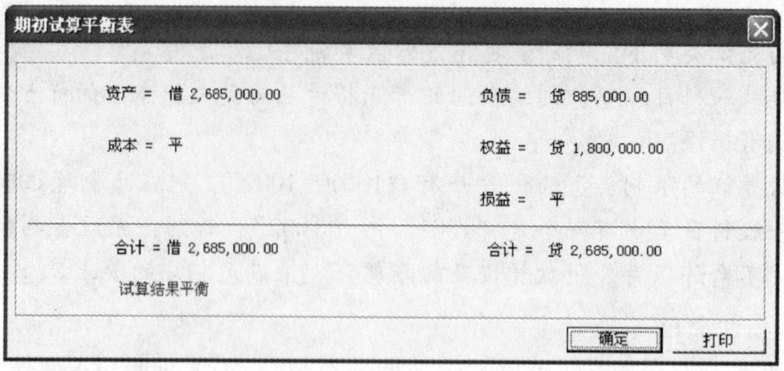

图3-15 期初试算平衡

（8）单击“确定”按钮。

提示：

①只需输入末级科目的余额，非末级科目的余额由系统自动计算生成。

②如果要修改余额的方向，可以在未录入余额的情况下，单击“方向”按钮改变余额的方向。

③总账科目与其下级科目的方向必须一致。如果所录明细余额的方向与总账余额方向相反，则用“－”号表示。

④如果录入余额的科目有辅助核算的内容，则在录入余额时，必须录入辅助核算的明细内容，而修改时也应修改明细内容。

⑤如果年中某月开始建账，需要输入启用月份的月初余额及年初到该月的借贷方累计发生额（年初余额由系统根据月初余额及借贷方累计发生额自动计算生成）。

⑥系统只能对月初余额的平衡关系进行试算，而不能对年初余额进行试算。

⑦如果期初余额不平衡，可以填制凭证，但是不允许记账。

⑧凭证记账后，期初余额变为只读状态，不能再修改。

（八）设置结算方式

操作步骤：

（1）在企业应用平台的“基础设置”选项卡中，执行“基础档案”→“收付结算”→“结算方式”命令，进入“结算方式”窗口。

（2）单击“增加”按钮，录入结算方式编码“1”，录入结算方式名称“现金”，单击“保存”按钮。

（3）同理，继续录入其他结算方式，如图3-16所示。

（4）单击“退出”按钮。

提示：

在总账系统中，结算方式将会在使用“银行账”类科目填制凭证时使用，并可作为银行对账的一个参数。

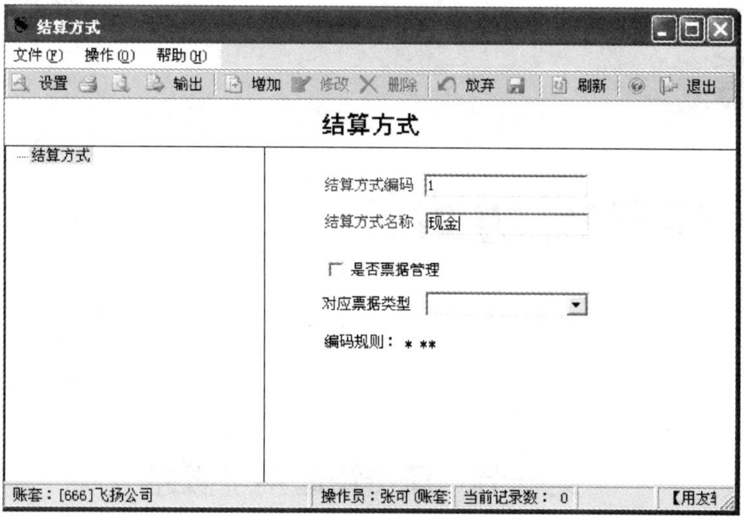

图 3-16　结算方式

举一反三

（1）如何调整余额方向？

一般情况下，软件默认资产类科目的科目性质为借方，负债及所有者权益类科目的科目性质为贷方。但是有一部分调整科目，如“坏账准备”、“累计折旧”等科目的余额方向与同类科目性质相反。在建立会计科目时，如果没有对这些科目的余额方向进行调整，那么就需要在此处将方向调整正确。

操作步骤：

①在“期初余额录入”窗口中，选中需要调整余额方向的会计科目，单击工具栏上的“方向”按钮，如图 3-17 所示。

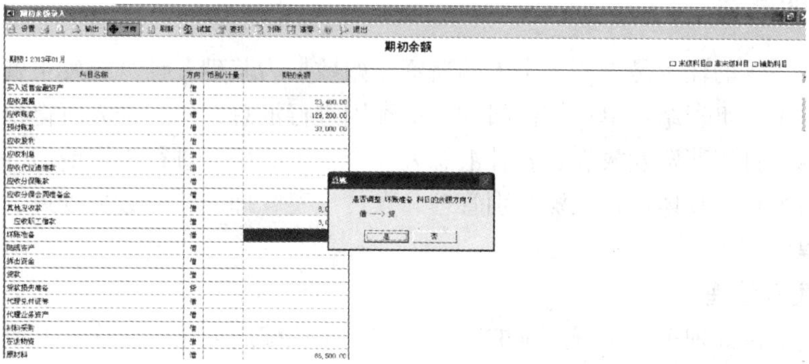

图 3-17　调整余额方向

②确定需要调整的方向，如：借→贷，单击“是”。

（2）进入期初余额后，单击“对账”按钮对当前余额进行对账，如果对账后发现有错误，可单击“显示对账错误”按钮，系统将对账中发现的问题显示出来。

（九）账套备份

将账套输出至“E：\ 666 账套备份”文件夹中。

第四章

薪资管理系统初始化

第一节　薪资管理系统概述

一、知识与技能要求

工资总额是企业在一定时间内直接支付给本单位职工的劳动报酬，也是企业进行各种费用计提的基础。工资核算是每个单位财会部门最基本的业务之一，不仅关系到每个职工的切身利益，也是直接影响产品成本核算的重要因素。手工进行工资核算，需要占用财务人员大量的精力和时间，并且容易出错，采用计算机进行工资核算，可以有效提高工资核算的准确性和及时性。通过系统地学习薪资系统初始化、日常业务处理的主要内容和操作方法，要求掌握建立工资账套、建立工资类别、建立人员类别、设置工资项目和计算公式的方法；了解工资账套与企业账套的区别；掌握工资数据计算、个人所得税计算的方法；掌握工资分摊和生成转账凭证的方法；熟悉查询有关账表资料并进行统计分析的方法。

二、功能概述

薪资管理系统的任务是以职工个人的薪资原始数据为基础，计算应发工资、扣款小计和实发工资等，编制工资结算单；按部门和人员类别进行汇总，进行个人所得税计算；提供多种方式的查询、打印薪资发放表、各种汇总表及个人工资条；进行工资费用分配与计提，并实现自动转账处理。具体包括工资类别管理、人员档案管理、薪资数据管理、账簿管理和薪资报表管理等内容。

1. 工资类别管理

薪资系统提供处理多个工资类别的功能。如果单位按周或按一月多次发放薪资，或者单位中有多种不同类别（部门）的人员，薪资发放项目不同，计算公式也不同，但需进行统一薪资核算管理，因此，就选择多个工资类别。

2. 人员档案管理

人员档案管理中，可以设置人员的基础信息，并对人员变动进行调整，系统同时还提供了设置人员附加信息的功能。

3. 薪资数据管理

根据不同企业的需要设计工资项目和计算公式；管理所有人员的工资数据，并对平时发生的工资变动进行调整；自动计算个人所得税，结合工资发放形式进行扣零处理或向代发的银行传输工资数据；自动计算、汇总工资数据；自动完成工资分摊、计提、转账业务。

账簿管理：提供按多种条件查询总账、日记账及明细账等，具有总账、明细账和凭证联查功能。

4. 薪资报表管理

薪资报表管理中可提供多层次、多角度的工资数据查询。

三、实验目的与要求

系统学习工资管理系统的初始化、日常业务处理、期末业务处理、统计分析的工作程序和实际操作方法。要求掌握工资账套的建立，工资类别、人员类别、工资项目的设置方法；工资数据编辑及计算汇总、个人所得税的计提及扣缴以及工资分配转账凭证生成的方法；了解工资管理子系统的数据流程、主要数据文件和基本编辑的作用与特点。

四、教学建议

建议本章理论讲解 2 学时，上机练习 2 学时。

第二节　薪资管理系统初始化

一、实验准备

将系统日期修改为“2013 年 1 月 1 日”。以“张可”身份注册进入企业应用平台，启用“薪资管理”系统。

二、实验要求

1. 建立工资账套
2. 基础设置
3. 工资类别管理
4. 设置在岗人员工资账套的工资项目
5. 设置人员档案
6. 设置计算公式
7. 账套备份

三、实验资料

（一）666 账套薪资管理系统的参数

工资类别有两个，工资核算本位币为人民币，不核算计件工资，自动代扣所得税，进行扣零设置且扣零到元。工资类别分为“在岗人员”和“退休人员”，并且在岗人员分布在各个部门，而退休人员只属于人事部门。

（二）人员附加信息

增加人员附加信息“性别”和“学历”。

（三）工资项目（表4-1）

表4-1 工资项目情况

工资项目名称	类型	长度	小数	增减项
基本工资	数字	8	2	增项
职务补贴	数字	8	2	增项
福利补贴	数字	8	2	增项
交通补贴	数字	8	2	增项
奖金	数字	8	2	增项
缺勤扣款	数字	8	2	减项
住房公积金	数字	8	2	减项
缺勤天数	数字	8	2	其他

（四）银行名称

银行名称为“中国工商银行”。账号长度为11位，录入时自动带出的账号长度为8位。

（五）工资类别及工资项目

在岗人员工资类别：所有工资项目。

退休人员工资类别：只有基本工资和住房公积金两个项目。

（六）在岗人员档案（表4-2）

表4-2 工资项目情况

职员编号	人员姓名	性别	学历	所属部门	人员类别	银行代发账号
001	张宏	女	大学	人事部（1）	企业管理人员	11022033001
002	张可	男	大学	财务部（2）	企业管理人员	11022033002
003	王阳	男	大学	财务部（2）	企业管理人员	11022033003
004	李丽	女	大学	财务部（2）	企业管理人员	11022033004
005	赵一	男	大学	供应部（3）	经营人员	11022033005
006	刘夏	女	大专	销售一科（401）	经营人员	11022033006
007	韩红	男	大学	销售二科（402）	经营人员	11022033007
008	李好	男	大学	销售三科（403）	经营人员	11022033008
009	刘学	男	大专	生产部（5）	车间管理人员	11022033009
010	孙语	男	高中	生产部（5）	生产工人	11022033010

（七）计算公式

缺勤扣款 = 基本工资/22 × 缺勤天数

住房公积金 = （基本工资 + 职务补贴 + 福利补贴 + 交通补贴 + 奖金）×0.08

企业管理人员和经营人员的交通补助为 300 元，其他人员的交通补助为 80 元。

四、实验指导

（一）建立工资套

操作步骤：

（1）在企业应用平台中，执行“人力资源”→“薪资管理”命令，打开“建立工资套—参数设置”对话框。

（2）选择本账套所需处理的工资类别个数为“多个”，如图 4-1 所示。

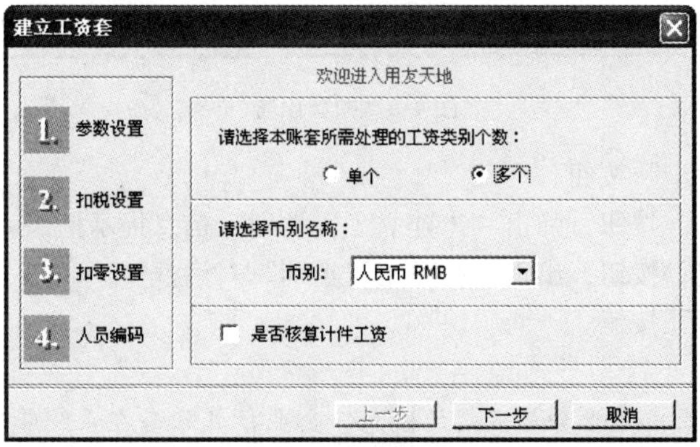

图 4-1　参数设置

（3）单击“下一步”按钮，打开“建立工资套—扣税设置”对话框，选中“是否从工资中代扣个人所得税”复选框，如图 4-2 所示，单击“下一步”按钮，打开“建立工资套—扣零设置”对话框。

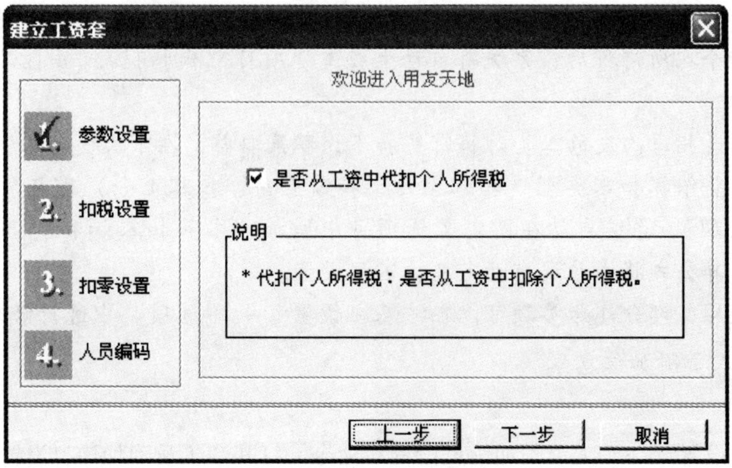

图 4-2　扣税设置

（4）单击选中“扣零”前的复选框，再选择“扣零至元”，如图4-3所示。

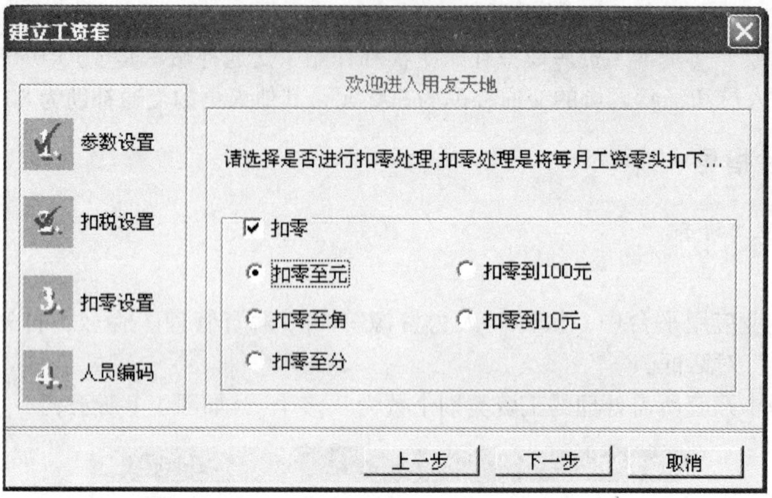

图4-3 扣零设置

（5）单击“下一步”按钮。

（6）单击“完成”按钮，弹出“未建立工资类别”信息提示框。

（7）单击“确定”按钮，出现“打开工资类别”对话框。

（8）单击“取消”按钮。

提示：

①工资账套与企业核算账套是不同的概念，企业核算账套在系统管理中建立，是针对整个用友ERP－U8系统而言的，而工资账套只针对用友ERP－U8系统中的薪资管理子系统。可以说，工资账套是企业核算账套的一个组成部分。

②如果单位按周或每月多次发放薪资，或者是单位中有多种不同类别（部门）人员，工资发放项目不尽相同，计算公式也不相同，但需要进行统一工资核算管理，应选择“多个”工资类别。反之，如果单位中所有人员工资按统一标准进行管理，而且人员的工资项目、工资计算公式全部相同，则选择“单个”工资类别。

③选择代扣个人所得税后，系统将自动生成工资项目“代扣税”，并自动进行代扣税金的计算。

④扣零处理是指每次发放工资时将零头扣下，积累取整，在下次发放工资时补上，系统在计算工资时，将依据扣零类型（扣零至元、扣零至角、扣零至分）进行扣零计算。一旦选择了“扣零处理”，系统自动在固定工资项目中增加“本月扣零”和“上月扣零”两个项目，扣零的计算公式将由系统自动定义，不用设置。

⑤建账完成后，部分建账参数可以在“基础设置”→“选项”中进行修改。

（二）设置人员附加信息

操作步骤：

（1）执行“设置”→“人员附加信息设置”命令，打开“人员附加信息设置”对话框。

（2）单击“增加”按钮，单击“栏目参照”栏的下三角按钮，选择“性别”；同理，增加“学历”。如图4-4所示。

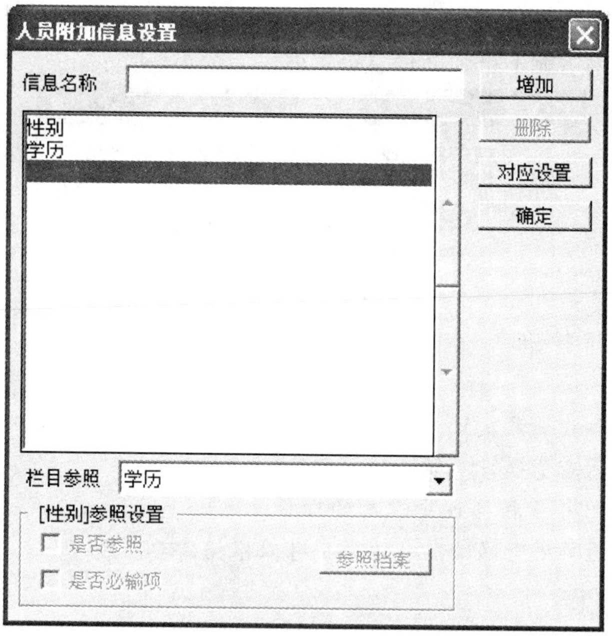

图 4-4　“人员附加信息设置”对话框

提示：

①如果工资管理系统提供的有关人员的基本信息不能满足实际需要，可以根据需要进行人员附加信息的设置。

②已使用过的人员附加信息可以修改，但不能删除。

③不能对人员的附加信息进行数据加工，如公式设置等。

（三）设置工资项目

操作步骤：

（1）执行“设置”→“工资项目设置”命令，打开“工资项目设置”对话框。

（2）单击“增加”按钮，从“名称参照”下拉列表中选择“基本工资”，默认类型为“数字”，小数位为“2”，增减项为“增项”。以此方法继续增加其他工资项目。如图 4-5 所示。

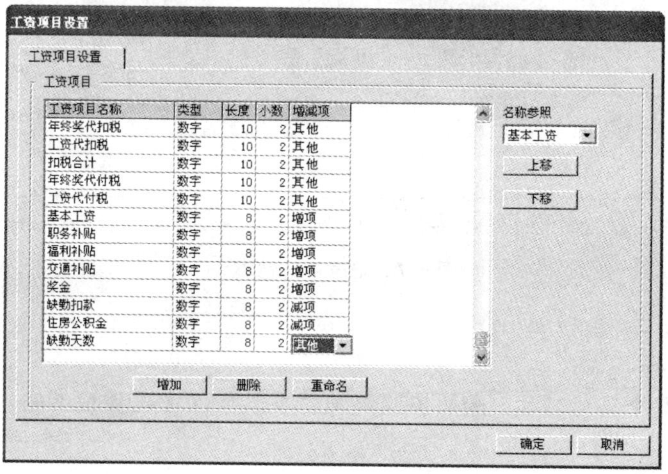

图 4-5　“工资项目设置”对话框

(3) 单击“确定”按钮，系统弹出“工资项目已经改变，请确认各工资类别的公式是否正确。否则计算结果可能不正确”信息提示框，如图4-6所示。

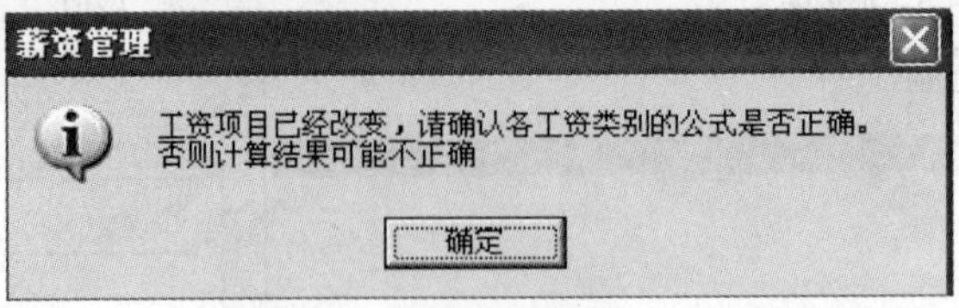

图4-6 薪资管理

(4) 单击“确定”按钮。

提示：

①此处所设置的工资项目是针对所有工资类别所需要使用的全部工资项目。

②系统提供的固定工资项目不能修改、删除。

③对于“名称参照”下拉列表中没有的项目，可以直接输入，或者从“名称参照”中选择一个类似的项目后再进行修改。其他项目可以根据需要修改。

(四) 设置银行名称

操作步骤：

(1) 在企业应用平台“基础设置”选项卡中，执行“基础档案”→“收付结算”→“银行档案”命令，进入“银行档案”窗口。

(2) 按实验资料修改已有银行名称信息，如图4-7所示。

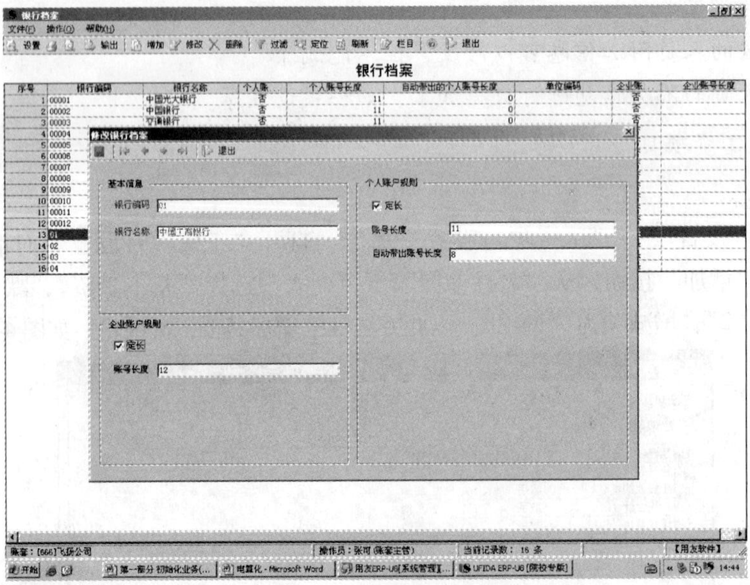

图4-7 修改银行档案

(3) 单击“退出”按钮退出。

提示：

①系统预置了6个银行名称，如果不能满足需要，可以在此基础上删除或增加新的银行名称。

②如果修改账号长度，则必须按键盘上的回车键确认。

（五）建立工资类别

操作步骤：

（1）在薪资管理系统中，执行“工资类别”→“新建工资类别”命令，打开“新建工资类别”对话框。

（2）输入工资类别名称“在岗人员”，如图4-8所示。

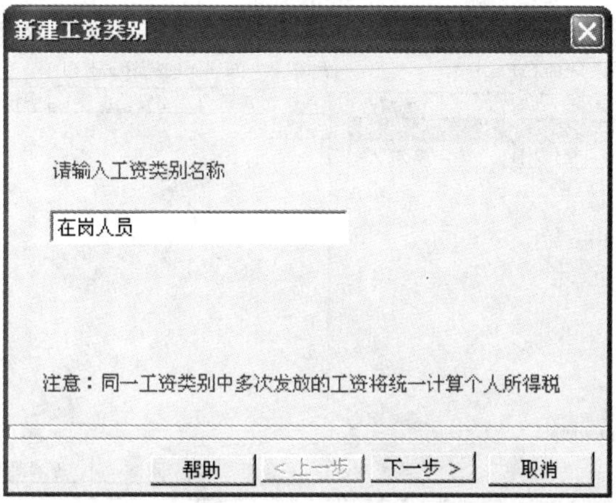

图4-8　“新建工资类别”对话框

（3）单击“下一步”按钮，打开“新建工资类别—请选择部门”对话框。

（4）分别单击选中各部门，也可单击“选定全部部门”按钮，如图4-9所示。

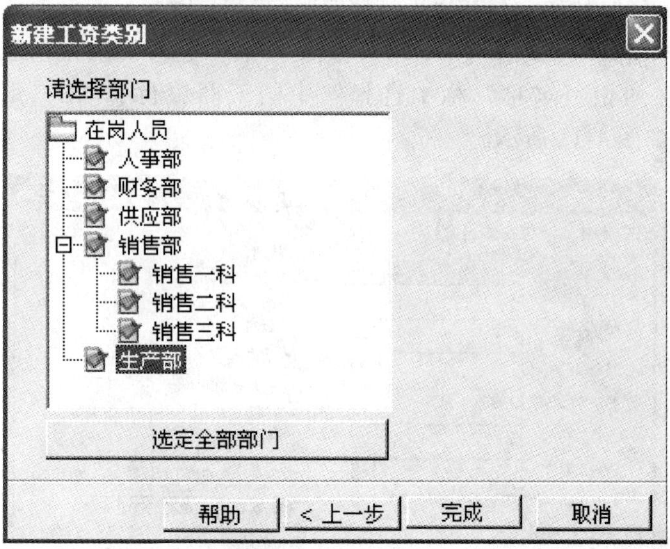

图4-9　选择部门

（5）单击“完成”按钮，系统提示“是否以2013－01－01为当前工资类别的启动日期?”。

（6）单击“是”返回。

（7）执行“工资类别”→“关闭工资类别”命令，关闭在岗人员工资类别。

(8) 执行“工资类别”→“新建工资类别”命令，建立“退休人员”工资类别。

(六) 设置在岗人员工资套人员档案

操作步骤：

(1) 执行“工资类别”→“打开工资类别”命令，打开“打开工资类别”对话框，如图 4-10 所示。

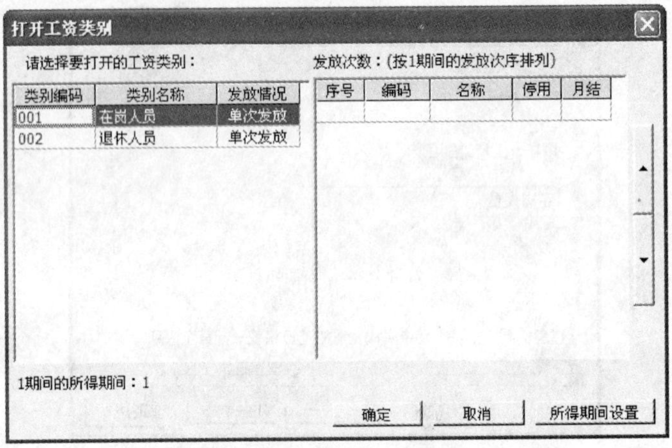

图 4-10 “打开工资类别”对话框

(2) 选择“在岗人员”工资类别，单击“确定”按钮。

(3) 执行“薪资管理”→“设置”→“人员档案”命令，进入“人员档案”窗口。

(4) 单击“增加”按钮，打开“人员档案明细”对话框。

(5) 在“基本信息”选项卡中，单击“人员姓名”栏参照按钮，选择“张宏”，带出其他相关信息，在“银行名称”栏中选择“中国工商银行”，在“银行账号”栏录入“11022033001”，如图 4-11 所示。

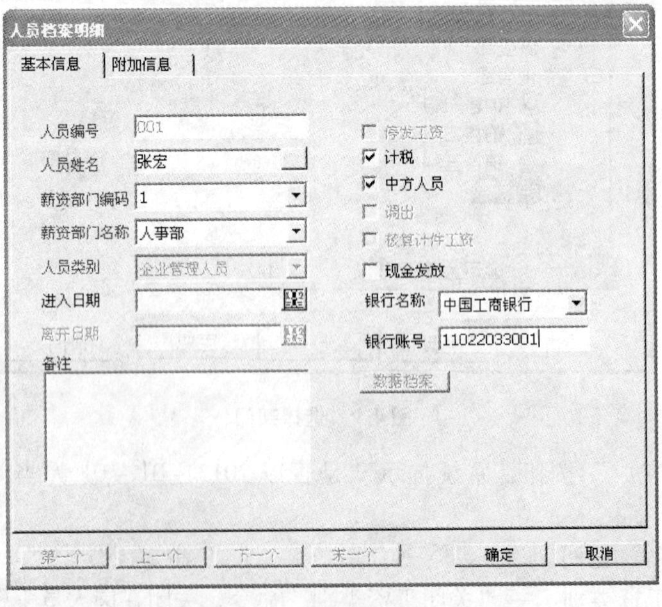

图 4-11 “人员档案明细”对话框

（6）单击“附加信息”选项卡，在性别栏录入“女”，在学历栏录入“大学”，如图 4-12 所示。

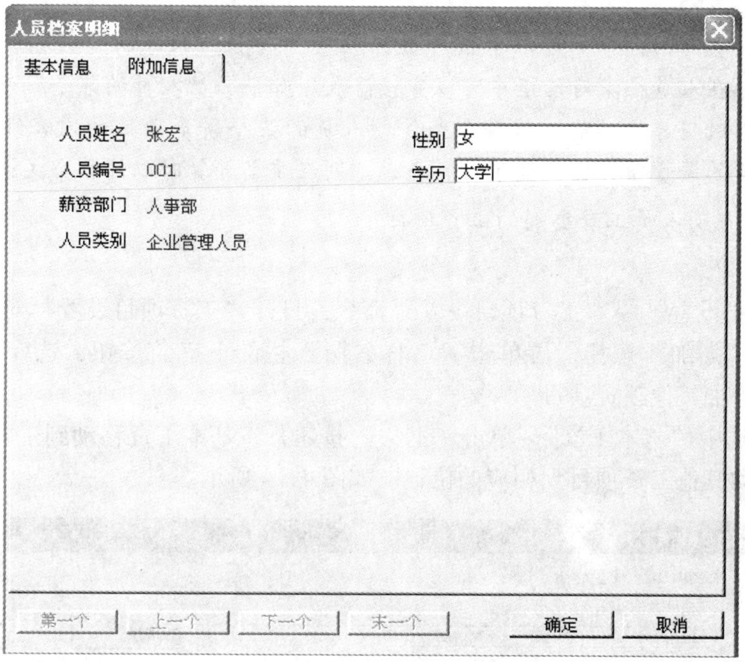

图 4-12　附加信息

（7）单击“确定”按钮。

（8）继续录入其他人员档案。录入完成后如图 4-13 所示。

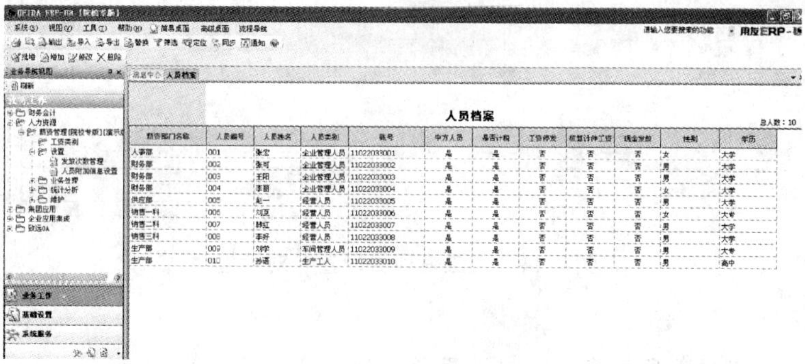

图 4-13　人员档案

（9）单击“退出”按钮，退出“人员档案”对话框。

提示：

①在“人员档案”对话框中，单击“批增”功能可以按人员类别批量增加人员档案，然后再进行修改。

②如果在银行名称设置中设置了“银行账号定长”，则在输入了一个人员档案的银行账号后，在输入第二个人的银行账号时，系统会自动带出已设置的银行账号定长的账号，只需要输入剩余的账号即可。

③如果账号长度不符合要求，则不能保存。

④在增加人员档案时，“停发”、“调出”和“数据档案”不可选，在修改状态下才能编辑。

⑤在人员档案对话框中，可以单击“数据档案”按钮，录入薪资数据。如果个别人员档案需要修改，在人员档案对话框中可以直接修改。如果一批人员的某个薪资项目同时需要修改，可以利用数据替换功能，将符合条件的人员的某个薪资项目的内容统一替换某个数据。若进行替换的薪资项目已设置了计算公式，则在重新计算时以计算公式为准。

（七）设置在岗人员工资类别的工资项目

操作步骤：

（1）执行“设置”→“工资项目设置”命令，打开“工资项目设置”对话框。

（2）单击“增加”按钮，再单击“名称参照”栏的下三角按钮，选择“基本工资”，并以此方法再增加其他工资项目。

（3）单击选中“基本工资”，单击“上移”按钮，将基本工资移动到工资项目栏的第1行。再继续移动其他工资项目到相应的位置。如图4-14所示。

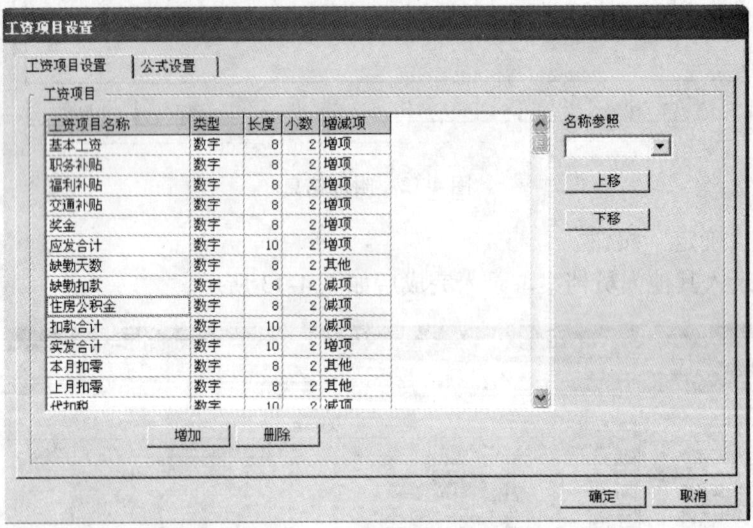

图4-14 “工资项目设置”对话框

提示：

①在未打开任何工资账套前，可以设置所有的工资项目，当打开某一工资账套后，可以根据本工资账套的需要对已经设置的工资项目进行选择，并将工资项目移动到合适的位置。

②工资项目不能重复选择。

③工资项目一旦选择，即可进行公式定义。

④没有选择的工资项目不允许在计算公式中出现。

⑤不能删除已输入数据的工资项目和已设置计算公式的工资项目。

⑥如果所需要的工资项目不存在，则要关闭本工资类别，然后新增工资项目，再打开此工资类别进行选择。

（八）设置“缺勤扣款”和“住房公基金”的计算公式

操作步骤：

（1）在工资项目设置对话框中单击“公式设置”选项卡，打开“工资项目设置—公式设置”对话框。

（2）单击“增加”按钮，从下拉列表中选择“缺勤扣款”工资项目。

（3）单击“缺勤扣款公式定义”区域，在下方的工资项目列表中单击选中“基本工资”，单击选中“运算符”区域中的“/”，在“缺勤扣款公式定义”区域中继续录入“22”，单击选中“运算符”区域中的“＊”，再单击选中“工资项目”列表中的“缺勤天数”。如图 4-15 所示。

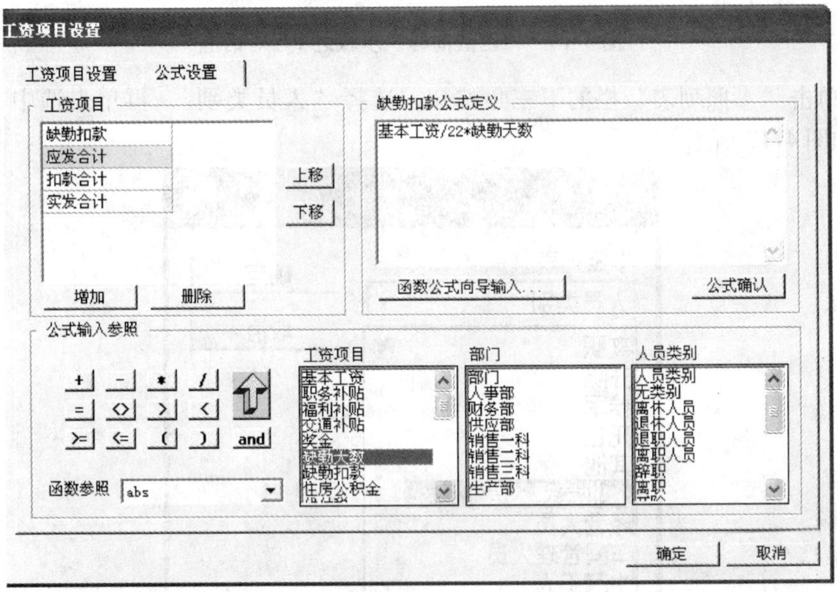

图 4-15　“工资项目设置—公式设置”对话框

（4）单击“公式确认”按钮。

（5）以此方法设置“住房公积金”的计算公式。

（九）设置“交通补贴”的计算公式

操作步骤：

（1）在“工资项目设置—公式设置”界面中，单击“增加”按钮，从下拉列表框中选择“交通补贴”。

（2）单击“函数公式向导输入”按钮，打开“函数向导—步骤之 1”对话框。

（3）单击选中“函数名”列表中的“iff”，如图 4-16 所示。

（4）单击“下一步”按钮，打开“函数向导—步骤之 2”对话框。

（5）单击“逻辑表达式”栏的参照按钮，打开“参照”对话框。

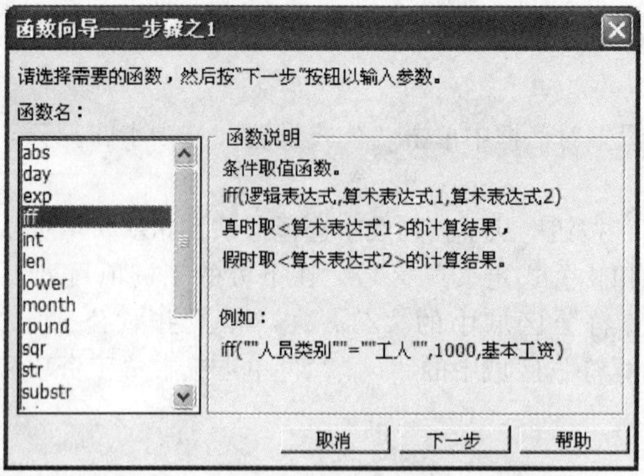

图 4-16　“函数向导—步骤之 1”对话框

（6）单击“参照列表”栏的下三角按钮，选择“人员类别”，再单击选中“企业管理人员”，如图 4-17 所示。

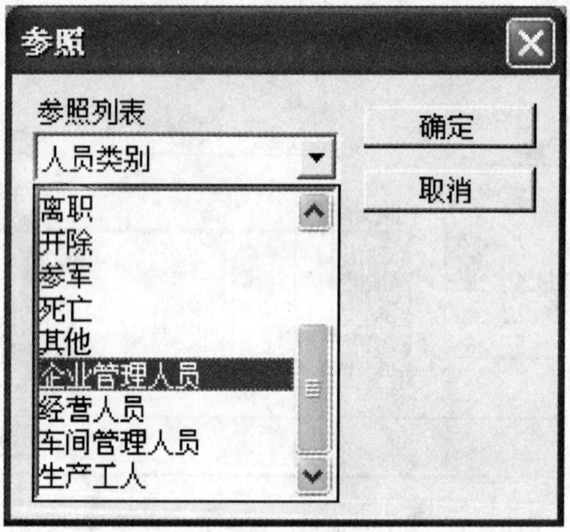

图 4-17　参照

（7）单击“确定”按钮，返回“函数向导—步骤之 2”对话框。

（8）在“算术表达式 1”文本框中录入“300”，如图 4-18 所示。

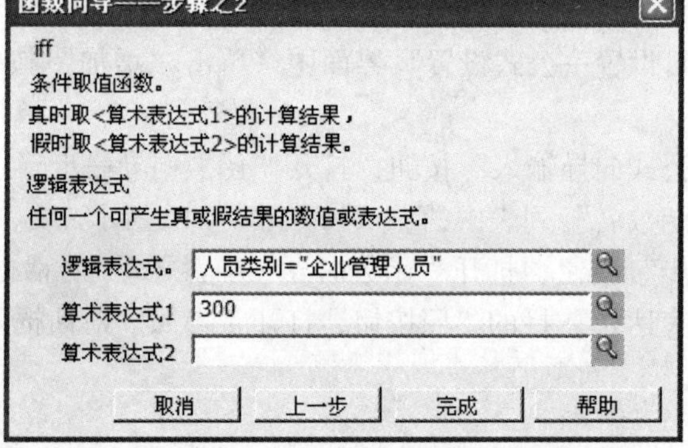

图 4-18　“函数向导—步骤之 2”对话框

（9）单击“完成”按钮，返回“公式设置”对话框。将光标放置到“300”之后，继续单击“函数公式向导输入”按钮，按如前描述的操作选择“经营人员”，在“算术表达式1”中输入“300”，在“算术表达式2”中输入“80”，如图4-19所示。

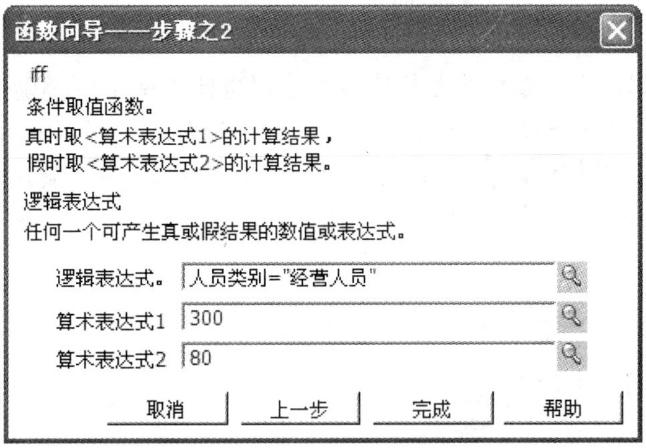

图4-19　函数向导

（10）单击“完成”返回公式设置界面，如图4-20所示。

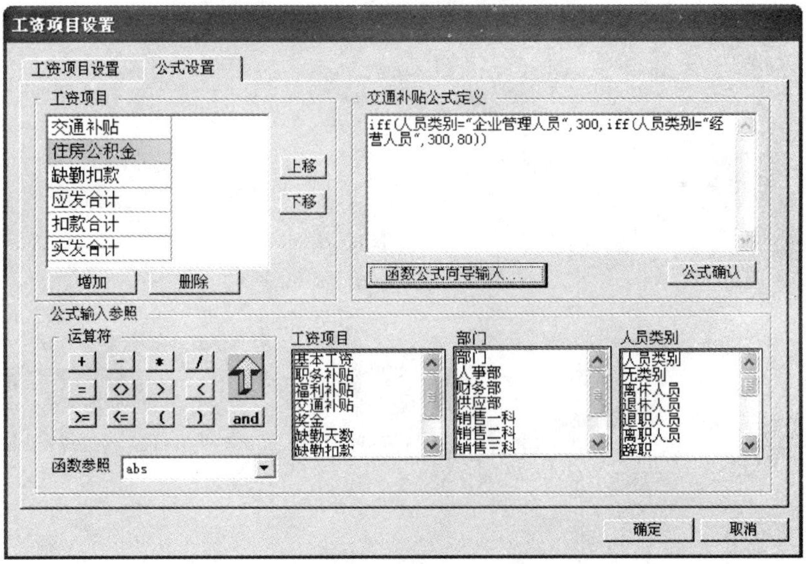

图4-20　工资项目设置

（11）单击“公式确认”按钮，单击“确定”。

提示：

①在定义公式时，可以使用函数公式向导输入、函数参照输入、工资项目参照、部门参照和人员参照编辑输入该工资项目的计算公式。其中函数公式向导只支持系统提供的函数。

②工资中没有的项目不允许在公式中出现。

③公式中可以引用已设置公式的项目，相同的工资项目可以重复定义公式，多次计算，以最后的运行结果为准。

④定义公式时，要注意先后顺序。

⑤如果将交通补贴计算公式设置为“iff(人员类别 =“企业管理人员”or 人员类别 =“经营人员”,300,80)”,也可以达到同样的目的。

举一反三

（1）对于不存在多工资类别业务的单位，建议也建立多工资类别，但是在实务中只使用一个工资类别。通过这种设置方式，如果以后的业务模式发生了重大的变化，就可以轻易而迅速地修改软件设置以符合业务流程，从而减少未来业务模式变化后设置的工作量。

（2）薪资管理系统可以建立 999 套工资账。

（十）账套备份

将账套输出至“E:\ 666 账套备份”文件夹中。

第五章

固定资产系统初始化

第一节　固定资产系统概述

一、知识与技能要求

通过系统地学习固定资产系统初始化、日常业务处理的主要内容和操作方法，要求掌握输入固定资产卡片的方法；掌握固定资产增加、减少、变动的操作方法和要求；掌握固定资产折旧的处理过程及操作方法；了解固定资产账套的内容及作用；熟悉固定资产月末转账、对账及月末结账的操作方法。

二、功能概述

固定资产管理系统是一套用于企事业单位进行固定资产核算和管理的软件，主要面向中小企业，帮助企业的财务部门进行固定资产总值、累计折旧数据的动态管理，为总账系统提供相关凭证，协助企业进行部分成本核算，同时还为设备管理部门提供固定资产的各项指标管理工作。固定资产系统主要提供资产管理、折旧计算、统计分析等功能。其中资产管理主要包括原始设备的管理、新增资产的管理、资产减少的处理、资产变动的管理等，并提供资产评估及计提固定资产减值准备功能，支持折旧方法的变更；可以按月自动计算折旧，生成折旧分配凭证，同时输出有关的报表和账簿。固定资产核算系统可以用于固定资产总值、累计折旧数据的动态管理，协助设备管理部门做好固定资产实体的各项指标的管理、分析工作。具体包括初始设置、卡片管理、折旧管理、月末对账结账和账表查询等内容。

1. 初始设置

初始设置是指根据用户的具体情况，建立一个合适的固定资产子账套的过程。初始设置包括系统初始化、部门设置、类别设置、使用状况定义、增减方式定义、折旧方法定义、卡片项目定义、卡片样式定义等。

2. 卡片管理

固定资产管理在企业中分为两部分：一是固定资产卡片台账管理，二是固定资产的会计处理。系统提供了卡片管理的功能。主要从卡片、变动单及资产评估三方面来实现卡片管理。主要包括卡片录入、卡片修改、卡片删除、资产增加及资产减少等功能，不仅实现了固定资产文字资料的管理，还实现了固定资产的图片管理。

3. 折旧管理

自动计提折旧形成折旧清单和折旧分配表，按分配表自动制作记账凭证，并传递到总账系统。在对折旧进行分配时，可以在单位和部门之间进行分配。

4. 月末对账结账

月末按照系统初始设置的账务系统接口，自动与账务系统进行对账，并根据对账结果和初始设置决定是否结账。

5. 账表查询

通过“我的账表”对系统所能提供的全部账表进行管理，资产管理部门可随时查询分析表、统计表、账簿和折旧表，提高资产管理效率。另外，还提供固定资产的多种自定义功能。

三、实验要求与目的

系统学习固定资产系统初始化、日常业务处理和期末业务处理的工作原理和操作方法。要求掌握建立固定资产账套，进行基础设置及录入原始卡片的方法；固定资产增减变动的处理方法；计提折旧和制单的方法。了解对账、结账及账表查询的方法。

四、教学建议

建议本章理论讲解2学时，上机练习2学时。

第二节　固定资产初始化的实验

一、实验准备

引入“E：\ 666 账套备份”，将系统日期修改为“2013年1月1日”。由“001 张可”注册进入企业应用平台，启用固定资产系统。

二、实验要求

1. 建立固定资产子账套
2. 基础设置
3. 录入原始卡片
4. 账套备份

三、实验资料

（一）666 账套固定资产系统的参数

固定资产账套的启用月份为“2013年1月”，固定资产采用“平均年限法（一）”计提折旧，折旧汇总分配周期为一个月：当“月初已计提月份 = 可使用月份 - 1”时，将剩余折旧全部提足。固定资产编码方式为“2 - 1 - 1 - 2”；固定资产编码方式采用自动编码方式，编码方式为“类别编码＋序号”；序号长度为“5”。要求固定资产系统与总账进行对账；固定资产对账科目为“1501 固定资产”；累计折旧对账科目为“1502 累计折旧”；对账不平衡的情况下，不允许固定资产月末结账。

（二）固定资产选项设置

设置与财务系统的接口：

（1）固定资产缺省入账科目：1601；

（2）累计折旧缺省入账科目：1602。

（三）部门对应折旧科目（表 5-1）

表 5-1　部门对应折旧科目

部门名称	贷方科目
人事部	管理费用——折旧费（660204）
财务部	管理费用——折旧费（660204）
供应部	销售费用（6601）
销售部	销售费用（6601）
生产部	制造费用（5101）

（四）固定资产类别（表 5-2）

表 5-2　固定资产类别

类别编码	类别名称	使用年限	净残值率/%	计提属性	折旧方法	卡片样式
01	房屋及建筑物	30	2	正常计提	平均年限法（一）	通用样式
011	办公楼	30	2	正常计提	平均年限法（一）	通用样式
012	厂房	30	2	正常计提	平均年限法（一）	通用样式
02	机器设备			正常计提	平均年限法（一）	通用样式
021	生产线	10	3	正常计提	平均年限法（一）	通用样式
022	办公设备	5	3	正常计提	平均年限法（一）	通用样式

（五）固定资产增减方式（表 5-3）

表 5-3　固定资产增减方式

增加方式	对应入账科目	减少方式	对应入账科目
直接购入	银行存款－工行存款（100201）	出售	固定资产清理（1606）
盘盈	待处理财产损溢－待处理固定资产损溢（190101）	盘亏	待处理财产损溢－待处理固定资产损溢（190101）
投资者投入	实收资本（4001）	投资转出	长期股权投资－其他股权投资（151101）

续表

增加方式	对应入账科目	减少方式	对应入账科目
捐赠	资本公积－接受捐赠非现金资产准备（400201）	捐赠转出	固定资产清理（1606）
在建工程转入	在建工程（1604）	报废	固定资产清理（1606）

（六）固定资产原始卡片（表5-4）

表5-4 固定资产原始卡片

卡片编号	00001	00002	00003	00004	00005
固定资产编号	01100001	01200001	02100001	02100002	02200001
固定资产名称	1号楼	2号楼	A生产线	B生产线	电脑
类别编号	011	012	021	021	022
类别名称	办公楼	厂房	生产线	生产线	办公设备
使用部门名称	人事部	生产部	生产部	生产部	财务部
增加方式	在建工程转入	在建工程转入	在建工程转入	在建工程转入	直接购入
使用状况	在用	在用	在用	在用	在用
使用年限/年	30	30	10	10	5
折旧方法	平均年限法（一）	平均年限法（一）	平均年限法（一）	平均年限法（一）	平均年限法（一）
开始使用日期	2012－09－08	2012－10－10	2012－08－20	2012－05－08	2011－06－01
币种	人民币	人民币	人民币	人民币	人民币
原值	412 000	450 000	238 000	1 180 000	20 000
净残值率/%	2	2	3	3	3
净残值	8 240	9 000	7 140	35 400	600
累计折旧	37 800	25 515	46 351	135 198	7 236
月折旧率	0.002 7	0.002 7	0.008 1	0.008 1	0.016 2
月折旧额	1 112.40	1 215	1 927.8	9 558	324
净值	374 200	424 485	191 649	1 044 802	12 764
对应折旧科目	管理费用	制造费用	制造费用	制造费用	管理费用
明细科目	折旧费				折旧费

四、实验指导

（一）建立固定资产账套

操作步骤：

(1) 在企业应用平台中，选择“财务会计”中的“固定资产”系统，弹出“这是第一次打开此账套，还未进行过初始化，是否进行初始化？”信息提示对话框，如图5-1所示。

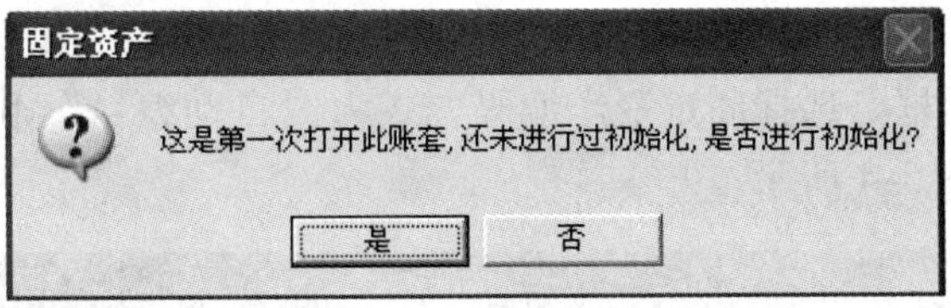

图 5-1　固定资产系统初始化提示信息

（2）单击“是”按钮，打开“初始化账套向导—约定及说明”对话框。如图 5-2 所示。

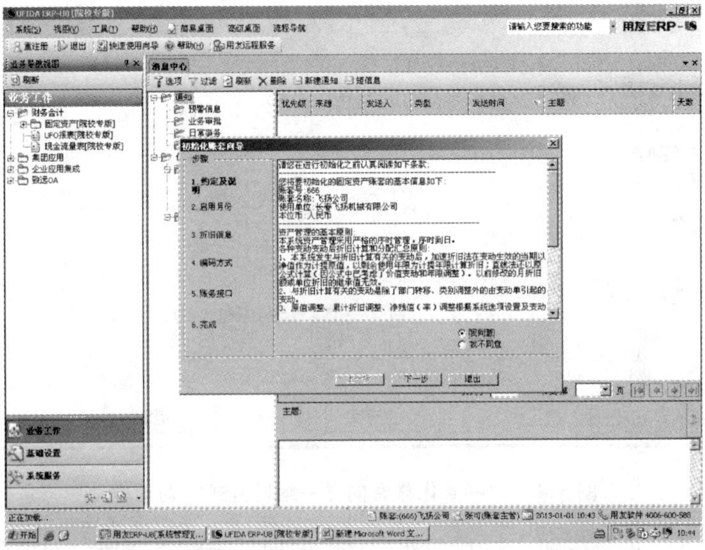

图 5-2　“初始化账套向导—约定及说明”对话框

（3）选中“我同意”单选按钮，单击“下一步”按钮，打开“初始化账套向导—启用月份”对话框。

（4）单击“下一步”按钮，打开“初始化账套向导—折旧信息”对话框，如图 5-3 所示。

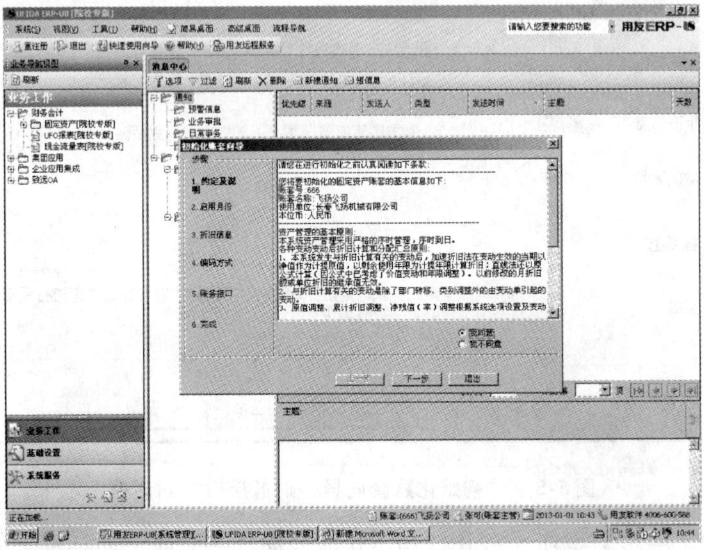

图 5-3　“初始化账套向导—折旧信息”对话框

（5）选择主要折旧方法为“平均年限法（一）”，单击“下一步”按钮，打开“初始化向导—编码方式”对话框。选择固定资产编码方式为“自动编号”和“类别编号＋序号”，序号长度为“5”，如图5-4所示。

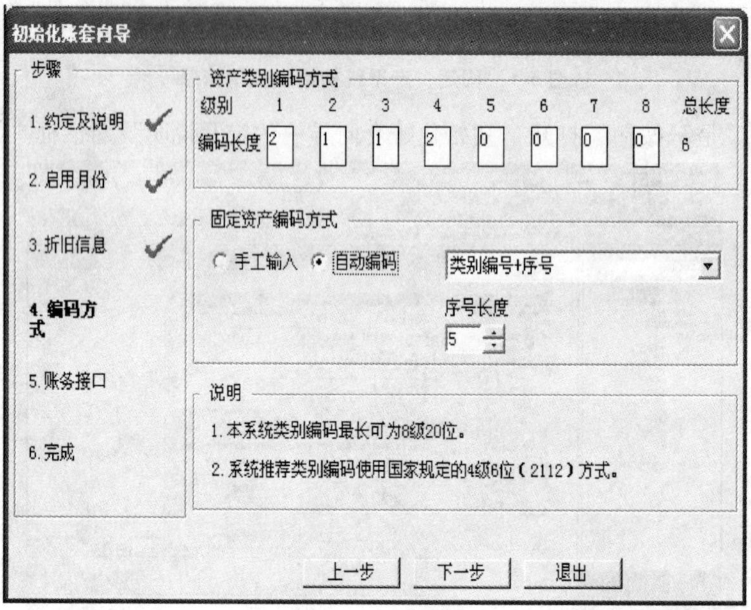

图5-4　“初始化账套向导—编码方式”对话框

（6）单击“下一步”按钮，打开“初始化账套向导—财务接口”对话框。

（7）在“固定资产对账科目”栏录入“1601”，在“累计折旧对账科目”栏录入“1602”，如图5-5所示。

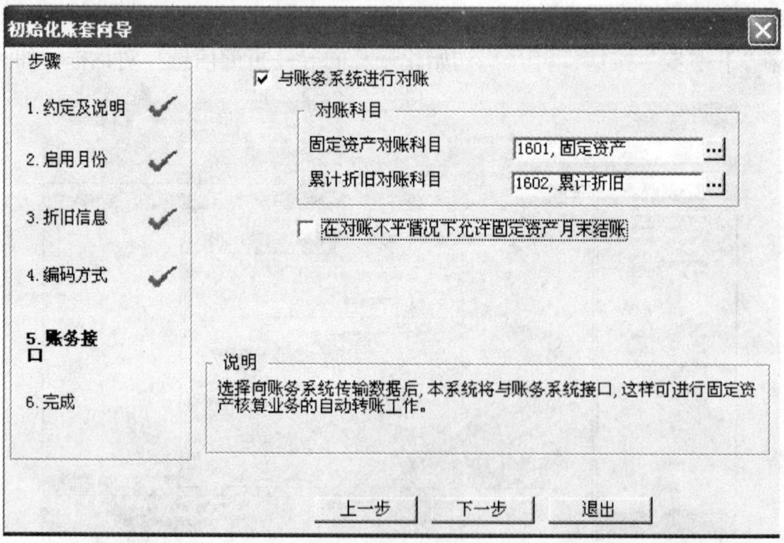

图5-5　“初始化账套向导—财务接口”对话框

（8）单击“下一步”按钮，打开“初始化账套向导—完成”对话框，如图5－6所示。

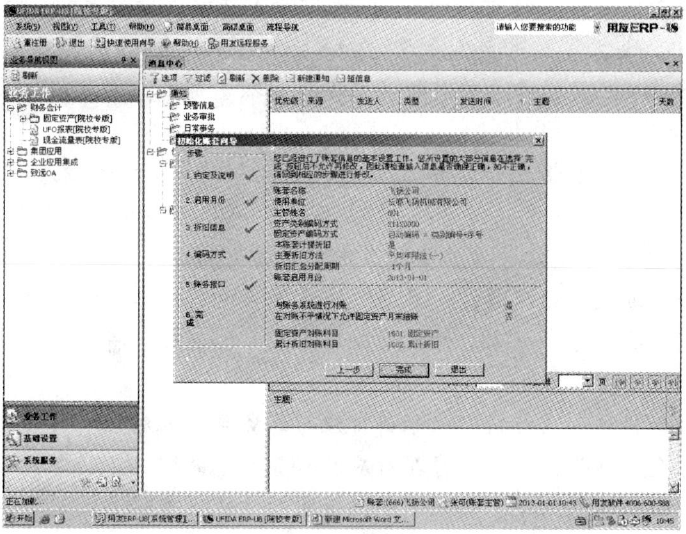

图 5-6　“初始化账套向导—完成”对话框

（9）单击“完成”按钮，系统弹出“已经完成了新账套的所有设置工作，是否确定所设置的信息完全正确并保存对新账套的所有设置?”信息提示框。

（10）单击“是”按钮，系统提示“已成功初始化本固定资产账套!”，如图 5-7 所示。

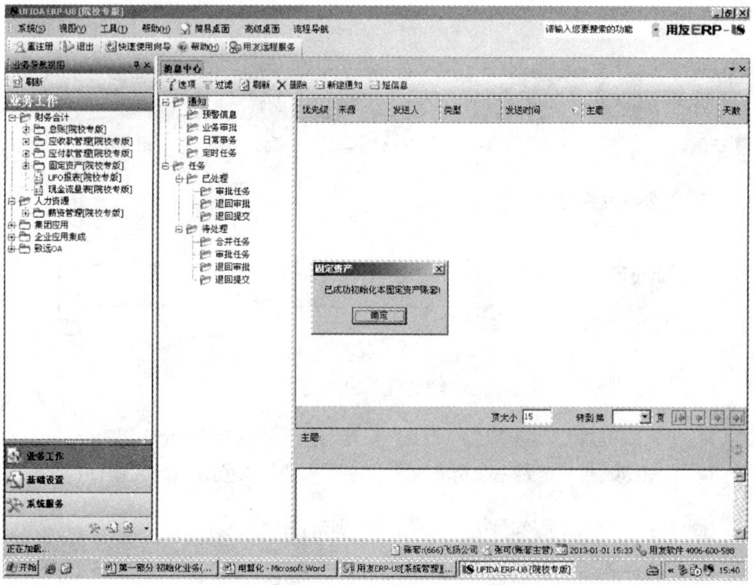

图 5-7　固定资产建账完成

（11）单击“确定”按钮，固定资产建账完成。

提示：

①在“固定资产初始化向导—启用月份”中，所列示的启用月份只能查看，不能修改。启用日期确定后，在该日期前的所有固定资产都将作为期初数据，在启用月份开始计提折旧。

②在“固定资产初始化向导—折旧信息”中，当“月初已计提月份 = 可使用月份 − 1”

时，将剩余折旧全部提足（工作量法除外），是指除工作量法外，只要上述条件满足，则该月折旧额 = 净值 - 净残值，不能手工修改；如果不选该项，则该月不提足折旧，可手工修改，但如果以后各月按照公式计算的月折旧率或折旧额是负数，则认为公式无效，令月折旧率 =0，月折旧额 = 净值 - 净残值。

③固定资产编码方式包括“手工输入”和“自动编码”两种方式。自动编码方式包括“类别编号 + 序号”、“部门编号 + 序号”、“类别编号 + 部门编号 + 序号”、“部门编号 + 类别编号 + 序号”。类别编号中的序号长度可自由设定为 1 ~5 位。

④资产类别编码方式设定以后，一旦某一级设置类别，则该级的长度不能修改，未使用过的各级长度可以修改。每一个账套的自动编码方式只能选择一种，一经设定，该自动编码方式不得修改。

⑤固定资产对账科目和累计折旧对账科目应与账务系统内对应科目一致。

⑥对账不平不允许结账，是指当存在对应的账务账套的情况下，本系统在月末结账前自动执行一次对账，给出对账结果。如果不平，说明两系统出现偏差，应予以调整。

（二）设置选项

操作步骤：

（1）执行“设置”→“选项”命令，打开“选项”对话框。

（2）单击“编辑”按钮，单击“与财务系统接口”选项卡，设置固定资产缺省入账科目为 1601，累计折旧缺省入账科目为 1602，设置减值准备缺省入账科目为 1603，如图 5-8 所示。

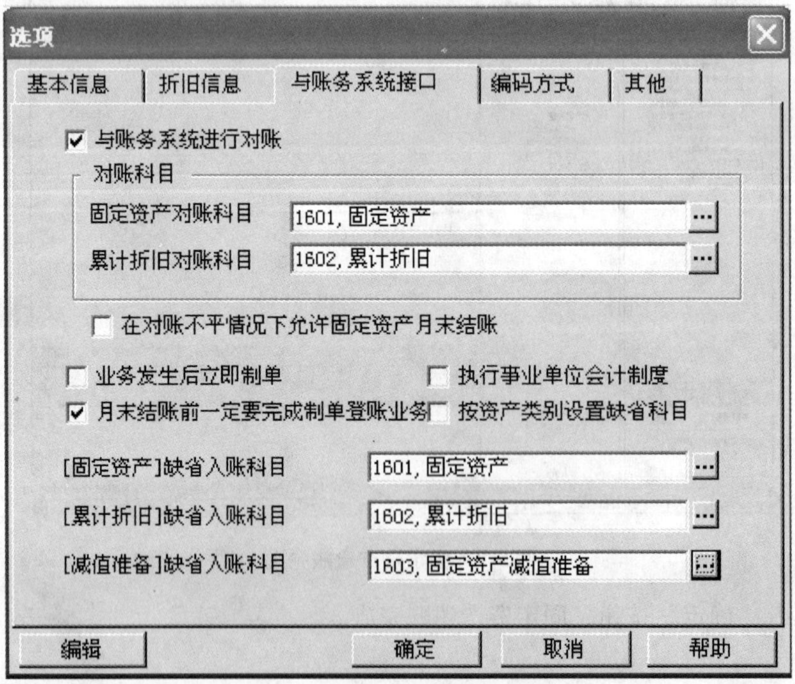

图 5-8　选项设置

（3）单击“确定”按钮返回。

（三）设置部门对应折旧科目

操作步骤：

（1）执行“设置”→“部门对应折旧科目”命令，进入“部门编码表—列表视图”窗口。

（2）选择“人事部”所在行，单击“修改”按钮，打开“部门编码表—单张视图”窗口（也可以直接选中部门编码目录中的人事部，单击“单张视图”选项卡，再单击“修改”按钮）。

（3）在“折旧科目”栏录入或选择“660204”，如图5-9所示。

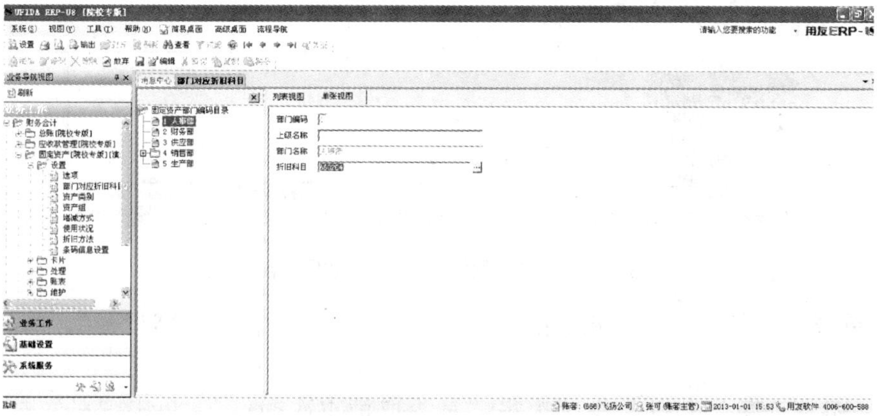

图5-9　“部门编码表—单张视图”窗口

（4）单击“保存”按钮。以此方法继续录入其他部门对应的折旧科目。

提示：

①因本系统录入卡片时，只能选择明细级部门，所以设置折旧科目也只有给明细级设置才有意义。如果某一上级部门设置了对应的折旧科目，下级部门继承上级部门的设置。

②当为销售部设置对应的折旧科目为“6601 销售费用”时，系统会提示“是否将销售部的所有下级部门的折旧科目替换为销售费用？如果选择是，请在成功保存后单击‘刷新’按钮查看”。单击“是”按钮，即将销售部的两个下级部门的折旧科目一并设置完成。

③设置部门对应的折旧科目时，必须选择末级会计科目。设置上级部门的折旧科目，则下级部门可以自动继承，也可以选择不同的科目，即上下级部门的折旧科目可以相同，也可以不同。

（四）设置固定资产类别

操作步骤：

（1）执行“设置”→“资产类别”命令，打开“类别编码—列表视图”窗口。

（2）单击“增加”按钮，打开“类别编码—单张视图”窗口。

（3）在“类别名称”栏录入“房屋及建筑物”，在“使用年限”栏录入“30”，在“净残值率”栏录入“2”。如图5-10所示。

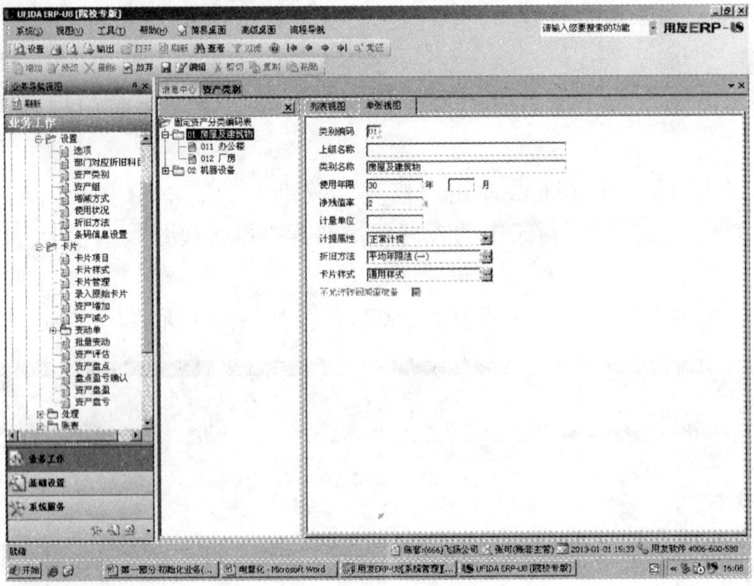

图 5-10 “类别编码—单张视图”窗口

(4) 单击“保存”按钮，继续录入 02 号资产的类别名称“机器设备”，单击“保存”按钮。

(5) 单击“放弃”按钮，系统提示“是否取消本次操作”，单击“是”按钮，返回“类别编码—列表视图”窗口。

(6) 单击选中“固定资产分类编码表”中的“01 房屋及建筑物”分类，再单击“增加”按钮，在“类别名称”栏录入“办公楼”。

(7) 单击“保存”按钮。以此方法继续录入其他固定资产分类。

提示：

①应在建立上级固定资产类别后再建立下级类别。由于在建立上级类别“房屋与建筑物”时就设置了使用年限、净残值率，其下级类别如果与上级类别设置的相同，自动继承不用修改；如果下级类别与上级类别设置的不同，可以修改。

②类别编码、名称、计提属性及卡片样式不能为空。

③非明细级类别编码不能修改和删除。修改明细级类别编码时，只能修改本级的编码。

④使用过的类别的计提属性不能修改。

⑤系统已使用的类别不允许增加下级和删除。

(五) 设置固定资产的增减方式

操作步骤：

(1) 执行“设置”→“增减方式”命令，打开“增减方式—列表视图”窗口。

(2) 单击选中“直接购入”所在行，再单击“修改”按钮，打开“增减方式—单张视图”窗口，在“对应入账科目”栏录入“100201”，如图 5-11 所示。

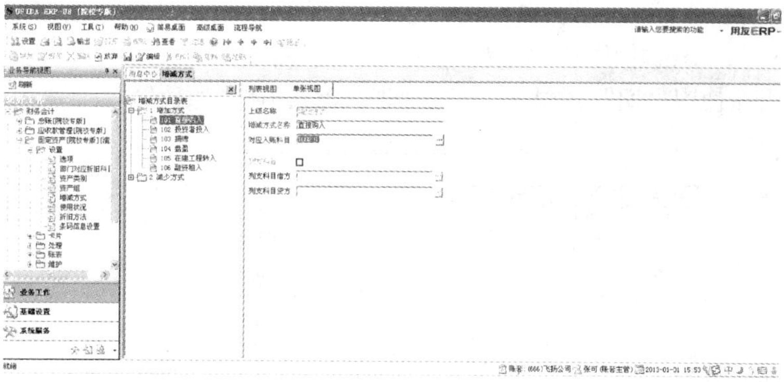

图 5-11　“增减方式—单张视图”窗口

（3）单击“保存”按钮。以此方法继续设置其他增减方式对应的入账科目。

提示：

①在资产增减方式中设置对应入账科目是为了生成凭证时默认科目。

②由于本系统提供的报表中有固定资产盘盈盘亏报表，所以增减方式中“盘盈、盘亏、毁损”不能修改和删除。

③非明细增减方式不能删除；已使用的增减方式不能删除。

④生成凭证时，如果入账科目发生了变化，可以即时修改。

（六）录入固定资产原始卡片

操作步骤：

（1）执行“卡片”→“录入原始卡片”命令，打开“固定资产类别档案”对话框。

（2）双击固定资产分类编码表中的“办公楼”。

（3）单击“确定”按钮，进入“固定资产卡片［录入原始卡片：00001 号卡片］”窗口。

（4）在“固定资产名称”栏录入“1 号楼”，单击部门名称栏，再单击“部门名称”按钮，打开“固定资产—本资产部门使用方式”对话框。如图 5-12 所示。

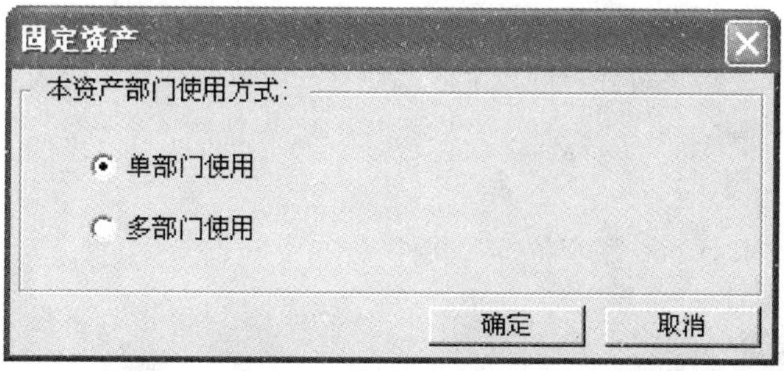

图 5-12　“固定资产—本资产部门使用方式”对话框

（5）单击“确定”按钮，打开“部门参照”窗口。

（6）选择“人事部”，单击“确定”按钮。

（7）单击“增加方式”栏，再单击“增加方式”按钮，打开“增减方式参照”对话框，单击选中“105 在建工程转入”，单击“确定”按钮。

（8）单击“使用状况”栏，再单击“使用状况”按钮，打开“使用状况参照”对话框。默认“在用”，单击“确定”按钮。

（9）在“开始使用日期”栏录入“2012－09－08”，在“原值”栏录入“412 000.00”，在“累计折旧”栏录入“37 800.00”。如图 5-13 所示。

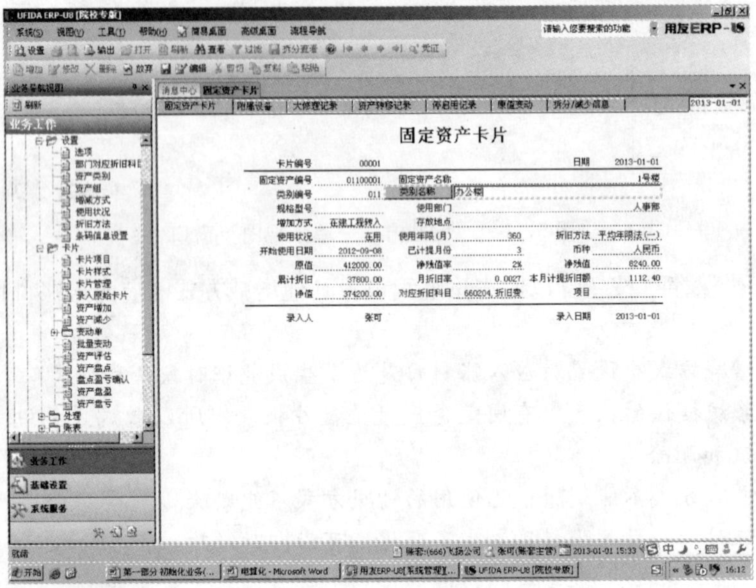

图 5-13　固定资产卡片

（10）单击“保存”按钮，系统提示“数据成功保存！”。

（11）单击“确定”按钮。以此方法继续录入其他固定资产卡片。

提示：

①在固定资产卡片界面中，除“固定资产”主卡片外，还有若干附属选项卡，附属选项卡上的信息只供参考，不参与计算，也不回溯。

②在执行原始卡片录入或资产增加功能时，可以为一个资产选择多个使用部门。

③当资产为多部门使用时，原值、累计折旧等数据可以在多部门间按设置的比例分摊。

④单个资产对应多个使用部门时，卡片上的对应折旧科目处不能输入，默认为选择使用部门时设置的折旧科目。

（七）账套备份

将账套输出至“E：\ 666 账套备份”文件夹中。

举一反三

（1）如何理解资产管理的序时原则？

本系统固定资产管理采用严格的序时管理，序时到日。具体体现在：当以某个日期登录对系统进行编辑操作后，以后只能以该日期以后的日期登录才能再次进行编辑操作。对资产的任何操作都是序时的。例如要无痕迹删除一张固定资产卡片，必须按与制作时相反的顺序，先删除该卡片所有的变动单和评估单。

（2）与财务系统对账的功能只有存在对应的财务系统的情况下才可操作。选择与财务系统对账，则随时可以了解固定资产管理系统内所有资产的原值、累计折旧和总账系统中固定资产科目和累计折旧科目的余额是否相等。可以在系统运行中任何时候执行对账功能，如果不平，应引起注意，予以调整。

第六章

应收款管理系统初始化

第一节 应收款管理系统概述

一、知识与技能要求

应收款是企业资产的一个重要组成部分，是企业正常经营活动中，由于销售商品、产品或提供劳务，而应向购货单位或接受劳务单位收取的款项。应收款管理主要包括对应收账款进行核算和管理、对客户信用额度的管理、应收票据的管理、坏账损失的管理。系统学习应收款管理系统初始化的一般方法，学习应收款系统日常业务处理的主要内容和操作方法。要求掌握应收款系统与总账系统组合时应收款系统的基本功能和操作方法，熟悉应收款系统账簿查询的作用和基本方法。

二、功能概述

应收款管理系统主要实现企业与客户之间业务往来账款的核算与管理，在应收款管理系统中，以销售发票、费用单、其他应收单等原始单据为依据，记录销售业务及其他业务所形成的往来款项，处理应收款项的收回、坏账、转账等情况，提供票据处理的功能，实现对应收款的管理。根据对客户往来款项的核算和管理的程度不同，系统提供了“详细核算”和“简单核算”两种应用方案。不同的应用方案，其系统功能、产品接口、操作流程等均不相同。

详细核算应用方案的功能主要包括记录应收款项的形成（包括由商品交易和非商品交易所形成的所有的应收项目）、处理应收项目的收款转账情况、对应收票据进行记录和管理、随应收项目的处理过程自动生成凭证并传递给总账系统、对外币业务及汇兑损益进行处理以及提供对多种条件的各种查询和分析。

简单核算应用方案的功能，主要包括接收销售系统的发票、对其进行审核以及对销售发票进行制单处理并传递给总账系统。

三、实验要求与目的

系统学习应收款系统初始化的一般方法、日常业务处理的基本知识和操作方法。要求掌握应收款系统只与总账系统组合时的基本功能和操作方法，主要包括应收款系统初始化的主要内容和操作方法，日常业务处理中应收单据及收款单据的处理方法、核销的方法及转账业务的处理方法；了解错误单据的修改方法及单据查询的内容和方法。

四、教学建议

建议本章理论讲解 2 学时，上机练习 2 学时。

第二节　系统初始化

一、实验准备

引入“E：\ 666 账套备份”账套备份数据。将系统日期修改为“2013 年 1 月 1 日”，以账套主管身份注册进入应收款管理系统。

二、实验要求

1. 设置系统参数
2. 基础设置
3. 设置科目
4. 坏账准备设置
5. 账龄区间设置
6. 报警级别设置
7. 设置允许修改“销售专用发票”的编号
8. 设置本单位开户银行
9. 录入期初余额，并与总账系统进行对账
10. 账套备份

三、实验资料

（一）666 账套应收款系统的参数

应收款核销方式为“按单据”，单据审核日期依据为“单据日期”，坏账处理方式为“应收余额百分比法”，代垫费用类型为“其他应收单”，应收款核算类型为“详细核算”，受控科目单据依据为“明细到客户”，非受控科目制单方式为“汇总方法”；启用客户权限，并且按信用方式根据单据提前 7 天自动报警。

（二）存货分类（表 6-1）

表 6-1　存货分类

存货分类编码	存货分类名称
1	原料
2	辅助材料

续表

存货分类编码	存货分类名称
3	库存商品
4	应税劳务

（三）计量单位（表 6-2）

表 6-2　计量单位

计量单位组	计量单位
基本计量单位（无换算率）	1 吨
	2 台
	3 桶
	4 千米

（四）存货档案（表 6-3）

表 6-3　存货档案

存货编码	存货名称	所属分类码	计量单位	税率/%	存货属性
001	钢材	1	吨	17	外购、生产耗用
002	油漆	1	桶	17	外购、生产耗用
003	甲产品	3	台	17	自制、销售（内销、外销）
004	乙产品	3	台	17	自制、销售（内销、外销）
005	运输费	4	千米	7	外购、销售（内销、外销）、应税劳务

（五）基本科目

应收科目为“1122 应收账款”，预收科目为“2203 预收账款”，销售收入科目为“6001 主营业务收入”，应交增值税科目为“222102 应交税金—应交增值税—销项税额”，销售退回科目为“6001 主营业务收入”，银行承兑科目为“1121 应收票据”，商业承兑科目为“1121 应收票据”，现金折扣科目为“6603”，票据利息科目为“6603”，票据费用科目为“6603”，收支费用科目为“6601”。

（六）结算方式科目

现金结算方式科目为“1001 库存现金”，现金支票结算方式科目为“100201 工行存款”，转账支票结算方式科目为“100201 工行存款”，银行汇票结算方式科目为“100201 工行存款”，信汇结算方式科目为“100201 工行存款”，电汇结算方式科目为“100201 工行存款”。

（七）坏账准备

提取比率为“0.5%”，坏账准备期初余额为“0”，坏账准备科目为“1231 坏账准备”，坏账准备对方科目为“6701 资产减值损失”。

（八）账龄区间

账期内账龄区间设置总天数为 10 天、30 天、60 天、90 天。

逾期账期内账龄区间设置总天数为 30 天、60 天、90 天和 120 天。

（九）报警级别

A 级时的总比率为 10%，B 级时的总比率为 20%，C 级时的总比率为 30%，D 级时的总比率为 40%，E 级时的总比率为 50%，总比率在 50% 以上为 F 级。

（十）本单位开户银行

本单位开户银行为工行长春支行朝阳区隆礼路办事处。账号为“001－34567890”。

（十一）期初余额（存货税率为 17%，开票日期均为 2011 年，见表 6-4）

表 6-4　期初余额情况

单据名称	方向	开票日期	票号	客户名称	销售部门	科目编码	货物名称	数量	无税单价/元	价税合计/元
销售专用发票	正	11.12	78987	北京立新公司（02）	销售一科	1122	甲产品（003）	2	25 000	58 500
销售专用发票	正	11.18	78988	宏大公司（03）	销售一科	1122	甲产品（003）	3	20 000	70 200
销售专用发票	正	11.22	78989	东光公司（01）	销售一科	1121	乙产品（004）	2	10 000	23 400
其他应收单	正	11.22		宏大公司（03）	销售一科	1122	运费			500
预收款单（银行汇票）	正	11.26		北京东光公司（01）	销售二科	2203				50 000

四、实验指导

（一）设置系统参数

操作步骤：

（1）在用友 ERP－U8 企业应用平台中，打开“业务工作”选项卡，执行“财务会计”→“应收款管理”→“设置”→“选项”命令，打开“账套参数设置”对话框。

（2）执行“编辑”命令，单击“坏账处理方式”栏的下三角按钮，选择“应收余额百分比法”，如图 6-1 所示。

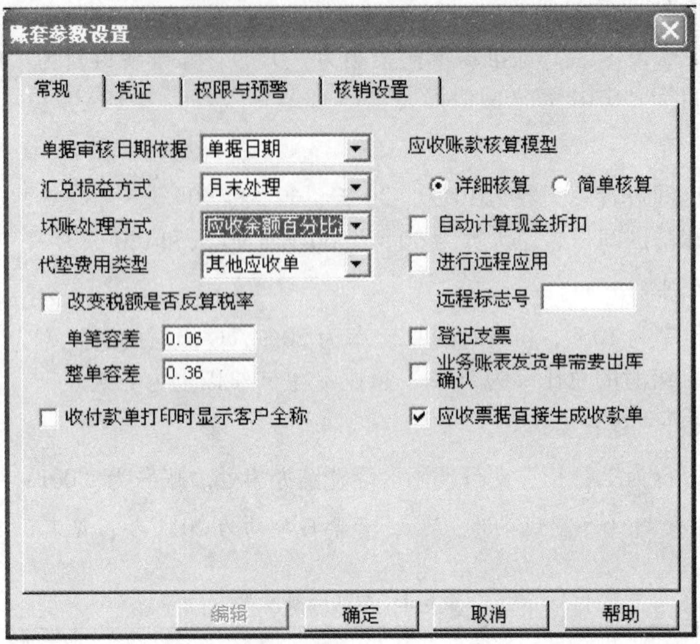

图 6-1　选择坏账处理方式

（3）打开“权限与预警”选项卡。选中“启用客户权限”前的复选框；单据报警选择“信用方式”，在提前天数栏选择提前天数“7”。如图 6-2 所示。

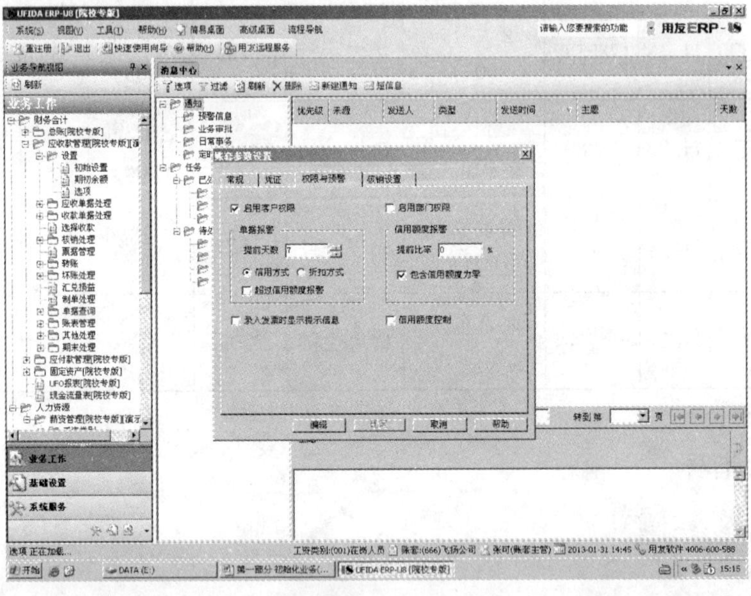

图 6-2　设置权限与预警

（4）单击“确定”按钮。

提示：

①在账套使用过程中，可以随时修改账套参数。

②如果选择单据日期为审核日期，则月末结账时单据必须全部审核。

③如果当年已经计提过坏账准备，则坏账处理方式不能修改，只能在下一年度修改。

④关于应收账款核算模型，在系统启用时或者还没有进行任何业务处理的情况下，才允许从简单核算改为详细核算；从详细核算改为简单核算随时可以进行。

（二）设置存货分类

操作步骤：

（1）在企业应用平台中，打开“基础设置”选项卡，执行“基础档案”→“存货”→“存货分类”命令，打开“存货分类”窗口。

（2）单击“增加”按钮，按实验资料录入存货分类情况，如图6-3所示。

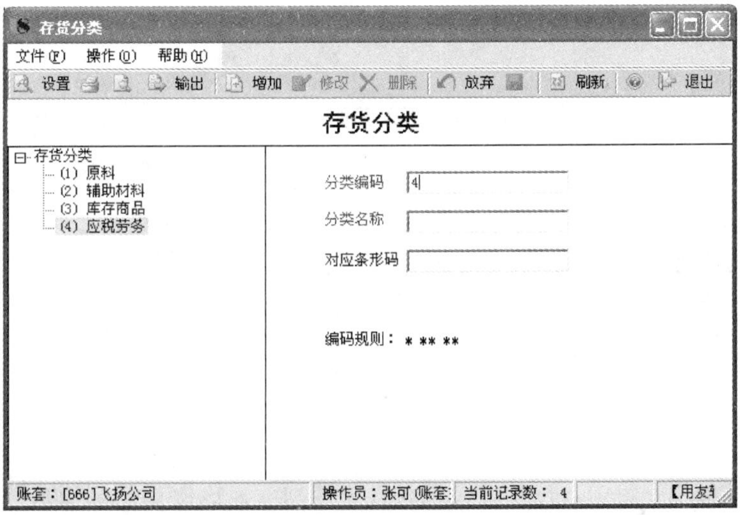

图6-3　录入存货分类

（三）设置计量单位

操作步骤：

（1）在企业应用平台中，打开“基础设置”选项卡，执行“基础档案”→“存货”→“计量单位”命令，打开“计量单位”窗口。

（2）单击“分组”按钮，打开“计量单位组”窗口。

（3）单击“增加”按钮，录入计量单位组编码“01”，录入计量单位组名称“基本计量单位”，单击“计量单位组类别”栏的下三角按钮，选择“无换算率”。如图6-4所示。

（4）单击“保存”按钮，再单击“退出”按钮。

（5）单击“单位”按钮，进入“计量单位设置”窗口。

（6）单击“增加”按钮，录入计量单位编码“1”，计量单位名称“吨”，单击“保存”按钮。

图6-4　设置计量单位组

（7）继续录入其他计量单位内容，录入完成所有的计量单位之后，单击“退出”按钮。如图 6-5 所示。

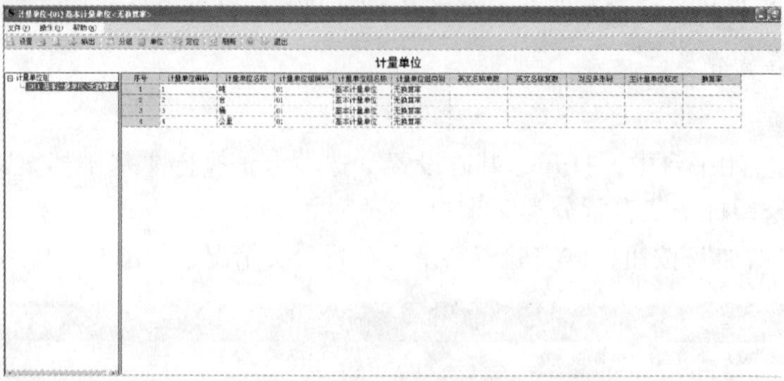

图 6-5　录入其他计量单位

提示：

①在设置存货档案之前，必须先到企业应用平台的基础档案中设置计量单位，否则，存货档案中没有被选的计量单位，存货档案不能保存。

②在设置计量单位时，必须先设置计量分组，再设置各个计量单位组中的计量单位，计量单位也可以根据需要随时增加。

（四）设置存货档案

操作步骤：

（1）在企业应用平台中，打开“基础设置”选项卡，执行“基础档案”→“存货”→“存货档案”命令，打开“增加存货档案”对话框。

（2）单击存货分类中的“原料”，再单击“增加”按钮，录入存货编码“001”，存货名称“钢材”，单击“计量单位组”栏的参照按钮，选择“基本计量单位”，单击“主计量单位”栏的参照按钮，选择“吨”，单击选中“外购”和“生产耗用”前的复选框，如图 6-6 所示。

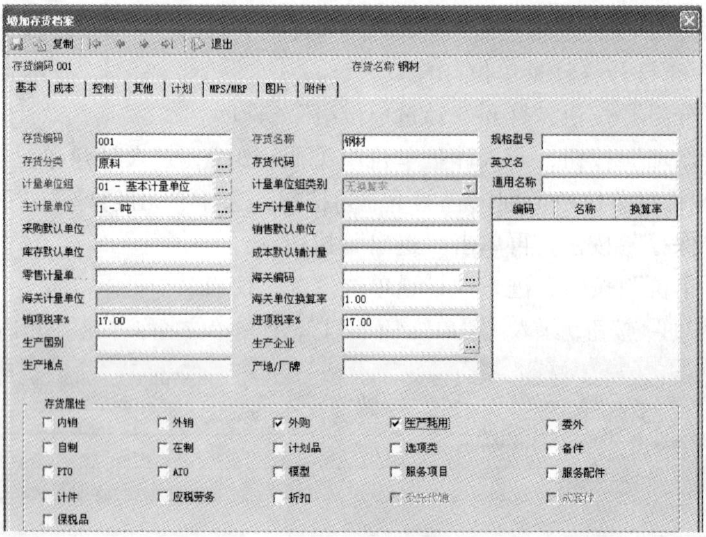

图 6-6　“增加存货档案”对话框

（3）单击“保存”按钮，以同样的方法继续录入其他存货档案。录入完成后如图 6-7 所示。

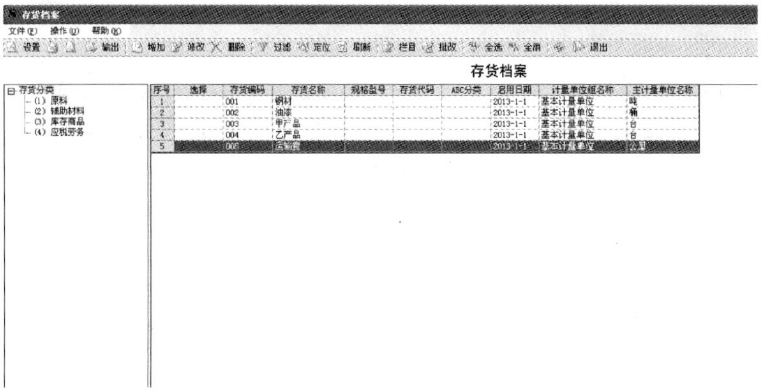

图 6-7　存货档案列表

提示：

①存货档案在企业应用平台中录入。如果只启动财务系统且并不在应收、应付系统填制发票，则不需要设置存货档案。

②在录入存货档案时，如果存货类别不符合要求，应重新进行选择。

③存货档案中的存货属性必须选择正确，否则，在填制相应单据时就不会在存货列表中出现。

（五）设置基本科目

操作步骤：

（1）在应收款管理系统中，执行“设置”→“初始设置”命令，打开“初始设置”对话框。

（2）执行“设置科目”→“基本科目设置”命令，录入或选择应收科目“1122”及其他基本科目，如图 6-8 所示。

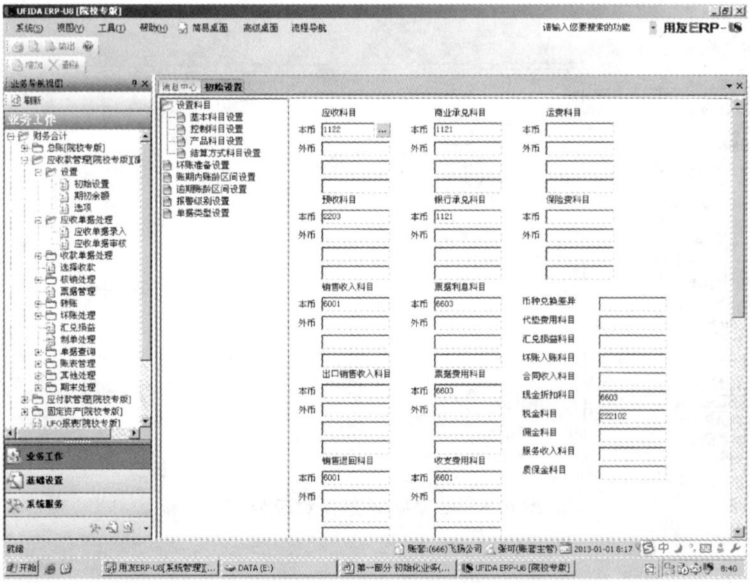

图 6-8　基本科目设置

(3) 单击“退出”按钮。

提示:

①只有在这里设置了基本科目，在生成凭证时，才能直接生成凭证中的会计科目，否则，凭证中将没有会计科目，相应的会计科目只能手工录入。

②在基本科目设置中所设置的应收科目“1122 应收账款”、预收科目“2203 预收账款”及“1121 应收票据”，应在总账系统中设置其辅助核算内容为“客户往来”，并且其受控系统为“应收系统”。否则在这里不能被选中。

(六) 结算方式科目

操作步骤:

(1) 在应收款管理系统中，执行“设置”→“初始设置”→“结算方式科目设置”命令，进入“结算方式科目设置”窗口。

(2) 单击“结算方式”栏的下三角按钮，选择“现金”，单击“币种”栏，选择“人民币”，在“科目”栏录入或选择“1001”，按回车键。以同样的方法继续录入其他结算方式科目，如图6-9所示。

(3) 单击“退出”按钮。

提示:

①结算方式科目设置是针对已经设置的结算方式设置相应的结算科目。即在收款或付款时，可以由系统自动生成该结算方式所使用的会计科目。

②只有在这里设置了结算科目，在生成收款或者付款的凭证时，才能直接生成凭证中的会计科目，否则，凭证中将没有会计科目，相应的结算方式的会计科目只能手工录入。

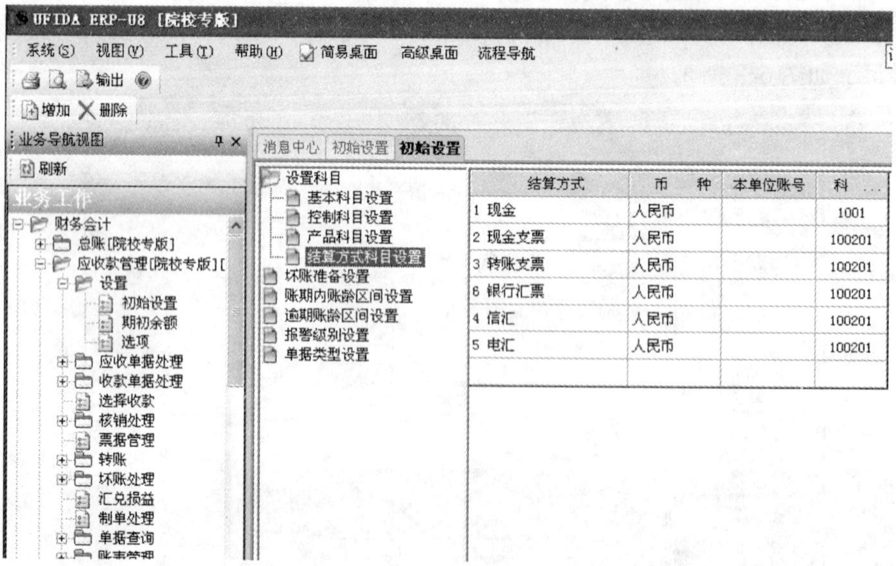

图6-9 设置结算方式对应科目

（七）设置坏账准备

操作步骤：

（1）在应收款管理系统中，执行“设置”→“初始设置”→“坏账准备设置”命令，打开“坏账准备设置”窗口，录入提取比率“0.500”，坏账准备期初余额“0.00”，坏账准备科目“1231”，对方科目为“6701”。

（2）单击“确定”按钮，弹出“存储完毕”信息提示对话框，如图6-10所示，单击“确定”按钮。

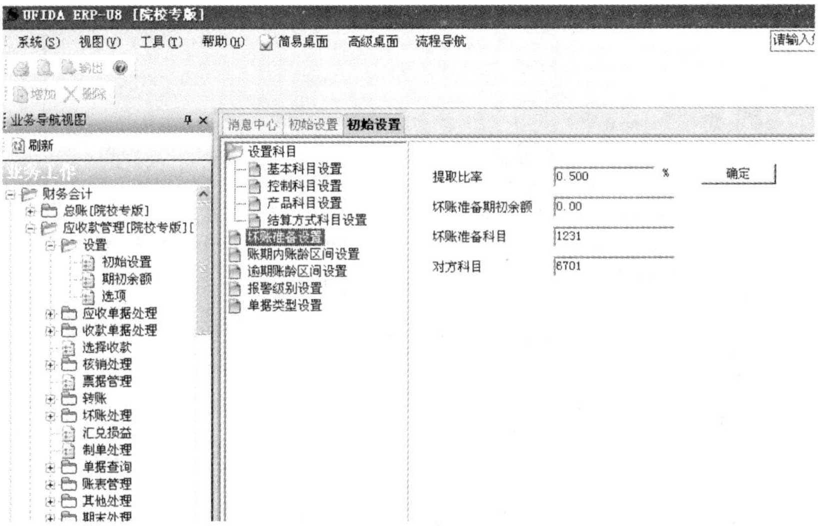

图6-10　坏账准备设置

提示：

①如果在选项中选中坏账处理的方式为“应收余额百分比法”，则在此处就不能录入“应收余额百分比法”所需要的初始设置，此处是与选项中所做的选择相对应。

②坏账准备的期初余额应与总账系统中录入的坏账准备的期初余额相一致，如果期初余额在借方，则用“-”号表示，如果没有期初余额，应将期初余额录入“0”，否则，系统将不予确认。

③坏账准备期初余额被确认后，只要进行了坏账准备的日常业务处理，就不允许再修改。下一年度使用本系统时，可以修改提取比率、区间和科目。

（八）设置账龄区间

操作步骤：

（1）在应收款管理系统中，执行“设置”→“初始设置”→“账期内账龄区间设置”命令，打开“账期内账龄区间设置”窗口。

（2）在“总天数”栏录入“10”，按回车键，再在“总天数”栏录入“30”天后，按回车键。以同样的方法继续录入其他总天数，如图6-11所示。

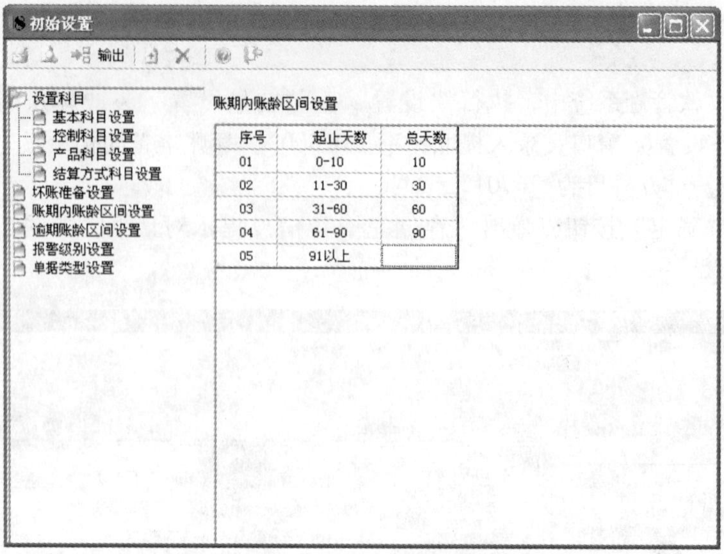

图 6-11　账龄区间设置

（3）以相同的方法录入“逾期账龄区间设置”。

（4）单击“退出”按钮。

（九）设置报警级别

操作步骤：

（1）在应收款管理系统中，单击“设置”→“初始设置”，进入“初始设置”窗口。

（2）在“初始设置”窗口中，单击“报警级别设置”，在“总比率”栏录入“10”，在“级别名称”栏录入“A”，按回车键，以同样的方法继续录入其他总比率和级别，如图 6-12 所示。

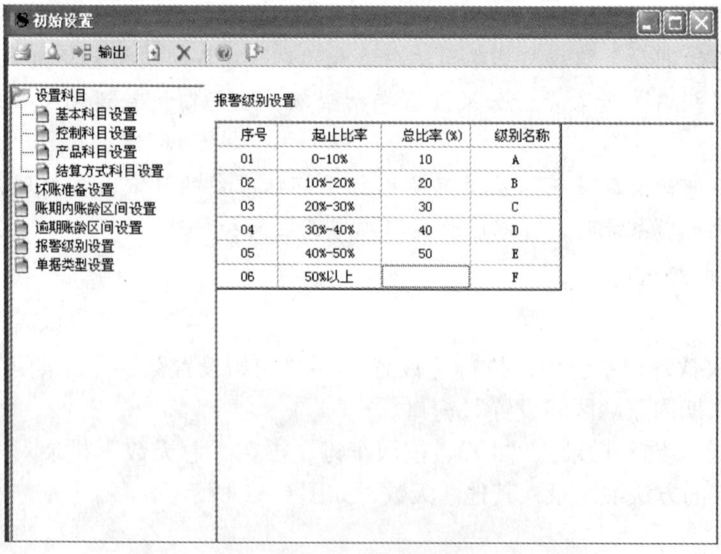

图 6-12　报警级别设置

（3）单击“退出”按钮。

提示：

①序号由系统自动生成，不能修改、删除。

②系统会根据输入的比率自动生成相应的区间。

③单击“增加”按钮，可以在当前级别之前插入一个级别。插入一个级别后，该级别后的各级别比率会自动调整。

④删除一个级别后，该级别后的各级比率会自动调整。

⑤最后一个级别的总比率不能录入，否则将不能退出。

⑥最后一个比率不能删除，如果录入错误，则应先删除上一个级比率，再修改最后一级比率。

（十）单据编号设置

操作步骤：

（1）在企业应用平台中，执行“基础设置”→“单据设置”→“单据编号设置”命令，进入“单据编号设置”窗口。

（2）单击左侧“单据类型”窗口中的“销售管理”→“销售专用发票”命令，打开“单据编号设置—销售专用发票”窗口。

（3）在“单据编号设置—销售专用发票”窗口中，单击“修改”按钮，选中“手工改动，重号时自动重取”前的复选框，如图6-13所示。

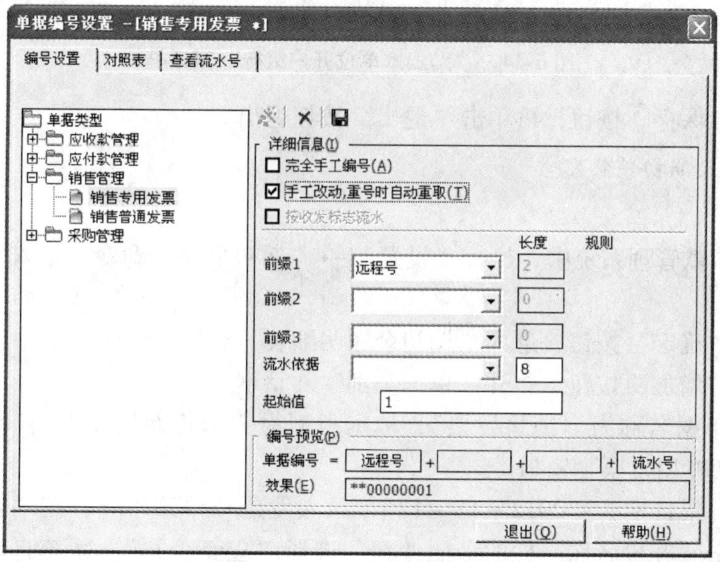

图6-13　单据编号设置

（4）单击“保存”按钮，再单击“退出”按钮退出。

（5）用同样的方法，设置对应收款系统“其他应收单”、“收款单”编号允许手工修改。

（十一）设置开户银行

操作步骤：

（1）在企业应用平台中，打开“基础设置”选项卡，执行“基础档案”→“收付结算”→“本单位开户银行”命令，进入“本单位开户银行”窗口。

（2）单击“增加”按钮，打开“增加本单位开户银行”对话框。

（3）在“增加本单位开户银行”对话框的“编码”栏录入“1”，在“银行账号”栏录入“001－34567890”，在“币种”栏选择“人民币”，在“开户银行”栏录入“工行长春支行朝阳区隆礼路办事处”，在“所属银行编码”栏中选择“中国工商银行”。如图6-14所示。

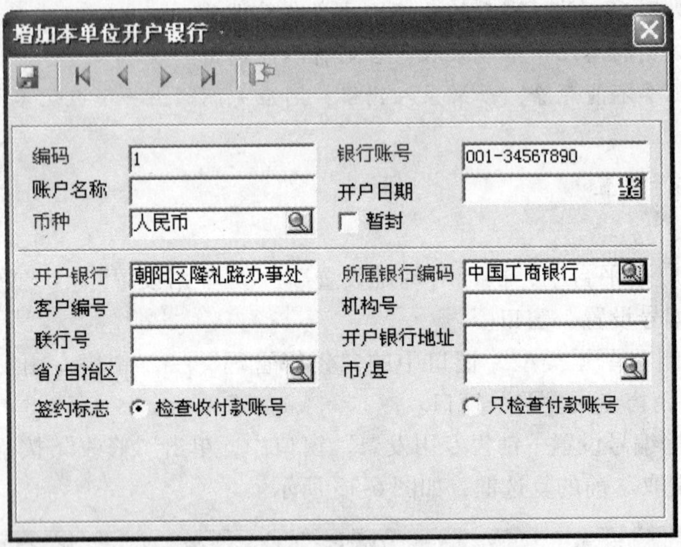

图6-14 “增加本单位开户银行”对话框

（4）单击“保存”按钮，再单击“退出”按钮退出。

（十二）录入期初销售发票

操作步骤：

（1）在应收款管理系统中，执行“设置”→“期初余额”命令，进入“期初余额—查询”窗口。

（2）单击“确定”按钮，进入“期初余额明细表”窗口。

（3）单击“增加”按钮，打开“单据类别”对话框。

（4）选择单据名称为“销售发票”，单据类型为“销售专用发票”，单击“确定”按钮，进入“销售专用发票”窗口。

（5）修改开票日期为“2012－11－12”，录入发票号“78987”，在“客户名称”栏录入“2”，或单击“客户名称”栏的参照按钮，选择“立新公司”，系统自动带出客户相关信息；在“税率”栏录入“17”，在“科目”栏录入“1122”，或单击“科目”栏的参照按钮，选择“1122 应收账款”，在“货物名称”栏录入“003”，或单击“货物名称”栏的参照按钮，选择“甲产品”，在“数量”栏录入“2.00”，在“无税单价”栏录入“25 000.00”。如图6-15所示。

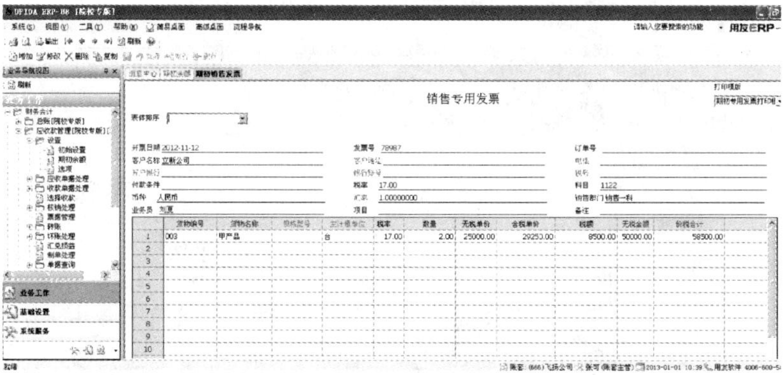

图 6-15　录入销售专用发票

（6）单击“保存”按钮。以同样的方法继续录入第 2 张销售专用发票。

提示：

①在初次使用应收款系统时，应将启用应收款系统时未处理完的所有客户的应收账款、预收账款、应收票据等数据录入本系统。当进入第二年度时，系统自动将上年度未处理完的单据转为下一年度的期初余额。

②如果并未设置允许修改销售专用发票的编号，则在填制销售专用发票时不允许修改销售专用发票的编号。其他单据的编号也一样，系统默认的状态为不允许修改。

（十三）录入期初其他应收单

操作步骤：

（1）在应收款管理系统中，执行“设置”→“期初余额”命令，打开“期初余额—查询”窗口。

（2）单击“确定”按钮，打开“期初余额明细表”窗口。

（3）单击“增加”按钮，打开“单据类别”窗口。

（4）单击“单据名称”栏下的下三角按钮，选择“应收单”。如图 6-16 所示。

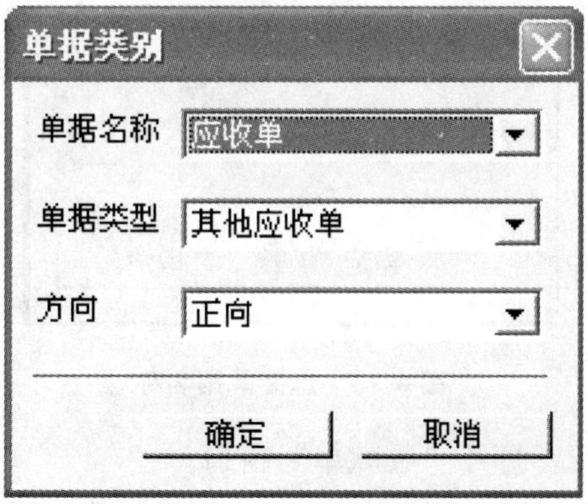

图 6-16　选择“应收单”单据类别

（5）单击“确定”按钮，打开“应收单”窗口。

（6）修改票据日期为“2012－11－26”，在“客户”栏录入“03”，或单击“客户”栏的参照按钮，选择“东光公司”，系统自动带出客户相关信息；在“金额”栏录入

"50 000. 00"，在"摘要"栏录入"代垫运费"，如图 6-17 所示。

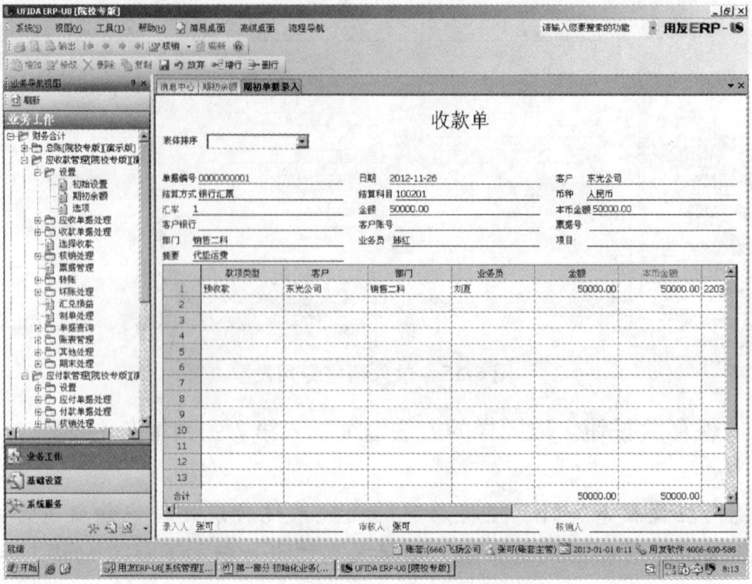

图 6-17　录入应收单

（7）单击"保存"按钮。

（十四）录入预收款单

操作步骤：

（1）在"期初余额明细表"中，单击"增加"按钮，打开"单据类别"窗口。

（2）单击"单据名称"栏的下三角按钮，选择"预收款"，如图 6-18 所示。

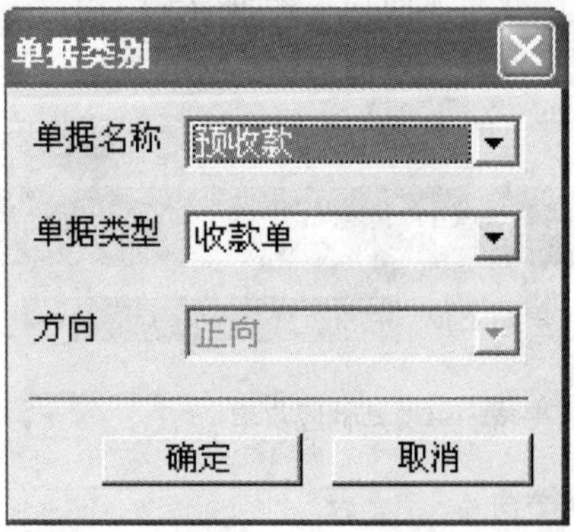

图 6-18　选择单据名称

（3）单击"确定"按钮，打开"收款单"窗口。

（4）修改票据日期为"2012－11－26"，在"客户"栏录入"01"，或单击"客户"栏的参照按钮，选择"东光公司"，在"结算方式"栏录入"6"，或单击"结算方式"栏的参照按钮，选择"银行汇票"，在"金额"栏录入"50 000. 00"，在"摘要"栏录入"预收货款"。在收款单下半部分中的"科目"栏录入"2203"或单击"科目"栏的参照按钮，选择"2203 预收账款"。如图 6-19 所示。

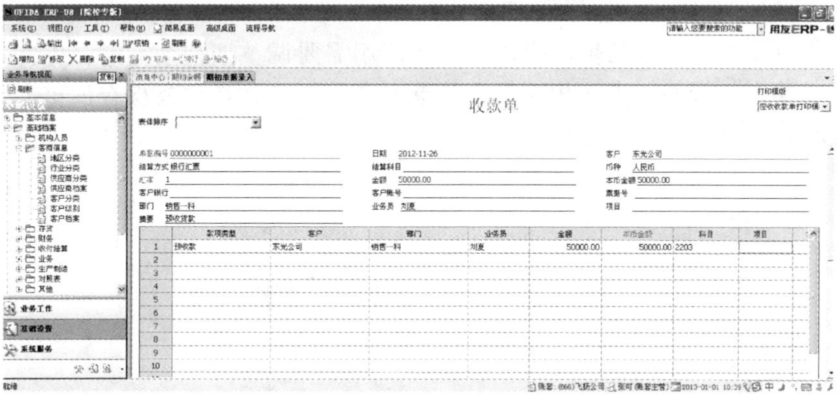

图 6-19 录入期初预收款

（5）单击“保存”按钮，再单击“退出”按钮退出。

（十五）应收款系统与总账系统对账

操作步骤：

（1）在“期初余额明细表”中，单击“对账”按钮，打开“期初对账”窗口，如图 6-20 所示。

（2）单击“退出”按钮退出。

提示：

应收款系统与总账系统对账，必须要在总账与应收款系统同时启用后才可以进行。

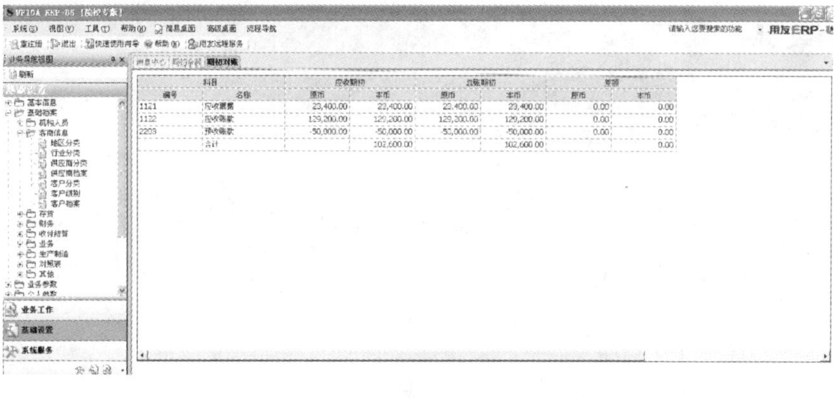

图 6-20 “期初对账”窗口

（十六）

将账套备份到“E:\ 666 账套备份”中。

举一反三

（1）发票和应收单的方向包括正向和负向，类型包括系统预置的各类型以及用户定义的类型。如果是预收款和应收票据，则不用选择方向，系统默认预收款方向为贷，应收票据方向为借。

（2）期初余额所录的票据保存后自动审核。

（3）当保存了期初录入结果，或在第二年使用需要调整期初余额时，先选取要修改的记录，单击“单据”按钮，进入相应界面，单击“修改”按钮修改保存即可。当第一个会计期已经结账后，期初余额只能查询，不能修改。

第七章

应付款管理系统初始化

第一节　应付款管理系统概述

一、知识与技能要求

应付账款是企业负债的一个重要组成部分，是企业正常经营活动中，由于采购商品或接受劳务，而向供货单位或提供劳务单位所支付的款项。应付账款是由于赊购业务产生的，因此，入账时间的确认是与物资采购的时间一致的；而入账价值的确定，如果除发票外，还包括商业折扣、现金折扣等因素，应付账款入账价值的确定就变得复杂了。企业除了对应付账款进行核算外，还要加强对自身偿债能力的管理、应付票据的管理、预付款及其他业务往来交易的记录，简单的核算统计已经不能满足现代企业的发展需要。用友 ERP－U8 应用系统，在应付款管理方面提供了强大的功能，可详尽记录应付账款发生的缘由，有效掌握应付账款付款冲销状况，提供适时的查询依据，提高供应商对自身信用的管理，有效利用信用期内的浮游资金，提高资金利用效率。

二、功能概述

应付款管理系统主要实现企业与供应商之间业务往来账款的核算与管理，在应付款管理系统中，以采购发票、其他应付单等原始单据为依据，记录采购业务及其他业务所形成的往来款项，处理应付款项的支付、转账等情况，提供票据处理的功能，实现对应付款的管理。根据对供应商往来款项的核算和管理的程度不同，系统提供了“详细核算” 和“简单核算”两种应用方案。不同的应用方案，其系统功能、产品接口、操作流程等均不相同。

1. 详细核算应用方案

如果在企业采购业务中应付款核算与管理内容比较复杂，需要追踪每一笔的应付款、付款等情况，并希望对应收付款项进行各种分析；或者需要将应付款核算到产品一级，那么就可以选择该方案。详细核算应用方案的功能主要包括记录应付款项的形成（包括由商品交易和非商品交易所形成的所有的应付项目）、处理应付项目的付款转账情况、对应付票据进行记录和管理、随应付项目的处理过程自动生成凭证并传递给总账系统、对外币业务及汇兑损益进行处理以及提供对多种条件的各种查询和分析。

2. 简单核算应用方案

如果采购业务中应付账款业务并不十分复杂，或者现购业务很多，则可以选择简单核算应用方案。简单核算应用方案的功能，主要包括接收采购系统的发票，并对其进行审核，以及对采购发票进行制单处理并传递给总账系统。

应付款管理系统与其他系统的主要关系如下（主要针对详细核算方案而言）：

（1）采购管理系统向应付款管理系统提供已结算的采购发票，由应付款管理系统生成凭证，并根据发票进行付款结算处理。应付款系统向采购系统提供采购发票的付款结算情况。

（2）应付款管理系统向总账系统传递凭证，并能够查询其所生成的凭证。

（3）应付款管理系统与应收款管理系统之间可以进行转账处理，如应付冲应收；对既是客户又是供应商的往来业务对象，可以同时查询应收和应付往来明细。

（4）应付款管理系统向 UFO（User Friend Office，用友办公软件）提供应用函数。

（5）应付款管理与网上银行进行付款单的导入、导出。

三、实验目的与要求

应付账款系统主要用于核算和管理企业与供应商之间的往来款项。该系统学习应付款管理系统初始化的一般方法、学习应付款系统日常业务处理的主要内容和操作方法。实验要求学生掌握应付款系统初始化的主要内容和操作方法，掌握日常业务处理中应付单据及付款单据的处理方法、核销的方法及转账业务的处理方法。了解错误单据的修改方法及单据查询的内容和方法。要求掌握应付款系统与总账系统组合时应付款系统的基本功能和操作方法，熟悉应付款系统账簿查询的作用和基本方法。

四、教学建议

建议本章理论讲解 2 学时，上机练习 2 学时。

第二节　系统初始化的实验

一、实验准备

引入“E：\ 666 账套备份”账套备份数据。将系统日期修改为“2013 年 1 月 1 日”，以账套主管身份注册进入应收款管理系统。

二、实验要求

1. 设置系统参数
2. 初始设置
3. 设置科目
4. 逾期账龄区间设置
5. 报警级别设置

6. 设置允许修改“采购专用发票”的编号
7. 录入期初余额并与总账系统进行对账
8. 账套备份

三、实验资料

1. 666 账套应付款系统的参数

应付款核销方式为“按单据”，单据审核日期依据为“单据日期”，应付款核算类型为“详细核算”，受控科目单据依据为“明细到供应商”，非受控科目制单方式为“汇总方法”；启用供应商权限，并且按信用方式根据单据提前7天自动报警。

2. 基本科目

应付科目为“2202 应付账款”，预付科目为“1123 预付账款”，采购科目为“1401 材料采购”，采购税金科目为“222101 应交税金—应交增值税—进项税额”，银行承兑科目为“2201 应付票据”，商业承兑科目为“2201 应付票据”，现金折扣科目为“6603”，票据利息科目为“6603”，票据费用科目为“6603”，收支费用科目为“6601”。

3. 结算方式科目

现金结算方式科目为“1001 现金”，现金支票结算方式科目为“100201 工行存款”，转账支票结算方式科目为“100201 工行存款”，银行汇票结算方式科目为“100201 工行存款”，信汇结算方式科目为“100201 工行存款”，电汇结算方式科目为“100201 工行存款”。

4. 账龄区间

逾期账期内账龄区间设置总天数为30天、60天、90天和120天。

5. 报警级别

A级时的总比率为10%，B级时的总比率为20%，C级时的总比率为30%，D级时的总比率为40%，E级时的总比率为50%，总比率在50%以上的为F级。

6. 期初余额（存货税率为17%，开票日期均为2012年，见表7-1）

表7-1 期初余额情况

单据名称	方向	开票日期	票号	供应商名称	采购部门	科目编码	货物名称	数量	原币单价	价税合计
采购专用发票	正	11.15	33987	建卫股份公司	供应部	2202	钢材（001）	40	1000	46 800
采购专用发票	正	11.18	34567	大华公司	供应部	2202	油漆（002）	300	100	35 100
采购专用发票	正	11.23	34674	本溪股份有限	供应部	2201	钢材（001）	10	1000	11 700
预付款单（转账支票）	正	11.23	111	建卫股份公司	供应部	1123				30 000

四、实验指导

（一）设置系统参数

操作步骤：

(1) 在用友 ERP－U8 企业应用平台中，打开“业务工作”选项卡，执行“财务会计”→“应付款管理”→“设置”→“选项”命令，打开“账套参数设置”对话框。

(2) 单击“编辑”按钮，打开“权限与预警”选项卡，选中“启用供应商权限”前的复选框；单据报警选择“信用方式”，在“提前天数”栏选择提前天数“7”。如图 7-1 所示。

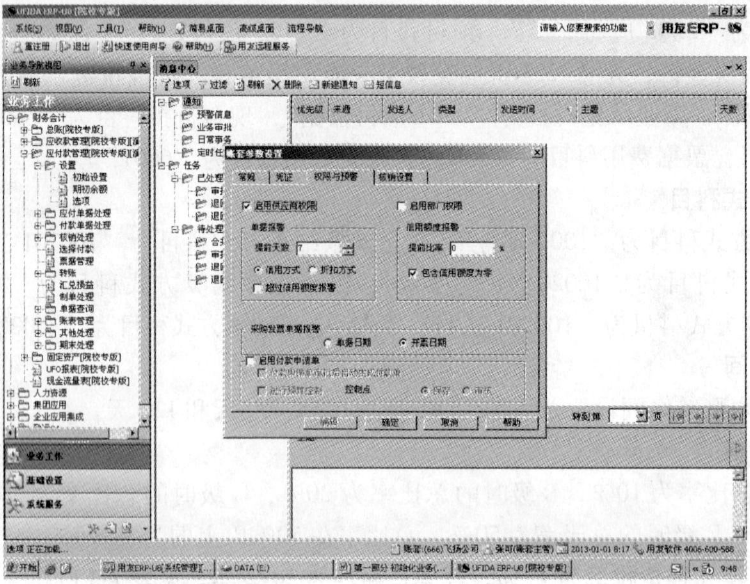

图 7-1　账套参数设置

(3) 单击“确定”按钮。

提示：

①在账套使用过程中，可以随时修改账套参数。

②如果选择单据日期为审核日期，则月末结账时，单据必须全部审核。

③关于应付账款核算模型，在系统启用时或者还没有进行任何业务处理的情况下，才允许从简单核算改为详细核算；从详细核算改为简单核算随时可以进行。

（二）设置基本科目

操作步骤：

(1) 在应付款管理系统中，执行“设置”→“初始设置”命令，打开“初始设置”对话框。

(2) 执行“设置科目”→“基本科目设置”命令，录入或选择应付科目“2202”及其他基本科目，如图 7-2 所示。

(3) 单击“退出”按钮。

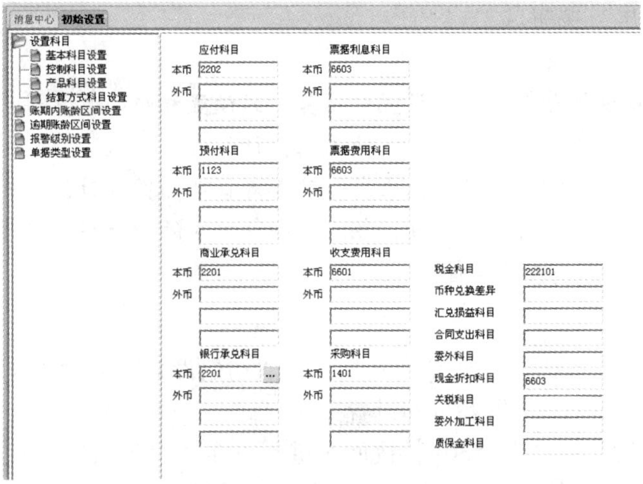

图 7-2　基本科目设置

提示：

①只有在这里设置了基本科目，在生成凭证时，才能直接生成凭证中的会计科目，否则凭证中将没有会计科目，相应的会计科目只能手工录入。

②在基本科目设置中所设置的应付科目“2202 应付账款”、预付科目“1123 预付账款”及“2201 应付票据”，应在总账系统中设置其辅助核算内容为“供应商往来”，并且其受控系统为“应付系统”。否则，在这里不能被选中。

（三）结算方式科目

操作步骤：

（1）在应付款管理系统中，执行“设置”→“初始设置”→“结算方式科目设置”命令，进入“结算方式科目设置”窗口。

（2）单击“结算方式”栏的下三角按钮，选择“现金”，单击“币种”栏，选择“人民币”，在“科目”栏录入或选择“1001”，按回车键。以同样的方法继续录入其他结算方式，如图 7-3 所示。

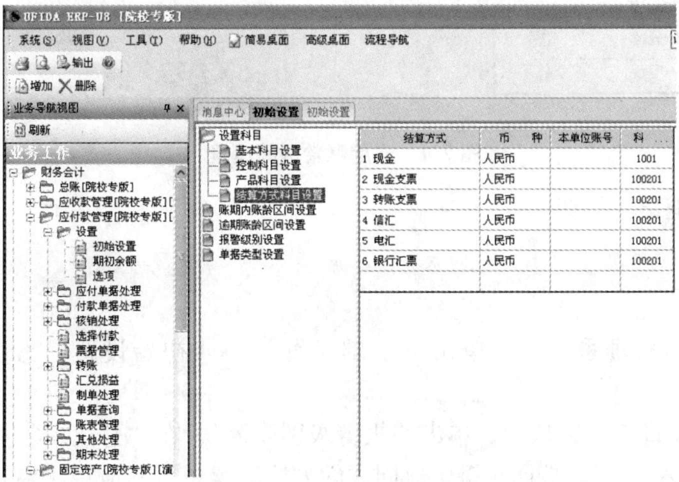

图 7-3　结算方式科目设置

（3）单击“退出”按钮。

提示：

①结算方式科目设置是针对已经设置的结算方式设置相应的结算科目。即在付款或收款时，可以由系统自动生成该种结算方式所使用的会计科目。

②只有在这里设置了结算科目，在生成付款或者收款的凭证时，才能直接生成凭证中的会计科目，否则凭证中将没有会计科目，相应的结算方式的会计科目只能手工录入。

（四）设置逾期账期内账龄区间

操作步骤：

（1）在应付款管理系统中，执行“设置”→“初始设置”→“逾期账期内账龄区间设置”命令，打开“逾期账期内账龄区间设置”窗口。

（2）在“总天数”栏录入“30”，按回车键，再在“总天数”栏录入“60”天后，按回车键。以同样的方法继续录入其他总天数，如图 7-4 所示。

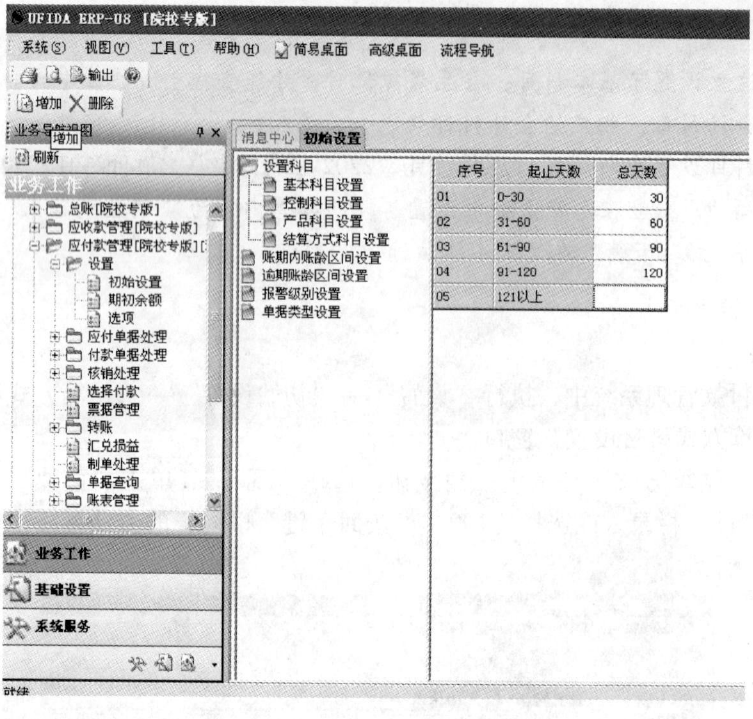

图 7-4 逾期账龄区间设置

（3）单击“退出”按钮。

（五）设置报警级别

操作步骤：

（1）在应付款管理系统中，单击“基础设置”→“初始设置”，进入“初始设置”窗口。

（2）在“初始设置”窗口中，单击“报警级别设置”，在“总比率”栏录入“10”，在“级别名称”栏录入“A”，按回车键，以同样的方法继续录入其他总比率和级别，如图 7-5 所示。

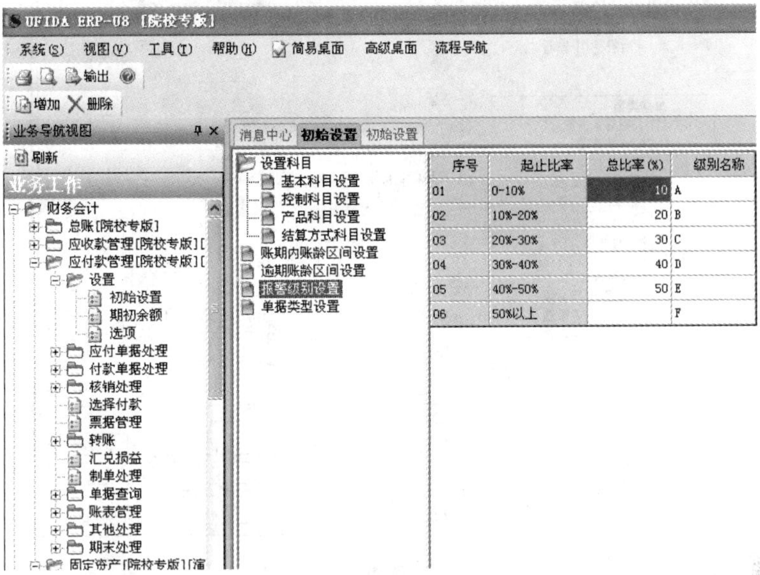

图 7-5　报警级别设置

(3) 单击“退出”按钮。

提示:

①序号由系统自动生成，不能修改、删除。

②系统会根据输入的比率自动生成相应的区间。

③单击“增加”按钮，可以在当前级别之前插入一个级别。插入一个级别后，该级别后的各级别比率会自动调整。

④删除一个级别后，该级别后的各级比率会自动调整。

⑤最后一个级别为某一比率之上，所以在“总比率”栏不能录入比率，否则将不能退出。

⑥最后一个比率不能删除，如果录入错误，则应先删除上一个级比率，再修改最后一级比率。

(六) 单据编号设置

操作步骤:

(1) 在企业应用平台中，执行“基础设置”→“单据设置”→“单据编号设置”命令，进入“单据编号设置”窗口。

(2) 单击左侧“单据类型”窗口中的“采购管理”→“采购专用发票”命令，打开“单据编号设置—采购专用发票”窗口。

(3) 在“单据编号设置—采购专用发票”窗口中，单击“修改”按钮，选中“完全手工编号”前的复选框，如图 7-6 所示。

(4) 单击“保存”按钮，再单击“退出”按钮退出。

(5) 用同样的方法设置对应付款系统中的“其他应付单”、“付款单”，选择“完全手工编号”。

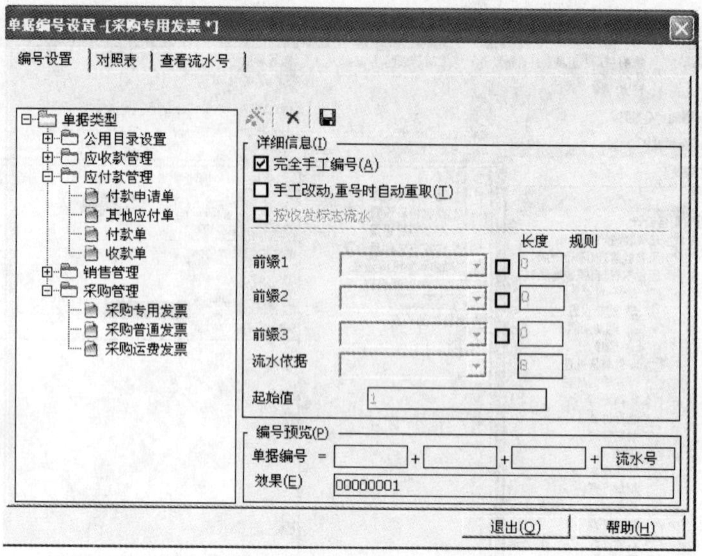

图 7-6 设置采购专用发票

（七）录入期初采购发票

操作步骤：

（1）在应付款管理系统中，执行“设置”→“期初余额”命令，进入“期初余额—查询”窗口。

（2）单击“确定”按钮，进入“期初余额明细表”窗口。

（3）单击“增加”按钮，打开“单据类别”对话框。

（4）选择单据名称为“采购发票”，单据类型为“采购专用发票”，单击“确定”按钮，进入“采购专用发票”窗口。

（5）修改票据日期为“2012－11－15”，录入发票号“33987”，在“供应商”栏录入“02”，或单击“供应商”栏的参照按钮，选择“建卫公司”，系统自动带出供应商的相关信息；在“税率”栏录入“17.00”，在“科目”栏录入“2202”，或单击“科目”栏的参照按钮，选择“2202 应付账款”，在“存货编号”栏录入“001”，或单击“存货名称”栏的参照按钮，选择“钢材”，在“数量”栏录入“40.00”，在“原币单价”栏录入“1 000.00”。如图 7-7 所示。

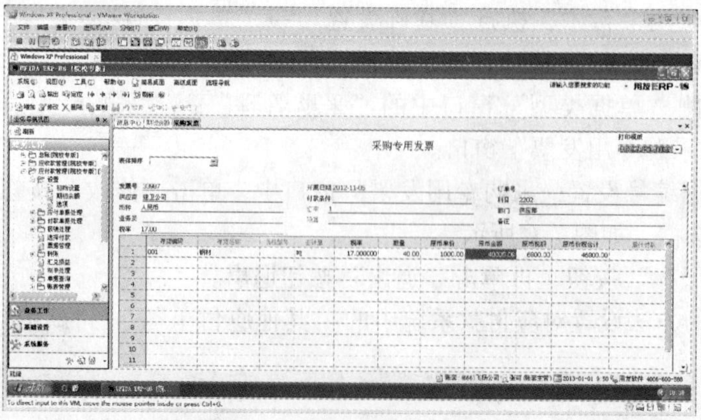

图 7-7 录入期初采购专用发票

（6）单击“保存”按钮。以同样的方法继续录入第 2 张和第 3 张采购专用发票。

提示：

①在初次使用应付款系统时，应将启用应付款系统时未处理完的所有供应商的应付账款、预付账款、应付票据等数据录入本系统。当进入第二年度时，系统自动将上年度未处理完的单据转为下一年度的期初余额。

②如果并未设置允许修改采购专用发票的编号，则在填制采购专用发票时，不允许修改采购专用发票的编号。其他单据的编号也一样，系统默认的状态为不允许修改。

（八）录入预付款单

操作步骤：

（1）在“期初余额明细表”中，单击“增加”按钮，打开“单据类别”窗口。

（2）单击“单据名称”栏下三角按钮，选择“预付款”，如图 7-8 所示。

图 7-8　设置单据类别

（3）单击“确定”按钮，打开“付款单”窗口。

（4）修改票据日期为“2012－11－23”，在“供应商”栏录入“02”，或单击“供应商”栏的参照按钮，选择“建卫公司”，在“结算方式”栏录入“3”，或单击“结算方式”栏的参照按钮，选择“转账支票”，在“金额”栏录入“30 000.00”，在“摘要”栏录入“预付货款”。在付款单下半部分中的“科目”栏录入“1123”，或单击“科目”栏的参照按钮，选择“1123 预付账款”。如图 7-9 所示。

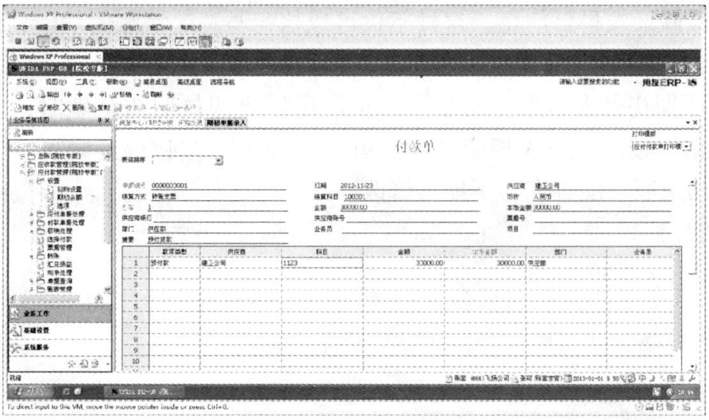

图 7-9　录入预付单

（5）单击“保存”按钮，再单击“退出”按钮退出。

（九）应付款系统与总账系统对账

操作步骤：

（1）在“期初余额明细表”中，单击“对账”按钮，打开“期初对账”窗口，如图7-10所示。

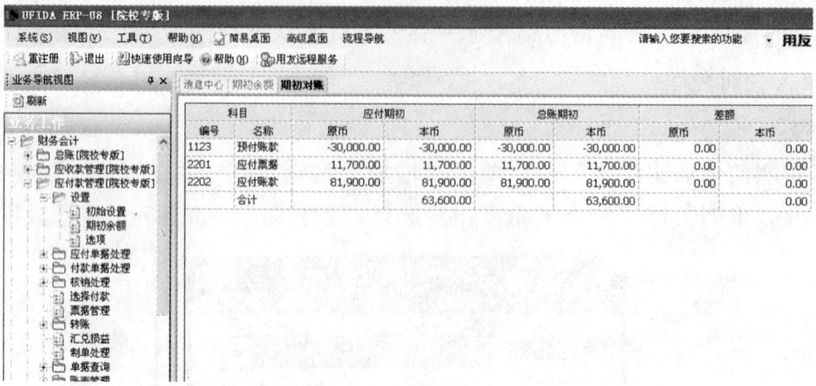

图7-10 期初对账

（2）单击“退出”按钮退出。

提示：

应付款系统与总账系统对账，必须要在总账与应付款系统同时启用后才可以进行。

（十）账套备份

将账套备份到“E:\ 666账套备份”中。

举一反三

（1）发票和应付单的方向包括正向和负向，类型包括系统预置的各类型以及用户定义的类型。如果是预付款和应付票据，则不用选择方向，系统默认预付款方向为借，应付票据方向为贷。

（2）单据中的科目栏目，用于输入该笔业务的入账科目，该科目可以为空。建议在录入期初单据时，最好录入科目信息，这样不仅可以执行与总账对账的功能，而且可以查询正确的科目明细账、总账。

（3）当保存了期初录入结果，或在第二年使用需要调整期初余额时，先选取要修改的记录，单击“单据”按钮，进入相应界面，单击“修改”按钮保存即可。当第一个会计期已经结账后，期初余额只能查询，不能再修改。

第二部分

日/常/业/务/处/理

第一章

总账系统日常业务处理

第一节 总账日常业务处理的实验

总账初始化设置完成后，就可以开始进行日常账务处理了。日常业务处理的任务是通过输入和处理各种记账凭证，完成记账工作，查询和打印输出各种日记账、明细账和总分类账，同时对个人往来和单位辅助账进行管理。

一、实验准备

引入“E:\ 666 账套备份”的账套备份数据。将系统日期修改为“2013 年 1 月 31 日”。

二、实验要求

1. 设置常用摘要
2. 以“002 王阳”的身份填制记账凭证
3. 审核凭证
4. 出纳签字
5. 修改第 2 号付款凭证的金额为 800 元
6. 删除第 2 号收款凭证并整理断号
7. 设置常用凭证
8. 记账
9. 查询已记账的第 1 号转账凭证
10. 冲销已记账的第 1 号付款凭证
11. 查询“6602 管理费用”三栏式总账，并联查明细账及第 2 号付款凭证
12. 查询余额表并联查专项资料
13. 查询“6602 管理费用”明细账
14. 定义并查询“应交增值税”多栏账
15. 查询客户往来明细账
16. 查询部门总账

17. 账套备份

三、实验资料

（一）常用摘要（表 1-1）

表 1-1 常用摘要

摘要编码	摘要内容
1	购买包装物
2	报销办公费
3	计提折旧费
4	提取现金
5	购买原材料

操作步骤：

（1）设置→基础档案→其他→常用摘要（增加）。

（2）账套主管在录入凭证时增加摘要。

（二）2013 年 1 月发生的经济业务

（1）1 月 8 日，以现金支付购买包装箱货款 600 元。

借：周转材料　600

　贷：库存现金　600

（2）1 月 8 日，以工行存款 500 元支付财务部办公费。

借：管理费用—办公费（财务部）　500

　贷：银行存款—工行存款（转账支票 3356）　500

（3）1 月 12 日，销售给伟建工具厂库存商品一批，价税款合计 93 600 元，款项已经收到。（其中货款 80 000 元，税款 13 600 元）

借：银行存款—工行存款　93 600

　贷：主营业务收入　80 000

　　应交税费—增值税（销项税额）13 600

（4）1 月 22 日，收到供应部赵一偿还的借款 1 000 元。

借：库存现金　1 000

　贷：其他应收款—应收职工借款—赵一　1 000

（5）1 月 23 日，从工行提取现金 50 000 元。

借：库存现金　50 000

　贷：银行存款—工行存款—人民币　50 000

（6）1 月 23 日，向北京立新公司销售甲产品一批，货款 50 000 元，增值税税率 17%，货已发出，收到 58 500 元的转账支票一张。（票号：1122）

借：银行存款—工行存款　58 500

　贷：主营业务收入　50 000

应交税费—应交增值税（销项税额）8 500

（7）1 月 23 日，公司各部门报销费用。

借：管理费用—办公费—销售一科　500
—销售二科　1 000
—销售三科　200
—财务部　300
管理费用—差旅费—销售一科　1 500
—销售二科　1 000
—销售三科　2 000
—财务部　3 000
贷：库存现金　9 500

操作步骤：

（1）重注册→以 002 王阳的身份登录。

（2）业务→总账→凭证→填制凭证（增加）。

（三）常用凭证

（1）摘要：从工行提取现金；
凭证类别：付款凭证；
科目编码：1001 和 100201。

（2）摘要：用现金支付厂部办公费；
凭证类别：付款凭证；
科目编码：660201 和 1001。

（3）摘要：收到现金存入工行；
凭证类别：付款凭证；
科目编码：100201 和 1001。

（4）摘要：收到职工以现金偿还的借款。
凭证类别：收款凭证；
科目编码：1001 和 122101。

操作步骤：

业务→总账→凭证→常用凭证（增加）。

四、实验指导

（一）设置常用摘要

操作步骤：

（1）在企业应用平台“基础设置”选项卡中，执行“基础档案”→“其他摘要”→“常用摘要”命令，打开“常用摘要”对话框。

（2）单击“增加”按钮，按实验资料录入常用摘要，如图 1-1 所示。

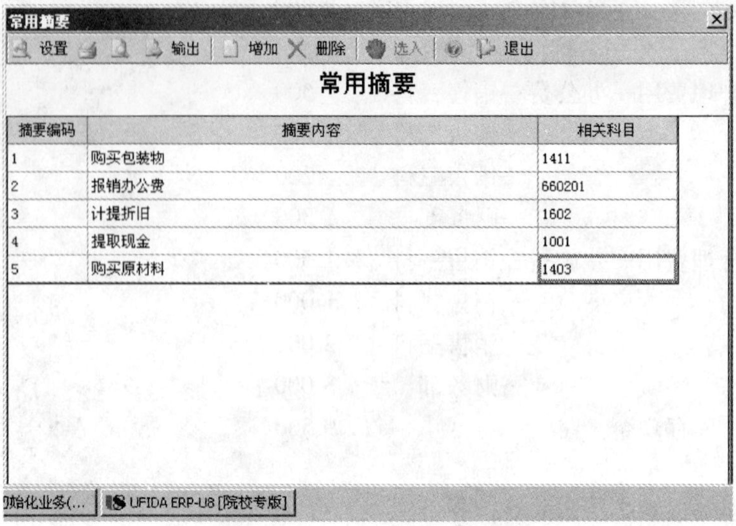

图 1-1 “常用摘要”对话框

提示：

①设置常用摘要后，可以在填制凭证时调用。

②常用摘要中的“相关科目”是指使用该摘要时通常使用的相关科目。如果设置相关科目，则在调用该常用摘要时，系统会将相关科目一并列出，可以进行修改。

（二）填制记账凭证（第一笔经济业务）

在总账系统中，记账凭证的来源主要有三种：一是根据审核无误的原始凭证直接在计算机上填制记账凭证，或先编再输；二是从其他业务系统中自动传递到总账中；三是从外部导入。这里主要介绍第一种情形，即在计算机上填制凭证。

操作步骤：

（1）在企业应用平台中，单击“重注册”，以“002”号操作员身份，进入企业应用平台。

（2）在“业务工作”选项卡中，执行“总账”→“凭证”→“填制凭证”命令，进入“填制凭证”窗口。

（3）单击“增加”按钮，或者按 F5 键。

（4）单击凭证类别的参照按钮，选择“付款凭证”。

（5）修改凭证日期为“2013. 01. 08”。

（6）在摘要栏录入“1”（即调用第 1 号常用摘要），或者直接录入摘要。

（7）按回车键，或用鼠标单击“科目名称”栏，单击科目名称栏的参照按钮（或按 F2），选择“资产”类科目“1411 周转材料”，或者直接在科目名称栏输入“1411”。

（8）按回车键，或用鼠标单击“借方金额”栏，录入借方金额“600”。

（9）按回车键（复制上一行的摘要），再按回车键，或用鼠标单击“科目名称”栏（第二行），单击科目名称栏的参照按钮（或按 F2 键），选择“资产”类科目“1001 现金”，或者直接在科目名称栏输入“1001”。

（10）按回车键，或用鼠标单击“贷方金额”栏，录入贷方金额“600”，或直接按

“ = ”键。如图 1-2 所示。

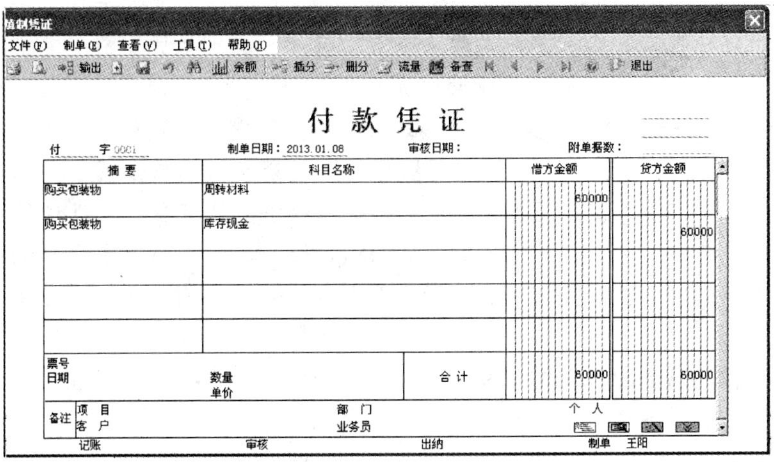

图 1-2 填制凭证

（11）单击“保存”按钮，系统弹出“凭证已成功保存!”信息提示框，单击“确定”按钮返回。

（12）同理，分别录入第 2 ~ 7 笔经济业务的凭证的相关内容。

提示：

①检查当前操作员，当前操作员应该是会计人员“王阳”。如果当前操作员不是“王阳”，则应以重注册的方式更换操作员为“王阳”。

②凭证填制完成后，在未审核前可以直接修改。

③如果凭证的金额录错了方向，可以直接按空格键改变余额方向。

④凭证日期应满足总账选项中的设置，如果是默认系统的选项，则不允许凭证日期逆序。

⑤在填制凭证时，如果使用含有辅助核算内容的会计科目，则应选择相应的辅助核算内容。否则，将不能查询到辅助核算的相关资料。

⑥“ = ”键为取借贷方差额到当前光标位置，每张凭证只能使用一次。

⑦如果在设置凭证类别时已经设置了不同种类凭证的限制类型及限制科目，则在填制凭证时，如果凭证类别选择错误，在进入新的状态时，系统则会提示凭证不能满足的条件，凭证不能保存。

⑧凭证填制完成后，可以单击“保存”来保存凭证，也可以单击“增加”来保存，并增加下一张凭证。

（三）审核凭证

操作步骤：

（1）重新注册，更换操作员为“001 张可”。

（2）执行“凭证”→“审核凭证”命令，打开“凭证审核”对话框。

（3）单击“确定”按钮，进入“凭证审核”列表窗口。

（4）单击“确定”按钮，打开待审核的第 1 号“收款凭证”。

（5）单击“审核”按钮（第 1 号收款凭证审核完成后，系统自动翻页到第 2 张待审核的凭证），再单击“审核”按钮，直到将已经填制的 7 张凭证全部审核签字。

（6）单击“退出”按钮退出。

提示：

①系统要求制单人和审核人不能是同一个人，因此，在审核凭证前一定要检查当前操作员是否就是制单人，如果是，则应更换操作员。

②凭证审核的操作权限应首先在“系统管理”的权限中进行赋权，其次还要注意在总账系统的选项中是否设置了“凭证审核控制到操作员”的选项，如果设置了该选项，则应继续设置审核的明细权限，即“数据权限”中的“用户”权限。只有在“数据权限”中设置了某用户有权审核其他某一用户所填制凭证的权限，该用户才真正拥有了审核凭证的权限。

③在凭证审核的功能中除了可以分别对单张凭证进行审核外，还可以执行“成批审核”的功能，对符合条件的待审核凭证进行成批审核。

④在审核凭证的功能中，还可以对有错误的凭证进行“标错”处理，还可以“取消”审核。但作废的凭证不能被审核和标错。

⑤已审核的凭证将不能直接修改，只能在取消审核后才能在填制凭证的功能中进行修改。

（四）出纳签字

操作步骤：

（1）重新注册，更换操作员为“李丽”。

（2）执行“凭证”→“出纳签字”命令，打开“出纳签字”对话框。

（3）单击“确定”按钮，打开“出纳签字”列表窗口。

（4）单击“确定”按钮，打开待签字的第1号“收款凭证”。

（5）单击“签字”按钮，单击“下张”按钮，再单击“签字”按钮，直到将已经填制的所有收付凭证进行出纳签字。如图1-3所示。

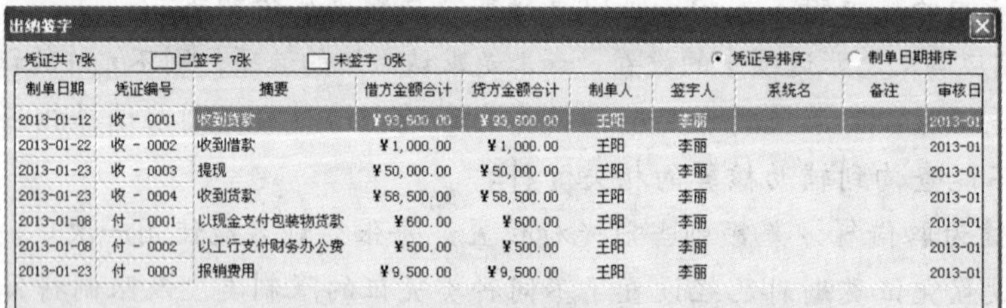

图1-3 出纳签字

（6）单击“退出”按钮退出。

提示：

①出纳签字的操作既可以在“凭证审核”后进行，也可以在“凭证审核”前进行。

②进行出纳签字的操作员应已在系统管理中赋予了出纳的权限。

③要进行出纳签字的操作，应满足以下3个条件：

首先，在总账系统的“选项”中已经设置了“出纳凭证必须经由出纳签字”；

其次，已经在会计科目中进行了“指定科目”的操作；

最后，凭证中所使用的会计科目是已经在总账系统中设置为“日记账”辅助核算内容的会计科目。

④如果发现已经进行了出纳签字的凭证有错误，应在取消出纳签字后再在填制凭证功能中进行修改。

（五）修改第 2 号付款凭证

操作步骤：

（1）由操作员“003 李丽”执行“凭证”→“出纳签字”命令，打开“出纳签字”对话框。

（2）单击“凭证类别”栏的下三角按钮，选择“付款凭证”。

（3）单击“月份”选项，在“凭证号”栏输入“2”，如图 1-4 所示。

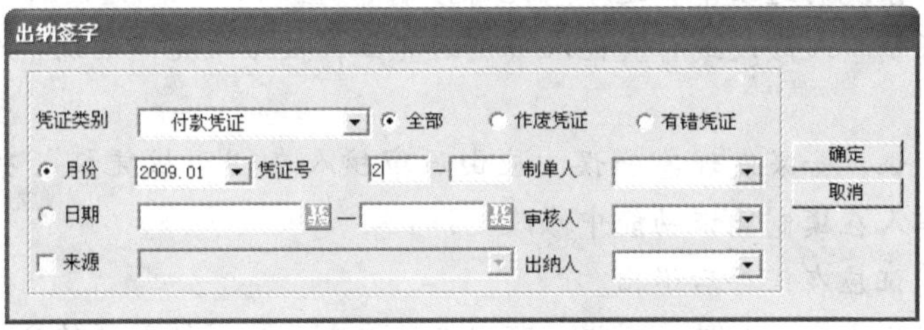

图 1-4　出纳签字

（4）单击“确定”按钮，打开“出纳签字”列表窗口。

（5）单击“确定”按钮，进入第 2 号付款凭证窗口。

（6）单击“取消签字”按钮，取消出纳签字。单击“退出”按钮。如图 1-5 所示。

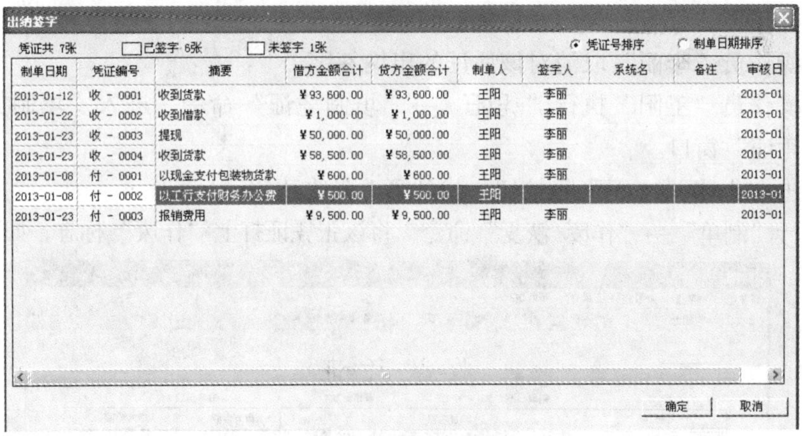

制单日期	凭证编号	摘要	借方金额合计	贷方金额合计	制单人	签字人	系统名	备注	审核日
2013-01-12	收 - 0001	收到货款	¥93,600.00	¥93,600.00	王阳	李丽			2013-01
2013-01-22	收 - 0002	收到借款	¥1,000.00	¥1,000.00	王阳	李丽			2013-01
2013-01-23	收 - 0003	提现	¥50,000.00	¥50,000.00	王阳	李丽			2013-01
2013-01-23	收 - 0004	收到货款	¥58,500.00	¥58,500.00	王阳	李丽			2013-01
2013-01-08	付 - 0001	以现金支付包装物货款	¥600.00	¥600.00	王阳	李丽			2013-01
2013-01-08	付 - 0002	以工行支付财务办公费	¥500.00	¥500.00	王阳				2013-01
2013-01-23	付 - 0003	报销费用	¥9,500.00	¥9,500.00	王阳	李丽			2013-01

图 1-5　取消出纳签字

（7）重新注册，更换操作员为“001 张可”。

（8）执行“凭证”→“凭证审核”命令，打开“审核凭证”列表窗口。

（9）同以上操作，找到并进入第 2 号付款凭证窗口。

（10）单击“取消”审核按钮，取消审核签字。单击“退出”按钮。

（11）重新注册，更换操作员为“002 王阳”。

（12）执行“凭证”→“填制凭证”命令，进入“填制凭证”窗口。

（13）单击“上张”、“下张”按钮，找到第2张付款凭证。

（14）在第2张付款凭证中，将借贷方金额分别修改为“800”，单击“保存”按钮。

（15）再更换操作员，由“001张可”对第2号凭证进行审核，由“003李丽”对第2号付款凭证进行出纳签字。

提示：

①未审核的凭证可以直接修改，但是，凭证类别不能修改。

②已进行出纳签字而未审核的凭证如果发现有错误，可以由原出纳签字的操作员在“出纳签字”功能中取消出纳签字后，再由原制单人在填制凭证功能中修改凭证。

③如果在总账系统的选项中没有选中“允许修改、作废他人填制的凭证”，则只能由原制单人在填制凭证的功能中修改或作废凭证。

④如果在总账系统的选项中，选中“允许修改、作废他人填制的凭证”，则在填制凭证功能中可以由非原制单人修改或作废他人填制的凭证，被修改凭证的制单人将被修改为现在的修改凭证的人。

⑤已审核的凭证，如果发现有错误，应由原审核人在“审核凭证”功能中取消审核签字后，再由原制单人在填制凭证功能中修改凭证。

⑥被修改的凭证应在保存后退出。

⑦凭证的辅助项内容，如果有错误，可以在单击含有错误辅助项的会计科目后，将鼠标移到错误的辅助项所在位置，当出现“笔头状光标”时双击此处，弹出辅助项录入窗口，直接修改辅助项的内容，或者按“Ctrl + S”组合键调出辅助项录入窗口后修改。

（六）删除第2号收款凭证

操作步骤：

（1）由操作员“张可”取消对该凭证的审核。

（2）由操作员“李丽”取消对该凭证的出纳签字。

（3）由操作员“王阳”执行“凭证”→“填制凭证”命令，进入“填制凭证”命令，进入“填制凭证”窗口。

（4）单击“上张”、“下张”按钮，找到第1张收款凭证。

（5）执行“制单”→“作废/恢复”命令，将该张凭证打上“作废”标志，如图1-6所示。

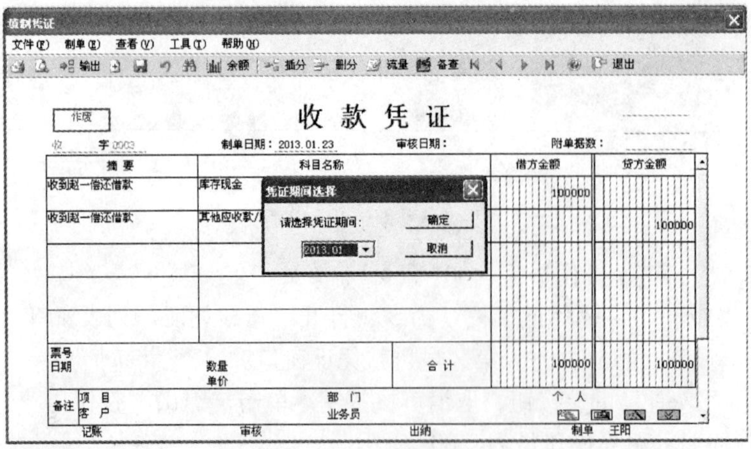

图1-6 填制凭证

（6）执行“制单”→“整理凭证”命令，选择凭证期间“2013.01”，单击“确定”按钮，打开“作废凭证表”对话框。

（7）双击“作废凭证表”对话框中的“删除”栏。

（8）单击“确定”按钮，系统弹出“是否还需整理凭证断号”信息提示框。

（9）单击“是”，系统完成对凭证号的重新整理。

提示：

①未审核的凭证可以直接删除，已审核或已进行出纳签字的凭证不能直接删除，必须在取消审核及取消出纳签字后再删除。

②若要删除凭证，必须先进行“作废”操作，而后再进行整理。如果在总账系统的选项中选中“自动填补凭证断号”及“系统编号”，那么在对作废凭证进行整理时，若选择不整理断号，则在填制凭证时可以由系统自动填补断号。否则，将会出现凭证断号。

③对于作废凭证，可以单击“作废/恢复”按钮，取消“作废”标志。

④作废凭证不能修改、不能审核，但应参与记账。

⑤只能对未记账的凭证进行凭证整理。

⑥账簿查询时，查不到作废凭证的数据。

（七）设置常用凭证（001 重注册）

操作步骤：

（1）执行“凭证”→“常用凭证”命令，打开“常用凭证”对话框。

（2）单击“增加”按钮。

（3）录入编码“1”，录入说明“从工行提取现金”，单击“凭证类别”栏的下三角按钮，选择“付款凭证”。

（4）单击“详细”按钮，进入“常用凭证—付款凭证”窗口。

（5）单击“增加”按钮，录入科目编码“1001”，再单击“增加”按钮，在第 2 行“科目编码”栏录入“100201”，如图 1-7 所示。

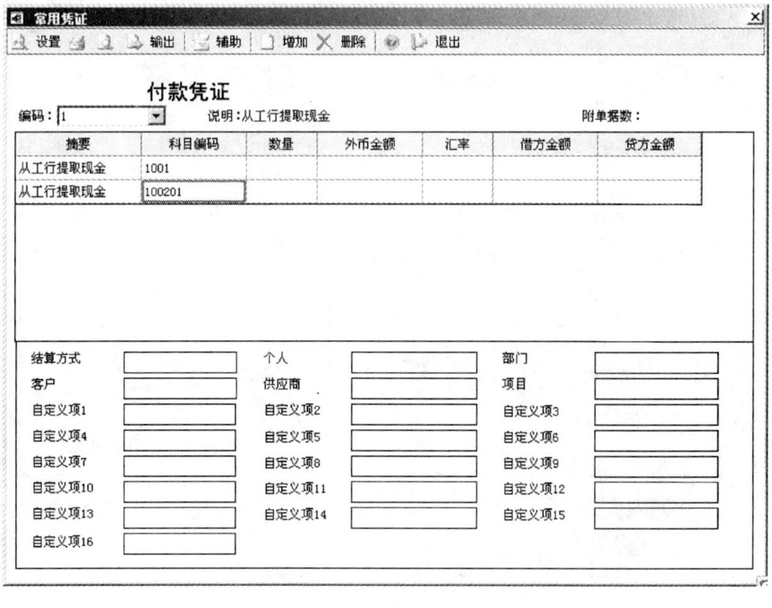

图 1-7　常用凭证－辅助信息

(6) 单击“退出”按钮退出。

(7) 同理，录入其他常用凭证。

提示:

①在填制凭证时，可以执行“制单”→“调用常凭证”命令，调用事先定义的常用凭证，或在填制凭证功能中单击“F4”调用常用凭证。

②调用的常用凭证可以修改。

(八) 记账

操作步骤:

(1) 由操作员“001 张可”执行“凭证”→“记账”命令，打开“记账”对话框。

(2) 单击“下一步”按钮。

(3) 单击“记账”按钮，打开“期初试算平衡表”窗口。如图 1-8 所示。

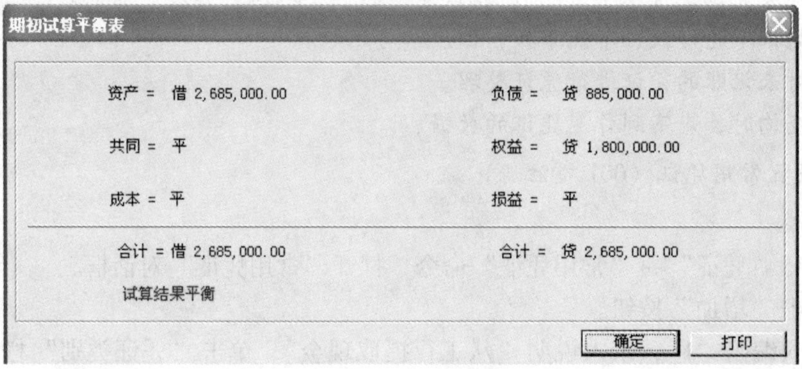

图 1-8 “期初试算平衡表”窗口

(4) 单击“确定”按钮，系统自动进行记账，记账完成后，系统弹出“记账完毕!”信息提示框，如图 1-9 所示。

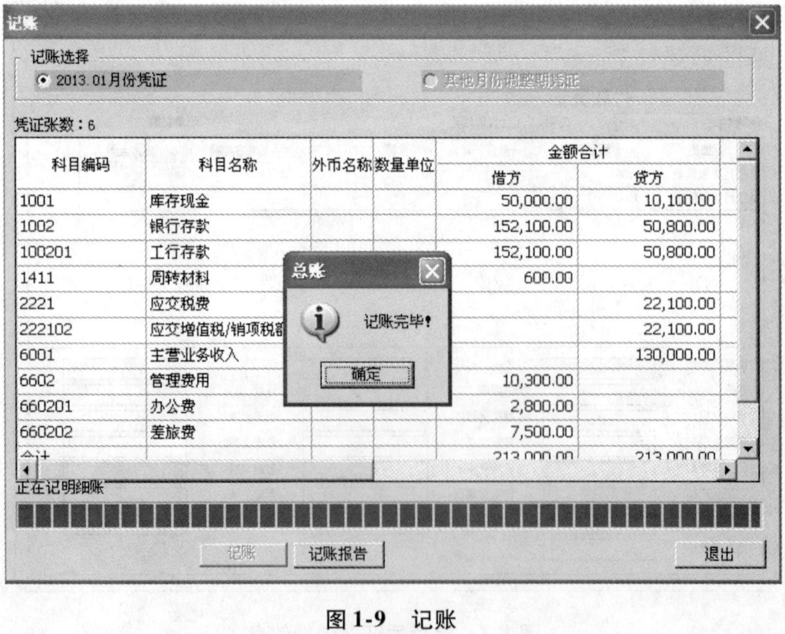

图 1-9 记账

（5）单击“确定”按钮。

提示：

①如果期初余额试算不平衡，则不允许记账。

②如果有未审核的凭证，则不允许记账。

③如果上月未结账，则本月不能记账。

④如果不输入记账范围，则系统默认为所有凭证。

⑤记账后，则不能整理断号。

⑥已记账的凭证，则不能在“填制凭证”功能中查询。

（九）反记账

操作步骤：

（1）记账之后，如发现凭证有错误，可以逆向操作，进行反记账，由操作员“001 张可”执行“总账”→“期末”→“对账”命令，打开“对账”对话框，双击“选择”的同时按下“Ctrl + H”组合键，如图 1-10 所示。

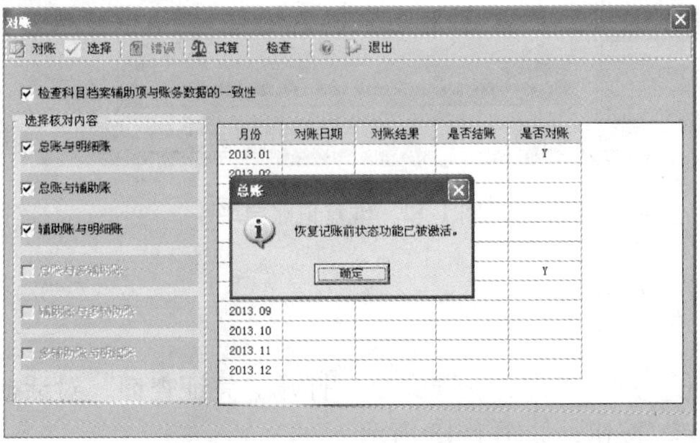

图 1-10　激活恢复记账前功能

（2）在“总账”→“凭证”下双击“恢复记账前状态”按钮，打开“恢复记账前状态”，再单击“2013 年 1 月初状态”按钮，如图 1-11 所示。

图 1-11　恢复记账前状态

（3）单击“确定”按钮，输入主管口令。

（4）单击“确定”按钮，系统自动进行反记账，反记账完成后，系统弹出“恢复记账完毕!”信息提示框，如图 1-12 所示。

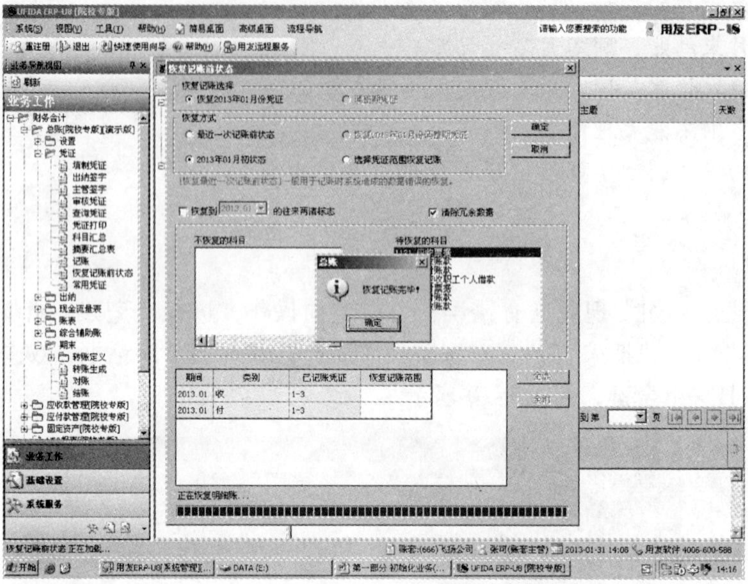

图 1-12　恢复记账完毕

（十）查询已记账的凭证

操作步骤：

（1）执行“凭证”→“查询凭证”命令，打开“凭证查询”对话框。

（2）单击“确定”按钮，如图 1-13 所示。

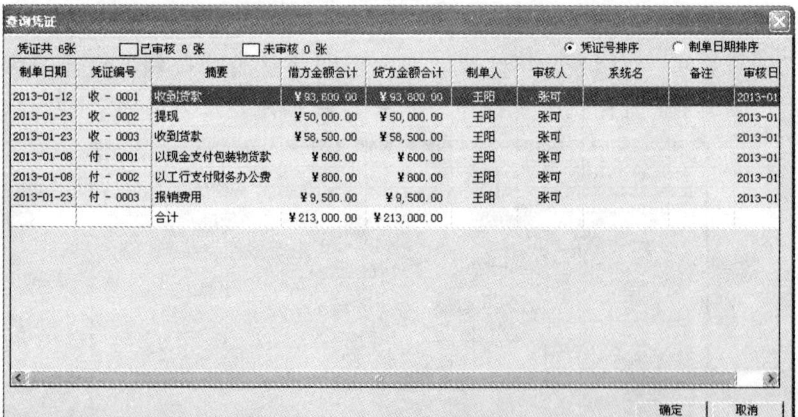

图 1-13　凭证查询

（3）单击“确定”按钮，打开“查询凭证”列表窗口。

（4）单击“确定”按钮，打开第 1 号收款凭证。

（5）单击“退出”按钮。

（6）“001 张可”记账。

提示：

①在“查询凭证”功能中，既可以查询已记账的凭证，也可以查询未记账的凭证；而在填制凭证功能中只能查询到未记账的凭证。

②通过设置查询条件还可以查询“作废凭证”、“有错凭证”、某制单人填制的凭证、其他子系统传递过来的凭证以及一定日期区间、一定凭证号区间的记账凭证。

③已记账的凭证除了可以在查询功能中查询外，还可以在查询账簿资料时，以联查的方式查询。

④在“凭证查询”对话框中，单击“辅助条件”按钮，可以设定更多的查询条件。

（十一）冲销记账凭证

操作步骤：

（1）以“001 张可”的身份执行“凭证”→“填制凭证”命令，进入“填制凭证”窗口。

（2）执行“制单”→“冲销凭证”命令，打开“冲销凭证”对话框。

（3）单击“凭证类别”栏的下三角按钮，选择“付款凭证”，在“凭证号”栏录入“1”。

（4）单击“确定”按钮，如图 1-14 所示。

（5）单击“保存”按钮。

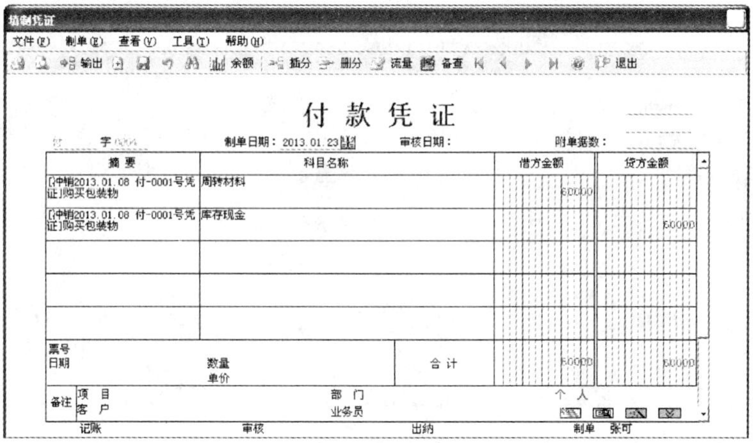

图 1-14　冲销凭证

提示：

①冲销凭证是针对已记账的凭证，由系统自动生成的一张红字冲销凭证。

②冲销凭证相当于填制了一张凭证，不需保存，只要进入新的状态就由系统将冲销凭证自动保存。

（十二）由 002 对已冲销的凭证进行审核、003 出纳签字后，由 001 重新注册记账

（十三）账簿查询

1. 查询“6602 管理费用”总账

操作步骤：

（1）在总账系统中，执行“账表”→“科目账”→“总账”命令，打开“总账查询条

件”对话框。

(2) 直接录入或选择科目编码“6602”，单击“确定”按钮，进入“管理费用总账”窗口，如图1-15所示。

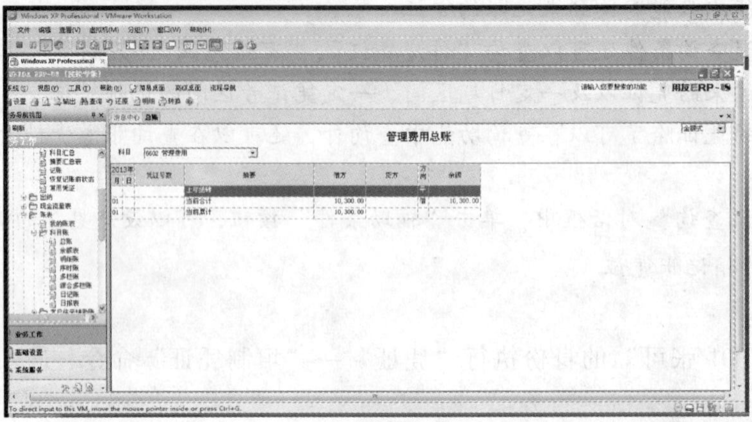

图1-15 “管理费用总账”窗口

(3) 单击选中“当前合计”栏，单击“明细”按钮，进入“管理费用明细账”窗口，如图1-16所示。

图1-16 “管理费用明细账”窗口

(4) 单击选中“付-0002”所在行，单击“凭证”按钮，打开第2号付款凭证。

(5) 单击“退出”按钮退出。

提示：

①在总账查询功能中，可以查询到三栏式总账的年初余额、各月发生额合计和月末余额，而且可以查询到2~5级明细科目的年初余额、各月发生额合计和月末余额，还可以查询到明细账中每项明细资料对应的记账凭证。

②在查询总账时，可以在总账条件查询中，通过录入科目范围查询一定科目范围内的总账。

③在总账查询功能中，可以查询“包含未记账凭证”的总账。

④在明细账窗口，按“摘要”按钮可以设置“摘要选项”。

⑤在明细账窗口，按“过滤”按钮可以录入“明细账过滤条件”。

2. 查询余额表

操作步骤：

(1) 在总账系统中，执行“账表”→“科目账”→“余额表”命令，打开“发生额及余额查询条件”对话框。

(2) 单击“确定”按钮，进入“发生额及余额表”窗口，如图 1-17 所示。

发生额及余额表

月份：2013.01-2013.01

科目编码	科目名称	期初余额 借方	期初余额 贷方	本期发生 借方	本期发生 贷方	期末余额 借方	期末余额 贷方
1001	库存现金	19,000.00		50,000.00	9,500.00	59,500.00	
1002	银行存款	251,000.00		152,100.00	50,800.00	352,300.00	
1121	应收票据	23,400.00				23,400.00	
1122	应收账款	129,200.00				129,200.00	
1123	预付账款	30,000.00				30,000.00	
1221	其他应收款	8,000.00				8,000.00	
1403	原材料	86,500.00				86,500.00	
1405	库存商品	90,000.00				90,000.00	
1601	固定资产	2,300,000.00				2,300,000.00	
1602	累计折旧		252,100.00				252,100.00
资产小计		2,937,100.00	252,100.00	202,100.00	60,300.00	3,078,900.00	252,100.00
2001	短期借款		200,000.00				200,000.00
2201	应付票据		11,700.00				11,700.00
2202	应付账款		81,900.00				81,900.00
2203	预收账款		50,000.00				50,000.00
2221	应交税费		41,400.00		22,100.00		63,500.00
2501	长期借款		500,000.00				500,000.00
负债小计			885,000.00		22,100.00		907,100.00
4001	实收资本		1,800,000.00				1,800,000.00
权益小计			1,800,000.00				1,800,000.00
6001	主营业务收				130,000.00		130,000.00
6602	管理费用			10,300.00		10,300.00	
损益小计				10,300.00	130,000.00	10,300.00	130,000.00
合计		2,937,100.00	2,937,100.00	212,400.00	212,400.00	3,089,200.00	3,089,200.00

图 1-17　发生额及余额表

(3) 将光标定位在“1121 应收票据”，单击“专项”按钮，打开余额表中的专项资料，如图 1-18 所示。

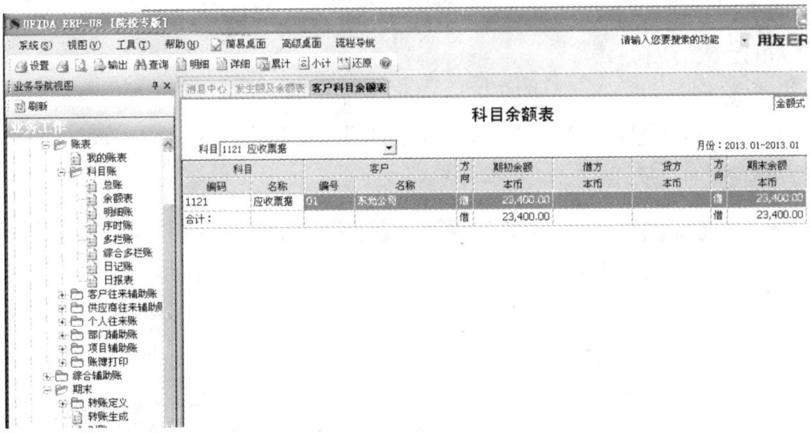

科目余额表

科目 1121 应收票据　　月份：2013.01-2013.01

科目 编码	科目 名称	客户 编号	客户 名称	方向	期初余额 本币	借方 本币	贷方 本币	方向	期末余额 本币
1121	应收票据	01	东方公司	借	23,400.00			借	23,400.00
合计：				借	23,400.00			借	23,400.00

图 1-18　科目余额表

(4) 单击“退出”按钮退出。

提示：

①在余额表查询功能中，可以查询各级科目的本月期初余额、本期发生额及期末余额。

②在发生额及余额表中，单击“累计”按钮，可以查询到累计借贷方发生额。

③在发生额及余额表中，单击“专项”按钮，可以查询到带有辅助核算内容的辅助资料。

④可以查询某个余额查询范围内的余额情况。

⑤可以查询到包含未记账凭证在内的最新发生额及余额。

3. 查询“6602 管理费用”明细账

操作步骤：

（1）执行“账表”→“科目账”→“明细账”命令，打开“明细账查询条件”对话框。

（2）直接录入或选择科目编码“6602”，单击“确定”按钮，进入“管理费用明细账”窗口。

（3）单击“退出”按钮退出。

提示：

①在明细账查询功能中，可以查询一定科目范围内的明细账。

②可以查询月份综合明细账。

③可以查询到包含未记账凭证在内的明细账。

④可以按“对方科目展开”方式查询明细账。

⑤在明细账中可以联查到总账及相应的记账凭证。

⑥如果在总账系统的“选项”中，选择了“明细账查询权限控制到科目”，则必须在“基础设置”的“数据权限”中设置相应的数据权限。如果某操作员不具备查询某科目明细账的权限，则在明细账查询功能中就看不到无权查询的科目明细账的内容。

4. 定义并查询“应交增值税”多栏账

操作步骤：

（1）在总账系统中，执行“账表”→“科目账”→“多栏账”命令，进入“多栏账”窗口。

（2）单击“增加”按钮，打开“多栏账定义”对话框。

（3）单击“核算科目”栏的下三角按钮，选择“2221 应交税费”，单击“自动编制”按钮，出现栏目定义的内容。

（4）单击“确定”按钮，完成应交税费多栏账的设置。

（5）单击“查询”按钮，打开“多栏账查询”对话框。单击“确定”按钮，显示应交税费多栏账。如图 1-19 所示。

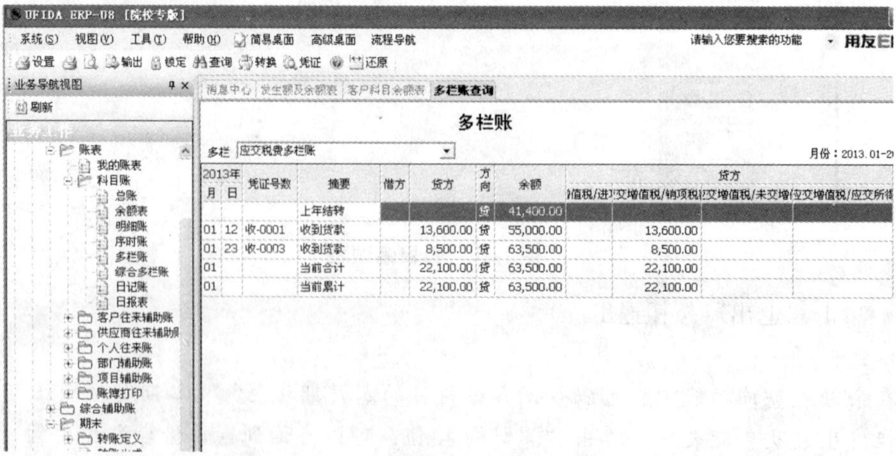

图 1-19 多栏账定义

提示：

①在总账系统中，普通多栏账由系统将要分析科目的下级科目自动生成“多栏账”。

②多栏账的栏目内容可以自定义，可以对栏目的分析方向、分析内容、输出内容进行定义，同时可以定义多栏账格式。

③自定义多栏账可以根据实际管理需要将不同的科目及不同级次的科目形成新的多栏账，以满足多科目的综合管理。

5. 查询客户往来明细账中的客户科目明细账

操作步骤：

（1）在总账系统中，执行“账表”→“客户往来辅助账”→“客户往来明细账”→“客户科目明细账”命令，打开“客户科目明细账”查询条件对话框。

（2）单击“确定”按钮，打开“科目明细账”，如图 1-20 所示。

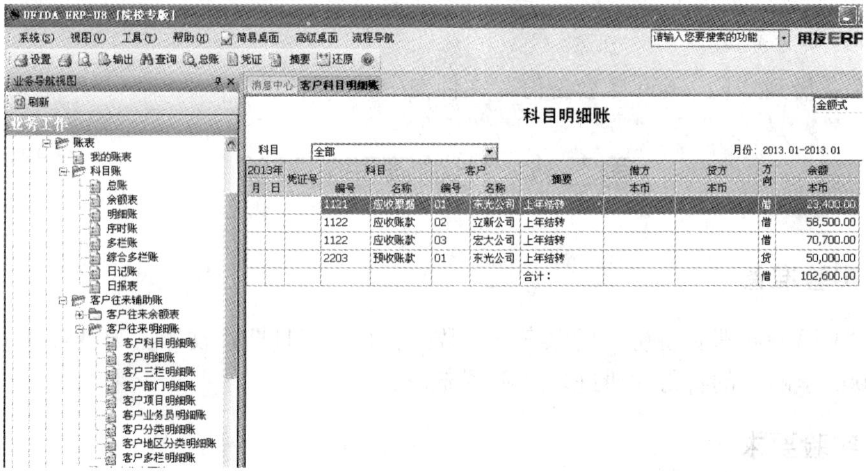

图 1-20　“客户科目明细账”对话框

（3）单击“退出”按钮退出。

（4）同理，可以进行客户往来余额、客户往来催款单、客户往来账龄分析等查询。

提示：

①在“客户科目明细账”功能中，可以查询所有辅助核算内容为“客户往来”的科目明细账。

②可以查询各个客户、各个月份的客户科目明细账。

③可以查询包含未记账凭证的客户科目明细账。

④在科目明细账中，可以联查到总账及凭证的内容，还可以进行摘要内容的设置。

⑤客户往来辅助账的查询方式较多，可以根据不同需要在不同的查询功能中查找到有用的数据。

6. 查询部门科目总账

操作步骤：

（1）在总账系统中，执行“账表”→“部门辅助账”→“部门总账”→“部门科目总账”命令，打开“部门科目总账条件”对话框。

(2) 单击“确定”按钮，打开部门总账。

(3) 单击“退出”按钮退出。

提示：

①部门科目总账查询功能中，可以按科目、按部门、按科目和部门查询部门科目总账。

②可以查询不同月份范围的部门科目总账。

③可以查询包含未记账凭证内容的部门科目总账。

④在部门科目总账中，可以单击“累计”按钮查询包含累计借贷方发生额的部门总账，单击“明细”按钮查询部门明细账的资料。

举一反三

(1) 通过红字冲销法增加的凭证，应视同正常凭证进行保存和管理。

(2) 对已记账凭证做凭证整理，应先恢复本月月初的记账状态，再做凭证整理。

(十四) 账套备份

将账套备份到“E:\ 666 账套备份”文件夹中。

第二节　出纳管理的实验

一、实验准备

引入“E:\ 666 账套备份”的账套备份数据；将系统日期修改为“2013 年 1 月 31 日”。以出纳“003 李丽”的身份注册进入总账系统。

二、实验要求

1. 查询日记账
2. 查询资金日报表
3. 支票登记簿
4. 银行对账
5. 账套备份

三、实验资料

(一) 转账支票

1 月 22 日，销售一科刘夏领用转账支票（NO. 9988）支付办公费，限额 500 元。

(二) 银行对账期初数据

企业日记账余额为 251 000 元，银行对账单期初余额为 250 000 元，有企业已收而银行未收的未达账项（2012 年 12 月 20 日）1 000 元。

（三）2013 年 1 月银行对账单（表 1-2）

表 1-2　银行对账单

日期	结算方式	票号	借方金额	贷方金额	余额
2013. 01. 08	转账支票	3356		800	249 200
2013. 01. 22	转账支票	5689	500		249 700

四、实验指导

（一）查询现金日记账

操作步骤：

（1）执行“出纳”→“现金日记账”命令，打开“现金日记账查询条件”对话框。

（2）单击“确定”按钮，进入“现金日记账”窗口，如图 1-21 所示。

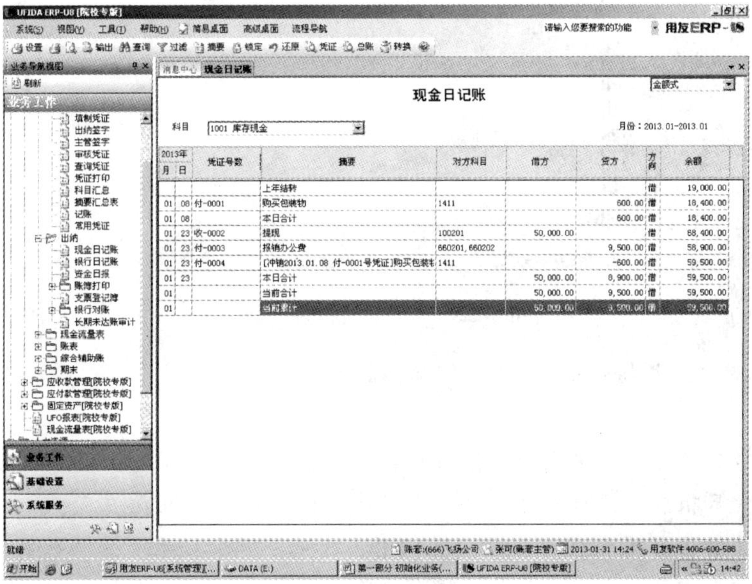

图 1-21　现金日记账

（3）单击“退出”按钮退出。

提示：

①只有在“会计科目”功能中使用“指定科目”功能，指定“现金总账科目”及“银行总账科目”，才能查询“现金日记账”及“银行存款日记账”。

②既可以按日查询，也可以按月查询现金及银行存款日记账。

③查询日记账时，还可以查询包含未记账凭证的日记账。

④在已打开的日记账窗口中，还可以通过单击“过滤”按钮，通过输入过滤条件，快速查询日记账的具体内容。

⑤在已打开的日记账窗口中，还可以单击“凭证”按钮，查询该条记录所对应的记账凭证。

（二）查询1月8日的资金日报表

操作步骤：

（1）执行“出纳”→“资金日报”命令，打开“资金日报表查询条件”对话框。

（2）选择日期“2013.01.08”，单击“确定”按钮，进入“资金日报表”窗口，如图1-22所示。

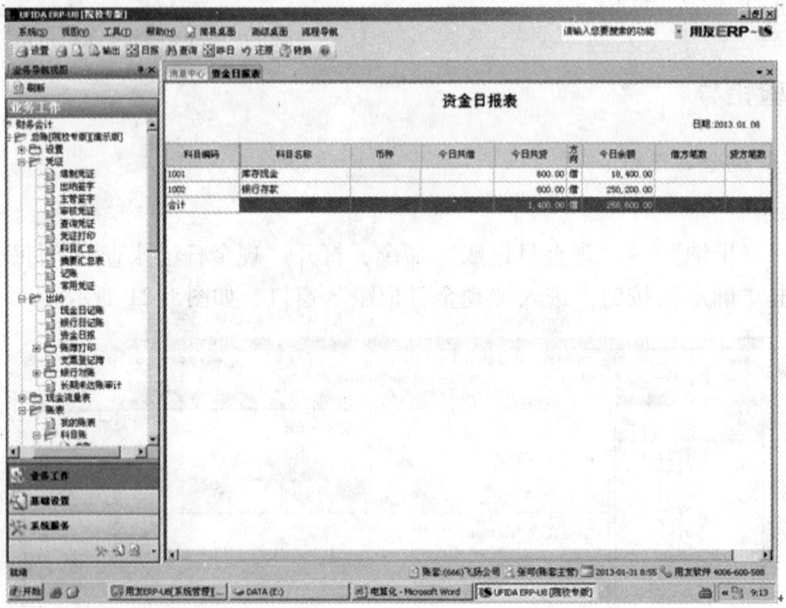

图1-22 “资金日报表”窗口

（3）单击“退出”按钮退出。

提示：

①资金日报功能可以查询现金、银行存款科目某日的发生额及余额情况。

②查询资金日报表时，可以查询包含未记账凭证的资金日报表。

③如果在“资金日报表查询条件”窗口中，选中“有余额无发生额也显示”，则即使现金或银行科目在查询日没有发生业务，只有余额也显示。

（三）登记支票登记簿

操作步骤：

（1）执行“出纳”→“支票登记簿”命令，打开“银行科目选择”对话框。

（2）单击“确定”按钮，进入“支票登记簿”窗口。

（3）单击“增加”按钮，录入或选择领用日期“2013.01.22”，领用部门“销售一科”，领用人“刘夏”，支票号“9988”，预计金额“500”及用途“办公费”，如图1-23所示。

（4）单击“保存”按钮，再单击“退出”按钮。

提示：

①只有在总账系统的初始设置选项中已选择“支票控制”，并在结算方式设置中已设置“票据结算”标志，在“会计科目”中已指定银行账的科目，才能使用支票登记簿。

②针对不同的银行账户分别登记支票登记簿。

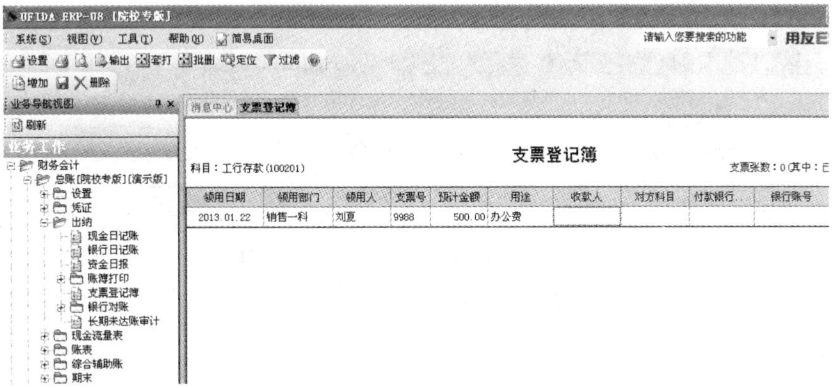

图 1-23　“支票登记簿”窗口

③支票登记簿中报销日期为空时，表示该支票未报销，否则系统认为该支票已报销。

④当支票支出后，在填制凭证时，输入该支票的结算方式和结算号，系统会自动在支票登记簿中将该支票写上报销日期，该支票即为已报销。

⑤单击“批删”按钮，输入需要删除已报销支票的起止日期，即可删除此期间的已报销支票。

⑥单击“过滤”按钮后，即可对支票按领用人或者部门进行各种统计。

（四）录入银行对账期初数据

操作步骤：

（1）执行“出纳”→“银行对账”→“银行对账期初录入”命令，进入“银行科目选择”窗口。

（2）选择“100201 工行存款”，单击“确定”按钮，进入“银行对账期初”窗口。

（3）在单位日记账的调整前余额栏录入“251 000. 00”，在银行对账单的调整前余额栏录入“250 000. 00”，如图 1-24 所示。

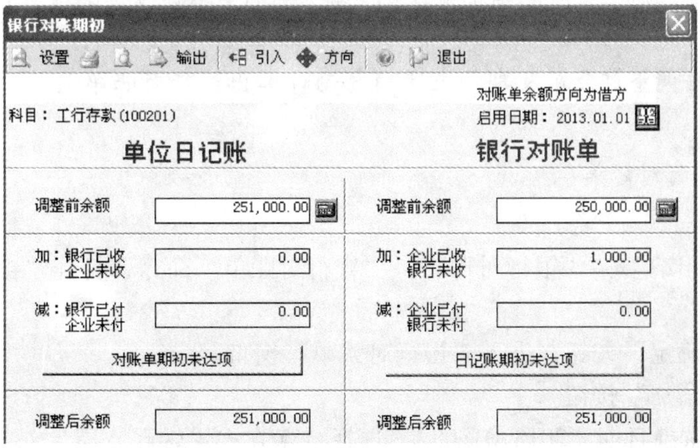

图 1-24　“银行对账期初”窗口

（4）单击“日记账期初未达项”按钮，进入“企业方期初”窗口。

（5）单击“增加”按钮，录入或选择凭证日期“2012. 12. 20”，在借方金额栏录入

"1 000. 00"，如图 1-25 所示。

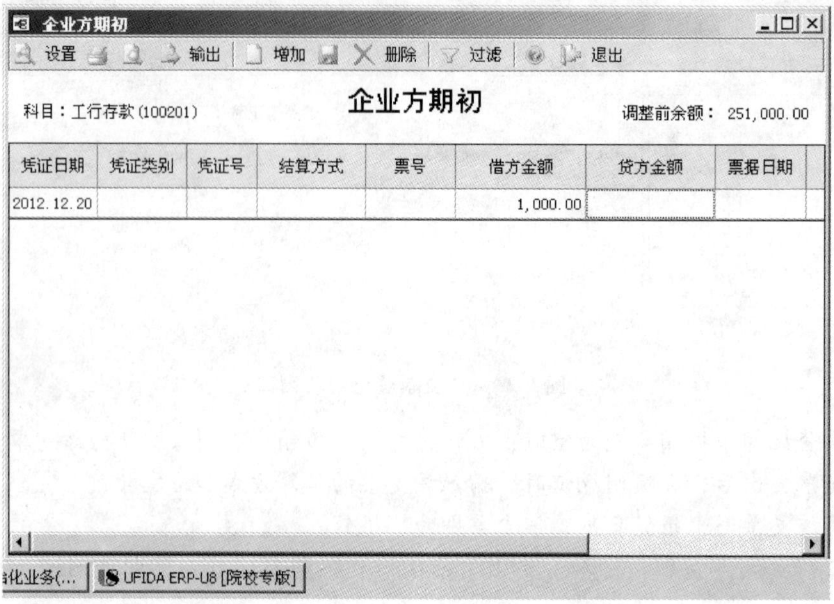

图 1-25 "企业方期初"窗口

(6) 单击"保存"按钮，再单击"退出"按钮，返回"银行对账期初"窗口。

(7) 单击"退出"按钮。

提示：

①在第一次使用银行对账功能时，应录入单位日记账及银行对账单的期初数据，包括期初余额及期初未达账项。

②系统默认银行对账单余额方向为借方。即银行对账单中借方发生额为银行存款增加，贷方发生额为银行存款减少。单击"方向"按钮可以调整银行对账单余额方向，如果把余额方向调整为贷方，则银行对账单中借方发生额为银行存款减少，而贷方发生额为银行存款的增加。

③系统会根据调整前余额及期初未达项自动计算出银行对账单与单位日记账的调整后余额。

(五) 录入银行对账单

操作步骤：

(1) 执行"出纳"→"银行对账"→"银行对账单"命令，打开"银行科目选择"对话框。

(2) 单击"确定"按钮，进入"银行对账单"窗口。

(3) 单击"增加"按钮。

(4) 录入或选择日期"2013. 01. 08"，选择结算方式"转账支票"，录入票号"3356"，录入贷方金额"800. 00"，按回车键，再录入或选择日期"2013. 01. 22"，选择结算方式"转账支票"，录入票号"5689"，录入借方金额"500. 00"，如图 1-26 所示。

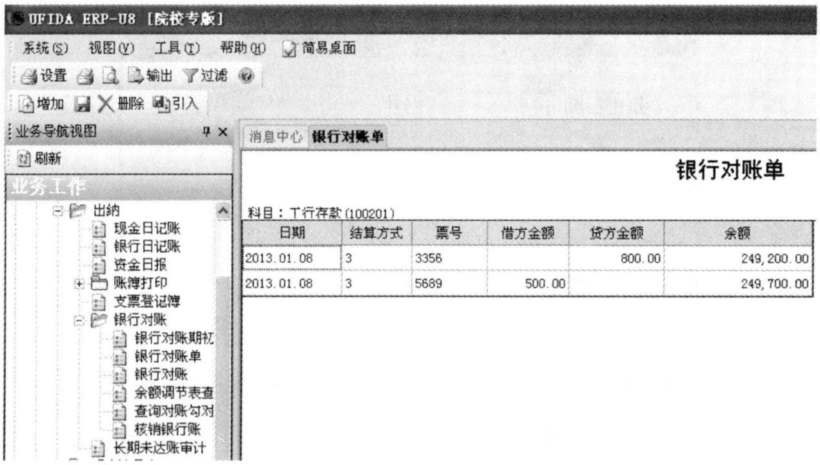

图 1-26　“银行对账单”窗口

（5）单击“保存”按钮，再单击“退出”按钮。

提示：

①企业如果在多家银行开户，对账单应与其对应账号所对应的银行存款下的末级科目一致。

②录入银行对账单时，其余额由系统根据银行对账期初自动计算生成。

（六）银行对账

操作步骤：

（1）执行“出纳”→“银行对账”→“银行对账”命令，打开“银行科目选择”对话框。

（2）单击“确定”按钮，进入“银行对账”窗口，如图 1-27 所示。

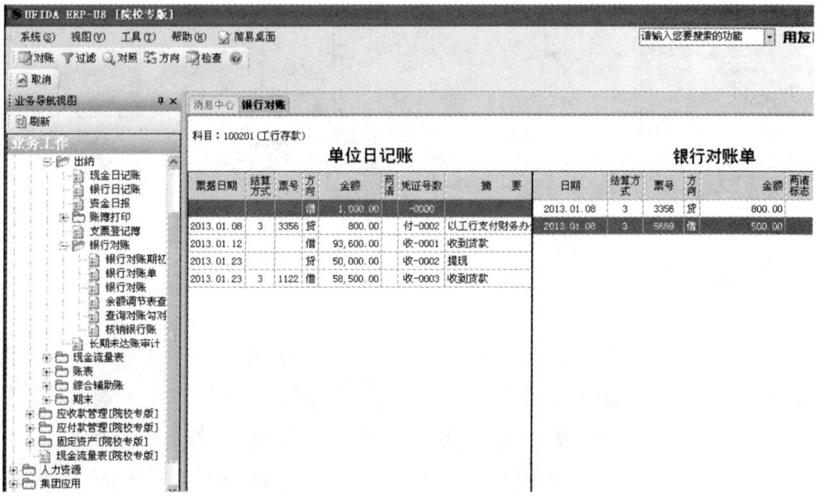

图 1-27　“银行对账”窗口

（3）单击“对账”按钮，打开“自动对账”对话框，如图 1-28 所示。

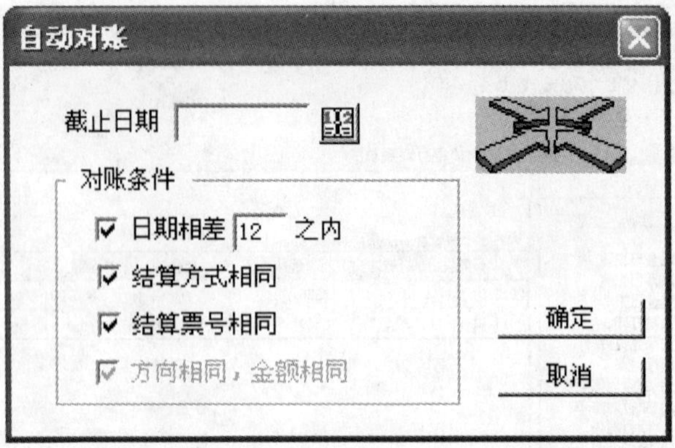

图 1-28 “自动对账”对话框

（4）在“自动对账”条件选择窗口中，单击“确定”按钮。

（5）单击“对账”按钮，出现对账结果，如图 1-29 所示。

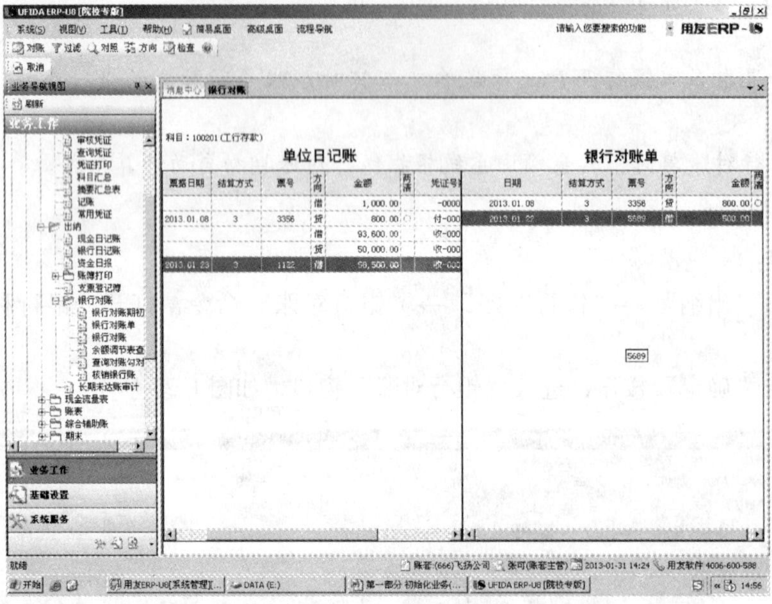

图 1-29 银行对账

（6）单击“退出”按钮退出。

提示：

①如果在银行对账期初对账中，默认银行对账单方向为借方，则对账条件为方向相同、金额相同的日记账与对账单进行勾对。如果在银行对账期初中将银行对账单的余额方向修改成了贷方，则对账条件为方向相反、金额相同的日记账与对账单进行勾对。

②银行对账，包括自动对账和手工对账两种形式。自动对账是系统根据对账依据自动进行核对、勾销，自动对账两清的标志为红色“O”。手工对账是对自动对账的一种补充，手工对账两清的标志为“Y”。

③系统默认的自动对账的对账条件为“日期相差 12 天”、“结算方式相同”、“结算票号相同”，单击每一项对账条件前的复选框可以取消相应的对账条件，即在对账时不考虑相应

的对账条件。

④在自动对账后，如果发现一些应勾对而未勾对上的账项，可以分别双击“两清”栏，直接进行手工调整。

⑤如果在对账单中有两笔以上记录同日记账对应，则所有对应的对账单都应标上两清标记。

⑥如果想取消对账，可以采用自动取消和手工取消两种方式。单击“取消”按钮可以自动取消所有的两清标记，如果手工取消，则可以双击要取消对账标志业务的“两清”栏，取消两清标志。

（七）输出余额调节表

操作步骤：

（1）执行“出纳”→“银行对账”→“余额调节表查询”命令，进入“银行存款余额调节表”窗口。

（2）单击“查看”按钮，进入“银行存款余额调节表”窗口。

（3）单击“详细”按钮，进入“余额调节表（详细）”窗口。

（4）单击“退出”按钮。如图 1-30 所示。

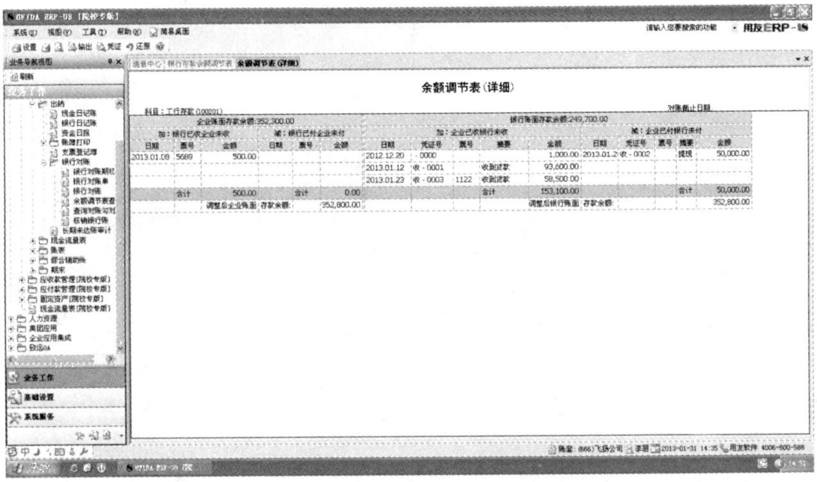

图 1-30　银行存款余额调节表

提示：

①银行存款余额调节表应显示账面余额平衡，如果不平衡，应分别查看银行对账期初、银行对账单及银行对账是否正确。

②在银行对账之后，可以查询对账勾对情况，如果确认银行对账结果是正确的，可以使用“核销银行账”功能核销已达账。

举一反三

（1）如何进行成批出纳签字？

为了提高工作效率，系统提供对已审核的凭证进行成批签字的功能，单击“主管”→“成批出纳签字”，可进行签字的成批操作。如果想对已签字的凭证进行成批取消签字，可单击“成批取消签字”。

（2）出纳签字时，如何补录“结算明细”？

如果在录入凭证时没有录入结算方式和票据号，系统提供在出纳签字时进行补录的功能。选择“出纳”→“票据结算”，打开“结算内容录入”对话框，其中列示所需要进行填充的结算方式、票据号、票据日期的分录，包括已填写的分录。填制结算方式和票号时，针对票据的结算方式进行相应支票登记判断。

（八）账套备份

将账套备份到“E:\ 666 账套备份”中去。

第二章

薪资管理系统日常业务处理

一、实验准备

引入“E：\ 666 账套备份”的账套备份数据；将系统日期修改为“2013 年 1 月 31 日”。以“001 张可”身份注册进入薪资管理系统。

二、实验要求

1. 对在岗人员进行薪资核算与管理
2. 录入并计算 1 月份的薪资数据
3. 扣缴所得税
4. 银行代发工资
5. 工资分摊并生成转账凭证
6. 月末处理
7. 查看工资发放条
8. 查看部门工资汇总表
9. 按部门进行工资项目构成分析
10. 查询 1 月份工资核算的记账凭证
11. 账套备份

三、实验资料

（1）个人收入所得税应在“实发工资”扣除 3 500 元后计税。

（2）2013 年 1 月有关的工资数据（表 2-1）。

表 2-1　2013 年 1 月有关的工资数据

职员编号	人员姓名	基本工资	职务补贴	福利补贴	奖金	缺勤天数
001	张宏	3 000	2 000	200	800	
002	张可	2 300	1 500	200	800	
003	王阳	1 800	1 000	200	800	3

续表

职员编号	人员姓名	基本工资	职务补贴	福利补贴	奖金	缺勤天数
004	李丽	2 300	1 000	200	800	
005	赵一	1 500	900	200	1 000	
006	刘夏	1 500	900	200	1 200	
007	韩红	1 500	900	200	1 200	
008	李好	1 500	900	200	1 200	
009	刘学	2 000	1 000	200	1 100	
010	孙语	1 200		200	1 000	2

（3）工资分摊的类型及计提标准。

工资分摊的类型为“应付职工薪酬”。

按工资总额的10%计提福利费。

（4）分摊构成设置见表2-2。

表2-2 分摊构成设置

计提类型名称	部门名称	人员类别	项目	借方科目	贷方科目
应付职工薪酬	人事部、财务部	企业管理人员	应发合计	管理费用/工资（660203）	应付职工薪酬（2211）
	供应部、销售部	经营人员	应发合计	销售费用（6601）	
	生产部	车间管理人员	应发合计	制造费用（5101）	
	生产部	生产工人	应发合计	生产成本－直接人工（500102）	
应付职工薪酬—福利费	人事部、财务部	企业管理人员	应发合计	管理费用/工资（660203）	应付职工薪酬（2211）
	供应部、销售部	经营人员	应发合计	销售费用（6601）	
	生产部	车间管理人员	应发合计	制造费用（5101）	
	生产部	生产工人	应发合计	生产成本－直接人工（500102）	

四、实验指导

1. 修改个人收入所得税的计提基数

操作步骤：

（1）在用友ERP－U8企业应用平台中，选择“人力资源”中的“薪资管理”，打开“打开工资类别”对话框。

（2）选择“在岗人员”工资类别，单击“确定”按钮。

（3）执行“薪资管理”→“设置－选项”命令，单击“扣税设置”。

（4）单击“编辑－税率设置”按钮，打开“个人所得税申报表—税率表”对话框。

（5）在“基数”栏录入“3 500”，如图2-1所示。

级次	应纳税所得额下限	应纳税所得额上限	税率(%)	速算扣除数
1	0.00	500.00	5.00	0.00
2	500.00	2000.00	10.00	25.00
3	2000.00	5000.00	15.00	125.00
4	5000.00	20000.00	20.00	375.00
5	20000.00	40000.00	25.00	1375.00
6	40000.00	60000.00	30.00	3375.00
7	60000.00	80000.00	35.00	6375.00

图 2-1 “个人所得税申报表—税率表”对话框

（6）单击“确定”按钮，返回“选项”窗口。单击“取消”按钮返出。

提示：

①由于系统按操作员编号识别操作员，如果操作员编号所对应的操作员姓名不同，则提示“制单人名与当前操作员名不一致，将使用当前操作员”。如果认可，则可以单击“确定”按钮确定。

②个人所得税扣缴应在“工资变动”后进行，但是，个人所得税的计提基数的初始设置是 2 000 元，而本例中是 3 500 元，所以，应先调整个人所得税计提基数后，再进行工资变动处理。如果先进行工资变动处理再修改个人所得税的计提基数，就应该在修改了个人所得税的计提基数后再进行一次工资变动处理，否则工资数据将不正确。

③“个人所得税扣缴申报表”是个人纳税情况的记录，系统提供对表中栏目的设置功能。

④个人所得税中报表栏目只能选择系统提供的项目，不提供由用户自定义的项目。

⑤系统默认以“实发合计”作为扣税基数。如果想以其他工资项目作为扣税标准，则需要在定义工资项目时单独为应税所得设置一个工资项目。

⑥如果单位的扣除费用及税率与国家规定的不一致，可以在个人所得税扣缴申报表中单击“税率”按钮进行修改。

⑦在“工资变动”中，系统默认以“实发合计”作为扣税基数，所以在执行完个人所得税计算后，需要到“工资变动”中，执行“计算”和“汇总”功能，以保证“代扣税”这个工资项目正确地反映出单位实际代扣个人所得税的金额。

2. 录入并计算 1 月份的工资数据

操作步骤：

（1）执行“业务处理”→“工资变动”命令，进入“工资变动”窗口。按照实验资料录入 1 月份的工资数据。

（2）单击“替换”按钮，打开“工资项数据替换”对话框，选择将工资项目“福利补贴”替换成“200”，如图 2-2 所示。单击“确定”返回。系统弹出“数据替换后将不可恢复，是否继续?”提示框，单击“是”，系统继续提示“10 条记录被替换，是否重新计算?”，单击“是”返回。

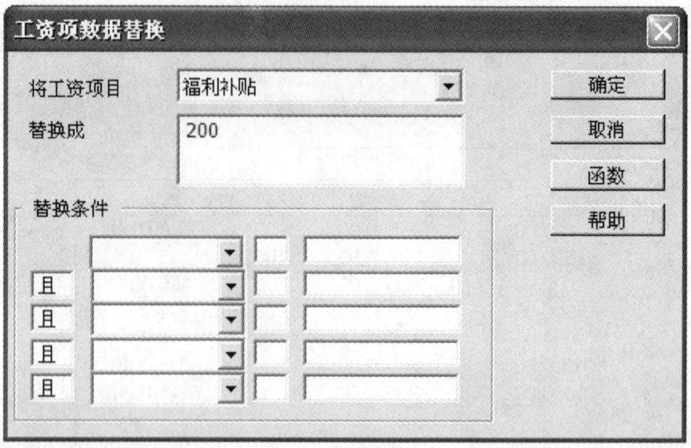

图 2-2 “工资项数据替换”对话框

（3）分别录入其他工资项目内容，如图 2-3 所示。

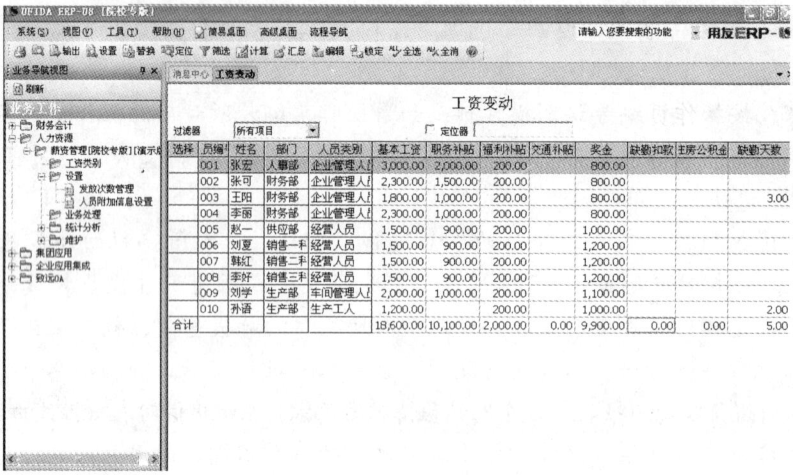

图 2-3 工资数据录入

（4）单击“计算”按钮，再单击“汇总”按钮，计算全部工资项目内容。

（5）单击“退出”。

提示：

①第一次使用工资系统时，必须将所有人员的基本工资数据录入系统。工资数据可以在录入人员档案时直接录入，需要计算的内容再在此功能中进行计算。也可以在工资变动功能中录入，当工资数据发生变动时应在此录入。

②如果工资数据的变化具有规律性，可以使用“替换”功能进行成批数据替换。

③在修改了某些数据、重新设置了计算公式、进行了数据替换或在个人所得税中执行了自动扣税等操作之后，必须调用“计算”和“汇总”功能对个人工资数据重新计算，以保证数据正确。

④如果对工资数据只进行了“计算”的操作，而未进行“汇总”操作，则退出时系统提示“数据发生变动后尚未进行汇总，是否进行汇总?”，如果需要汇总，则单击“是”，否则，单击“否”即可。

3. 扣缴所得税

操作步骤：

（1）执行“业务处理”→“扣缴所得税”命令，打开“个人所得税申报模板”对话框。

（2）单击“扣缴个人所得税报表”按钮，单击“打开”，进入“所得税申报”窗口，单击“确定”，如图2-4所示。

所得期间	收入额	免税收入额	允许扣除...	费用扣除...	准予扣除...	应纳税所...	税率	应扣税额	已扣税额
1	6300.00			3500.00		2296.00	15	219.40	219.40
1	5100.00			3500.00		1192.00	10	94.20	94.20
1	4100.00			3500.00		26.55	5	1.33	1.33
1	4600.00			3500.00		732.00	10	48.20	48.20
1	3900.00			3500.00		88.00	5	4.40	4.40
1	4100.00			3500.00		272.00	5	13.60	13.60
1	4100.00			3500.00		272.00	5	13.60	13.60
1	4100.00			3500.00		272.00	5	13.60	13.60
1	4380.00			3500.00		529.60	10	27.96	27.96
1	2480.00			3500.00		0.00	0	0.00	0.00
	43160.00			35000.00		5680.15		436.29	436.29

图2-4　扣缴所得税

提示：

可以对“个人所得税扣缴申请表”中的“基数”和“税率”进行调整，而调整后必须重新计算个人所得税，否则个人所得税数据将发生错误。

4. 查看银行代发一览表

操作步骤：

（1）执行“业务处理”→“银行代发”命令，打开“银行文件格式设置”对话框，如图2-5所示。

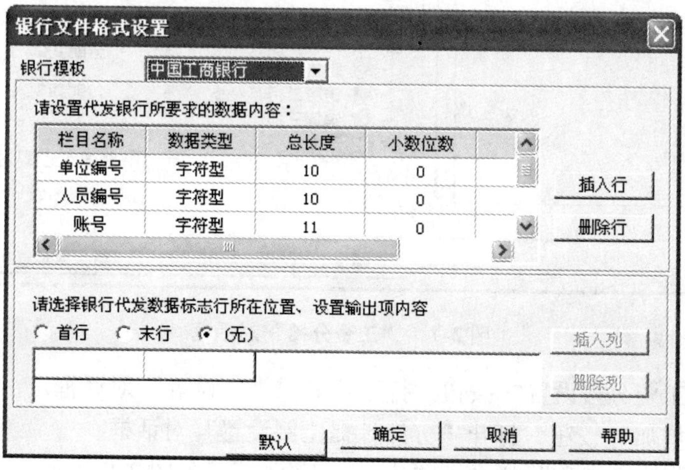

图2-5　“银行文件格式设置”对话框

（2）单击“确定”按钮，系统弹出“确认设置的银行文件格式?”信息提示框。

（3）单击“是”按钮，进入“银行代发一览表”窗口，如图2-6所示。

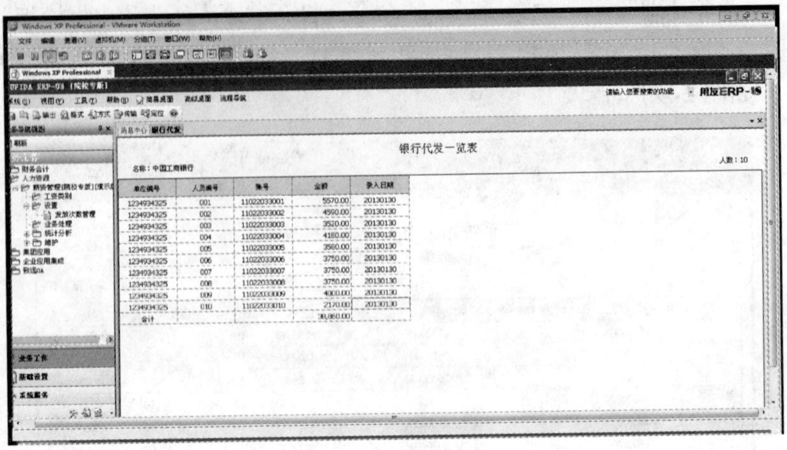

图2-6 “银行代发一览表”窗口

（4）单击“退出”按钮。

提示：

银行文件格式可以进行设置，并且可以分别以TXT、FAT及FBF文件格式输出。

5. 工资分摊设置

操作步骤：

（1）执行“业务处理”→“工资分摊”命令，打开“工资分摊”对话框，所有部门全选择，如图2-7所示。

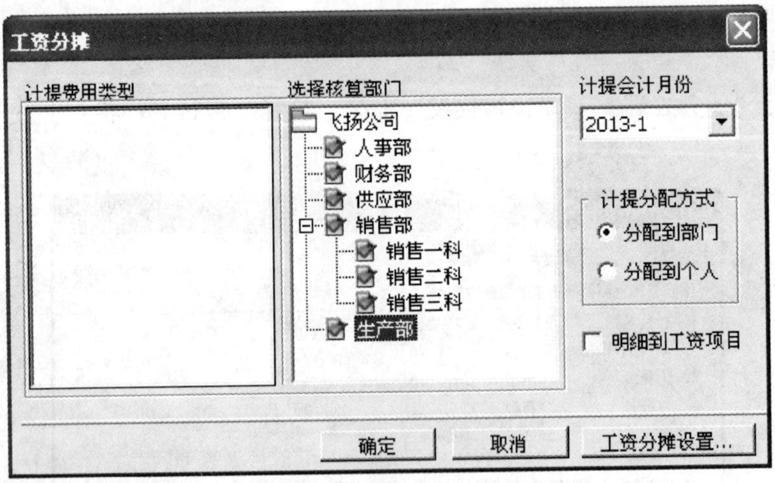

图2-7 “工资分摊”对话框

（2）单击“工资分摊设置”按钮，打开“分摊类型设置”对话框。

（3）单击“增加”按钮，打开“分摊计提比例设置”对话框。

（4）在“计提类型名称”栏录入“应付职工薪酬”，如图2-8所示。

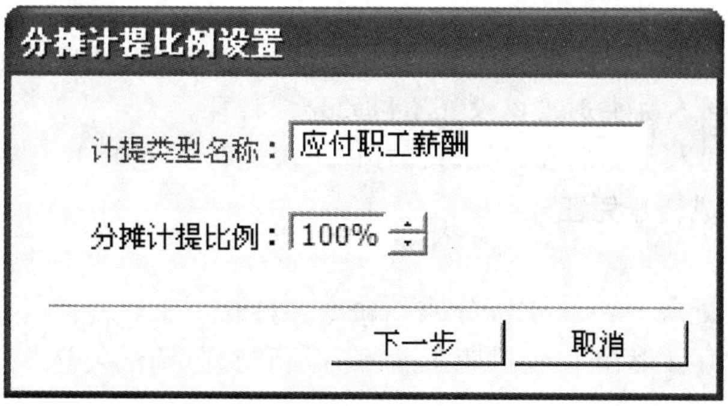

图 2-8　“分摊计提比例设置”对话框

（5）单击“下一步”按钮，打开“分摊构成设置”对话框。在“分摊构成设置”对话框中，分别选中分摊构成的各个项目内容。如图 2-9 所示。

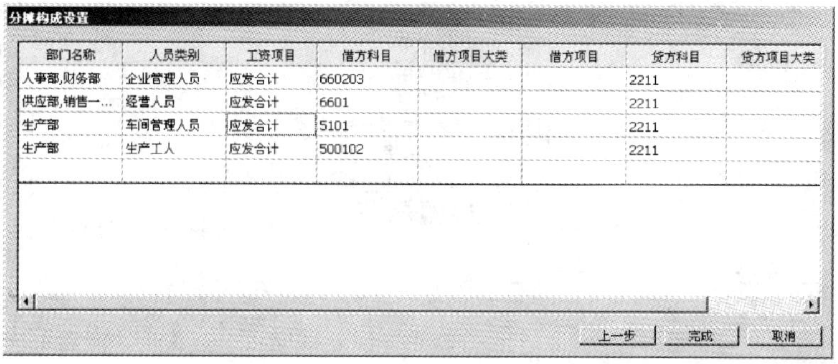

图 2-9　“分摊构成设置”对话框

（6）单击“完成”按钮，返回到“分摊类型设置”对话框。

（7）单击“增加”按钮，在“计提类型名称”栏录入“应付职工薪酬 - 福利费”，在“分摊计提比例”栏录入“10%”，如图 2-10 所示。

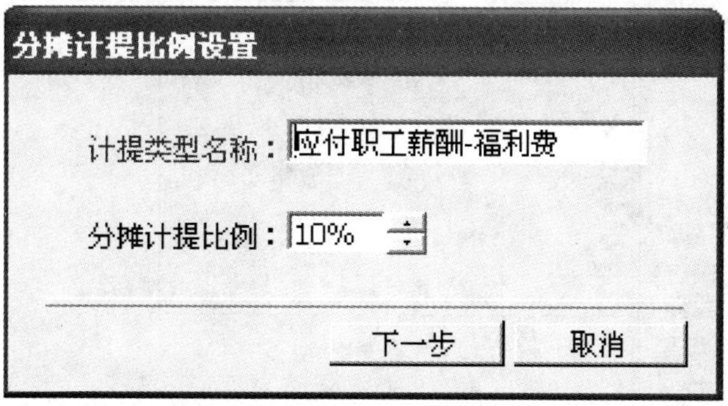

图 2-10　“分摊计提比例设置”对话框

（8）单击“下一步”按钮，打开“分摊构成设置”对话框，在“分摊构成设置”对话框中分别选择分摊构成的各个项目内容。

（9）单击“完成”按钮，返回到“分摊类型设置”对话框。

（10）单击“取消”按钮，暂时不进行分摊的操作。

提示：

①所有与工资相关的费用及基金均需建立相应的分摊类型名称及分类比例。

②不同部门、相同人员类别可以设置不同的分摊科目。

③不同部门、相同人员类别在设置时，可以一次选择多个部门。

6. 工资分摊并生成转账凭证

操作步骤：

（1）执行“业务处理”→“工资分摊”命令，打开“工资分摊”对话框。

（2）选中“应付职工薪酬和应付职工薪酬－福利费”前的复选框，并单击选中各个部门，选中“明细到工资项目”复选框，如图2-11所示。

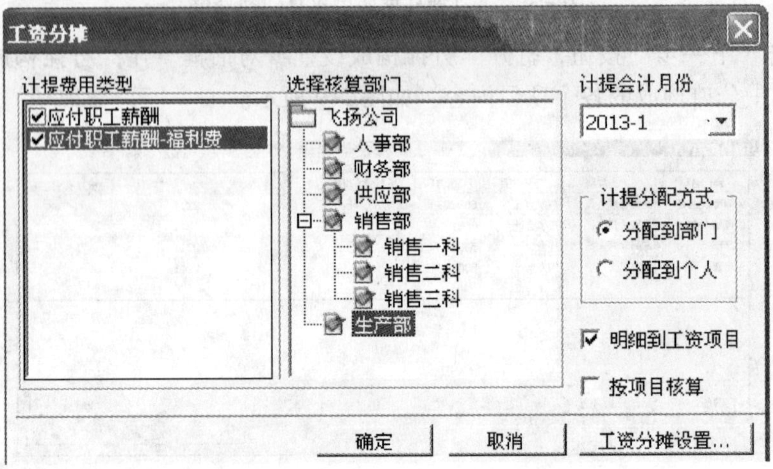

图2-11 “工资分摊”对话框

（3）单击“确定”按钮，进入“应付职工薪酬一览表”窗口，如图2-12所示。

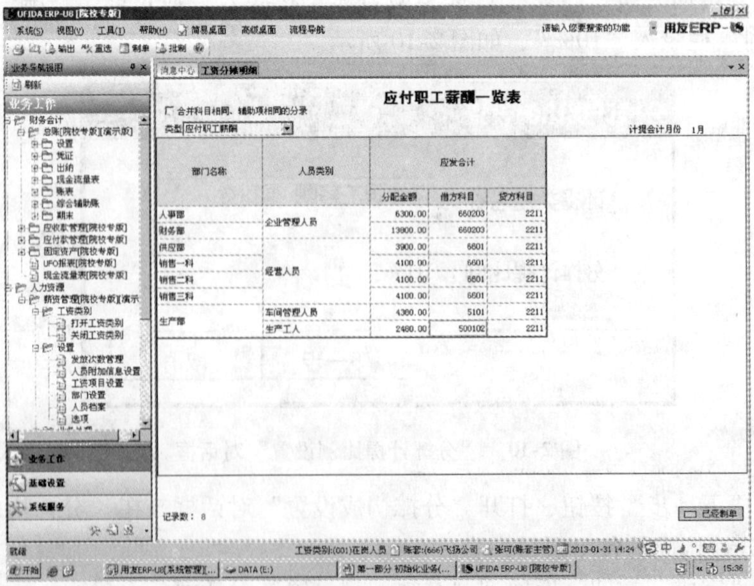

图2-12 “应付职工薪酬一览表”窗口

（4）选中“合并科目相同、辅助项相同的分录”前的复选框。

（5）单击“制单”按钮，选择凭证类别为“转账凭证”，单击“保存”按钮。结果如图2-13和图2－14所示。

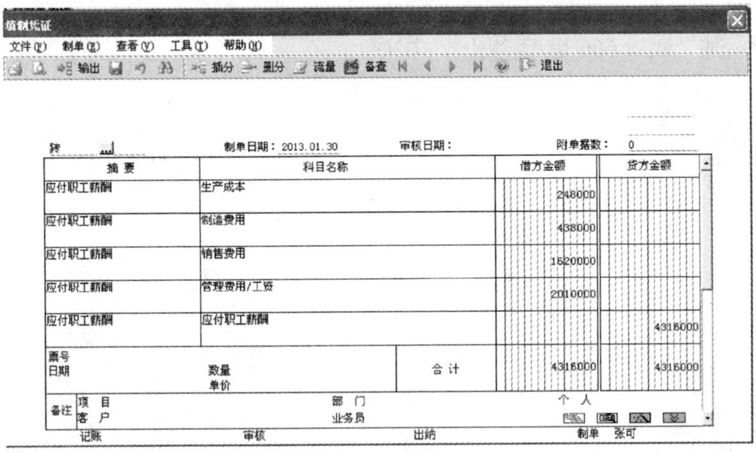

图2-13　填制凭证（1）

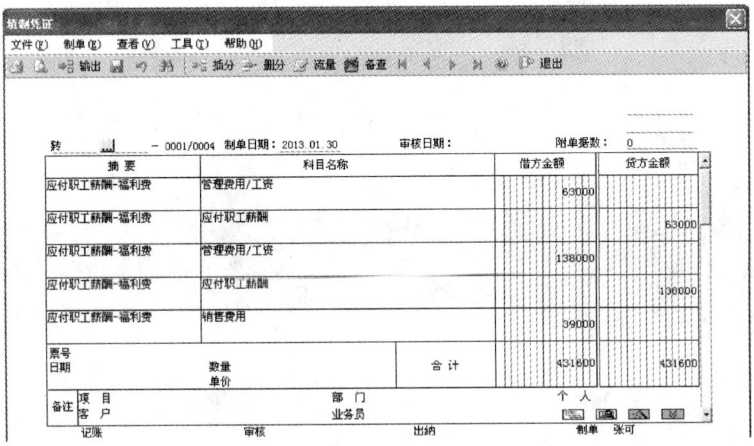

图2-14　填制凭证（2）

提示：

①工资分摊应按分摊类型依次进行。

②在进行工资分摊时，如果不选择“合并科目相同、辅助项相同的分录”，则在生成凭证时将每一条分录都对应一个贷方科目；如果单击“批制”按钮，可以一次将所有本次参与分摊的“分摊类型”所对应的凭证全部生成。

举一反三

（1）工资核算的结果以转账凭证的形式传输到总账系统，在总账系统中可以进行查询、审核、记账等操作，不能修改、删除。在薪资管理系统中，可以利用凭证查询功能对工资系统产生的转账凭证进行删除、冲销。

（2）新年度到来时，应首先建立新年度账，然后在系统管理中选择“年度账”→“结转上年数据”后，即可将工资数据经过处理后结转至本年。此项操作需要账套主管在服务器上登录系统管理执行操作。

7. 账套备份

将账套备份到“E：\ 666 账套备份”中去。

第三章

固定资产日常业务处理

一、实验准备

将系统日期修改为“2013 年 1 月 31 日”。引入“E:\ 666 账套备份”的账套备份数据，以“001 张可”身份注册进入固定资产系统。

二、实验要求

1. 修改固定资产卡片
2. 增加固定资产
3. 折旧处理
4. 生成增加固定资产的记账凭证
5. 对账与结账
6. 账表管理（将系统日期修改为“2013 年 2 月 28 日”，以“001 张可”身份注册进入“固定资产”系统）
7. 计提折旧
8. 固定资产减少
9. 固定资产变动
10. 批量制单
11. 账套备份

三、实验资料

（一）修改固定资产卡片

2013 年 1 月 31 日，将卡片编号为“00003”的固定资产（A 生产线）的使用状况由“在用”修改为“大修理停用”。

（二）新增固定资产

2013 年 1 月 31 日，直接购入一台电脑并交付销售一科使用，预计使用年限为 5 年，原值为 12 000 元，净残值为 3%，采用“年数总和法”计提折旧。

（三）减少固定资产

2013 年 2 月 20 日，将财务部使用的电脑“00005”号固定资产捐赠给希望工程。

（四）固定资产变动

2013 年 2 月 28 日，根据企业需要，将卡片号码为“00004”号的固定资产（B 生产线）的折旧方法由“平均年限法（一）”更改为“工作量法”。工作总量为 60 000 小时，累计工作量为 10 000 小时。

四、实验指导

（一）修改固定资产卡片

操作步骤：

（1）执行“卡片”→“卡片管理”命令，进入“卡片管理”窗口。如图 3-1 所示。

图 3-1 “卡片管理”窗口

（2）单击选中“00003”所在行，再单击“修改”按钮，进入“固定资产卡片［编辑卡片：00003 号卡片］”窗口。

（3）单击“使用状况”栏，再单击“使用状况”按钮，打开“使用状况参照”对话框。

（4）单击选中“1004 大修理停用”，单击“确定”按钮。

（5）单击“保存”按钮，系统提示“数据成功保存！”。

（6）单击“确定”按钮返回卡片管理窗口。

提示：

①当发现卡片有录入错误，或资产使用过程中有必要修改卡片的一些内容时，可以通过卡片修改功能实现，这种修改为无痕迹修改。

②原始卡片的原值、使用部门、工作总量、使用状况、累计折旧、净残值（率）、折旧方法、使用年限、资产类别在没有做变动单或评估单的情况下，在录入当月可以无痕迹修改；如果做过变动单，只有删除变动单才能无痕迹修改；若各项目做过一次月末结账，只能通过变动单或评估单调整，不能通过卡片修改功能改变。

③通过资产增加录入系统的卡片，如果没有制作凭证和变动单、评估单，录入当月可以无痕迹修改；如果做过变动单，只有删除变动单，才能无痕迹修改；如果已制作凭证，要修

改原值或累计折旧，必须删除凭证后，才能无痕迹修改。卡片上的其他项目，任何时候均可无痕迹修改。

④非本月录入的卡片，不能删除。

⑤卡片做过一次月末结账后不能删除。做过变动单或评估单的卡片，删除时会提示先删除相关的变动单或评估单。

（二）增加固定资产

操作步骤：

（1）执行“卡片”→“资产增加”命令，打开“固定资产类别档案”对话框。

（2）双击“022 办公设备”，进入“固定资产卡片［新增资产：00006 号卡片］”窗口。

（3）在“固定资产名称”栏录入“电脑”，选择使用部门为“销售一科”，增加方式为“直接购入”，使用状况为“在用”，选择折旧方法为“年数总和法”，在原值栏录入“12 000. 00”。如图 3-2 所示。

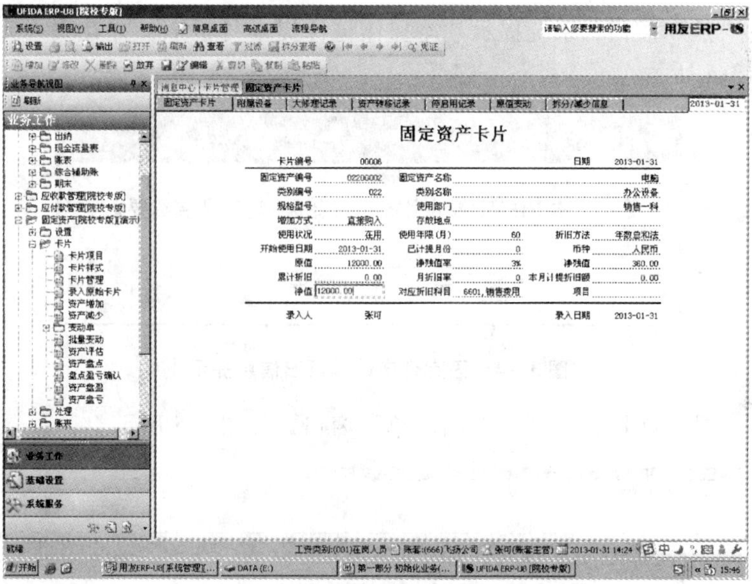

图 3-2　新增资产

（4）单击“保存”按钮，系统提示“数据成功保存!”。

（5）单击“确定”按钮，再单击“返出”按钮返出。

提示：

①新卡片录入的第一个月不提折旧，折旧额为空或为零。

②原值录入的必须是卡片录入月初的价值，否则将会出现计算错误。

③如果录入的累计折旧、累计工作量大于零，说明是旧资产，该累计折旧或累计工作量是进入本单位前的值。

④已计提月份必须严格按照该资产在其他单位已经计提或估计已计提的月份数，不包括使用期间停用等不计提折旧的月份。

⑤只有当资产开始计提折旧后才可以使用资产减少功能，否则，减少资产只有通过删除卡片来完成。

（三）计提固定资产折旧

操作步骤：

（1）执行“处理”→“计提本月折旧”命令，系统弹出“是否要查看折旧清单?”信息提示框，如图 3-3 所示。

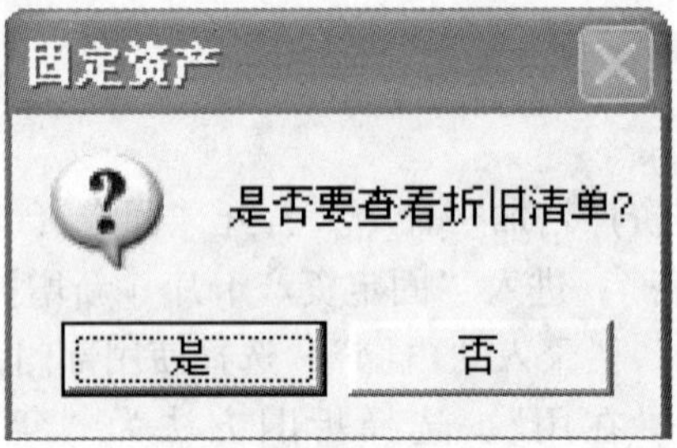

图 3－3　固定资产计提折旧信息提示 1

（2）单击“是”按钮。系统提示“本操作将计提本月折旧，并花费一定时间，是否要继续?”，如图 3-4 所示。

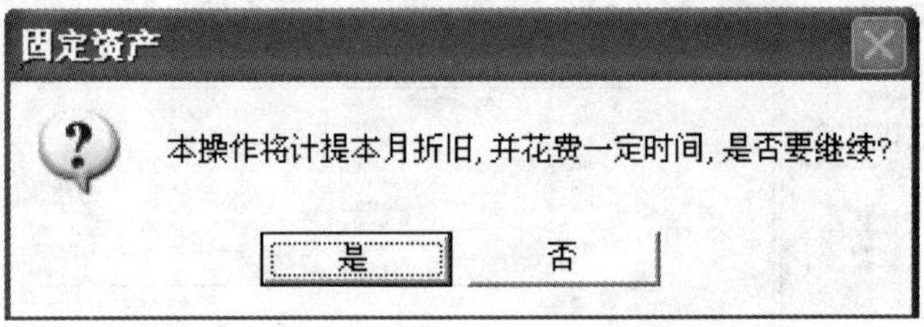

图 3－4　固定资产计提折旧信息提示 2

（3）单击“是”按钮，打开“折旧清单”窗口，如图 3-5 所示。

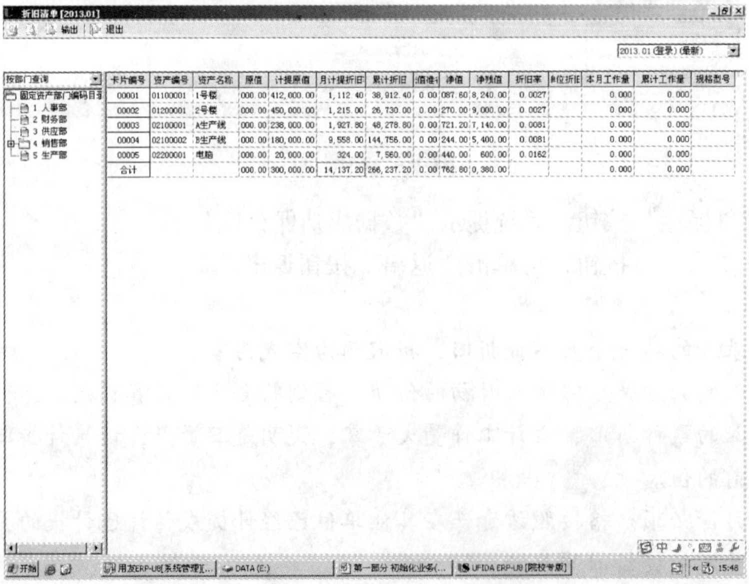

图 3－5　“折旧清单”窗口

（4）单击“退出”按钮，打开“折旧分配表”窗口，如图3-6所示。

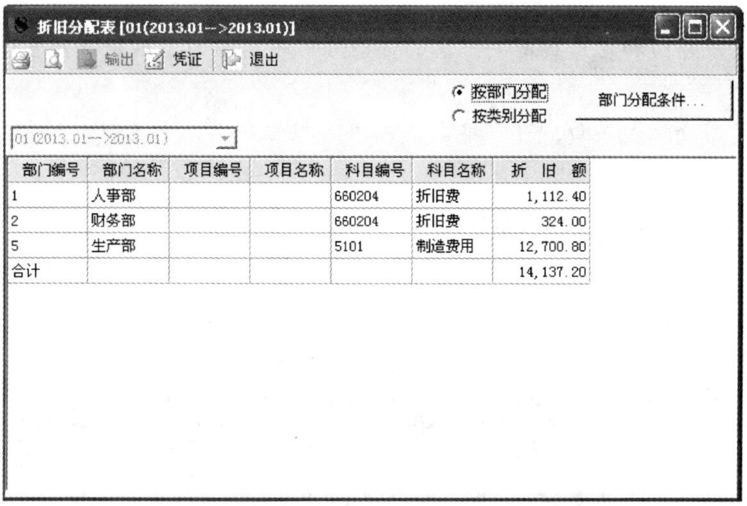

图3-6　“折旧分配表”窗口

（5）单击“凭证”按钮，生成一张记账凭证。

（6）修改凭证类别为“转账凭证”。

（7）单击“保存”按钮，凭证左上角出现“已生成”字样，表示凭证已传递到总账，如图3-7所示。

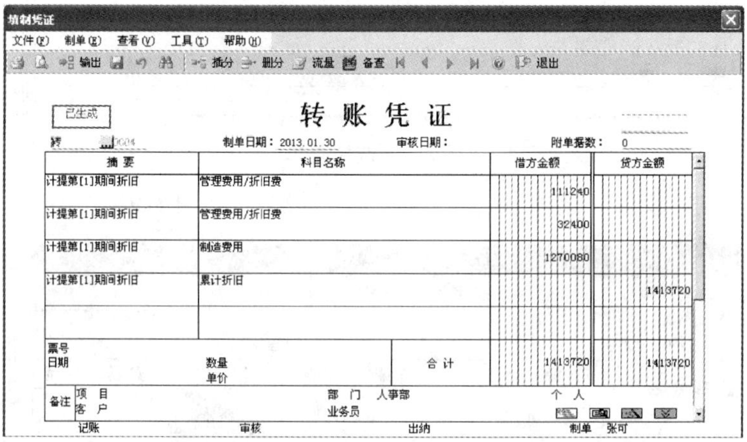

图3-7　计提折旧转账凭证生成

（8）单击“退出”按钮退出。

提示：

①计提折旧功能对各项资产每期计提一次折旧，并自动生成折旧分配表，然后制作记账凭证，将本期的折旧费用自动登账。

②对于部门转移和类别调整的资产，当月计提的折旧分配到变动后的部门和类别。

③在一个期间内可以多次计提折旧，每次计提折旧后，只是将计提的折旧累加到月初的累计折旧上，不会重复累计。

④若上次计提折旧已制单并已传递到总账系统，则必须删除该凭证才能重新计提折旧。

⑤计提折旧后又对账套进行了影响折旧计算或分配的操作，必须重新计提折旧，否则系统不允许结账。

⑥资产的使用部门和资产折旧要汇总的部门可能不同，为了加强资产管理，使用部门必须是明细部门。

⑦在折旧费用分配表界面，可以单击“制单”按钮制单，也可以以后利用“批量制单”功能进行制单。

（四）生成增加固定资产的记账凭证

操作步骤：

（1）执行“处理”→“批量制单”命令，打开“批量制单—制单选择”对话框。

（2）单击“全选”按钮，或双击“选择”栏，选中要制单的业务。如图 3-8 所示。

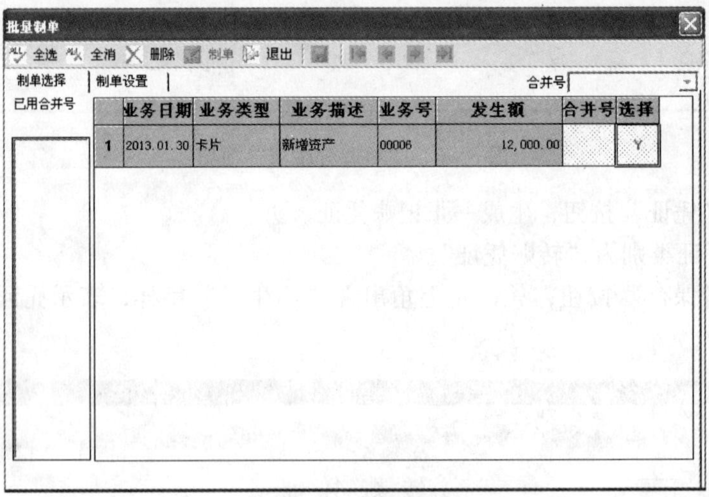

图 3-8　选择制单

（3）单击“制单设置”选项卡，查看制单科目设置，如图 3-9 所示。

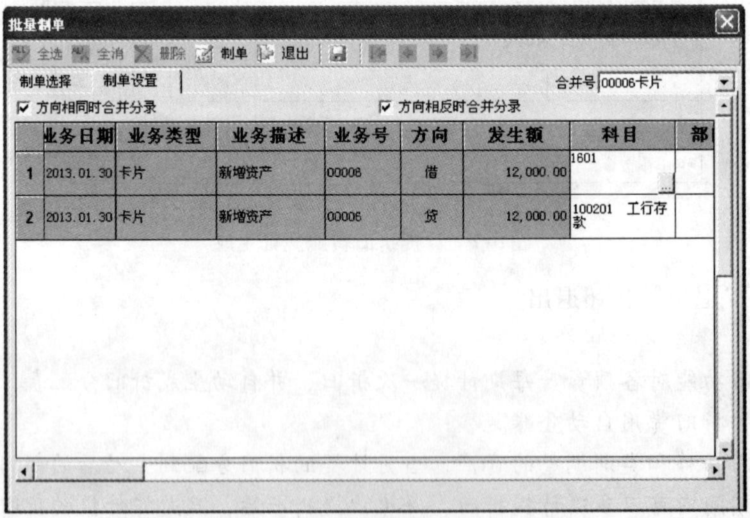

图 3-9　查看制单设置

（4）单击“制单”按钮，修改凭证类别为“付款凭证”，分别在第一行和第二行摘要栏录入“购入电脑”。

（5）单击“保存”按钮，如图 3-10 所示。

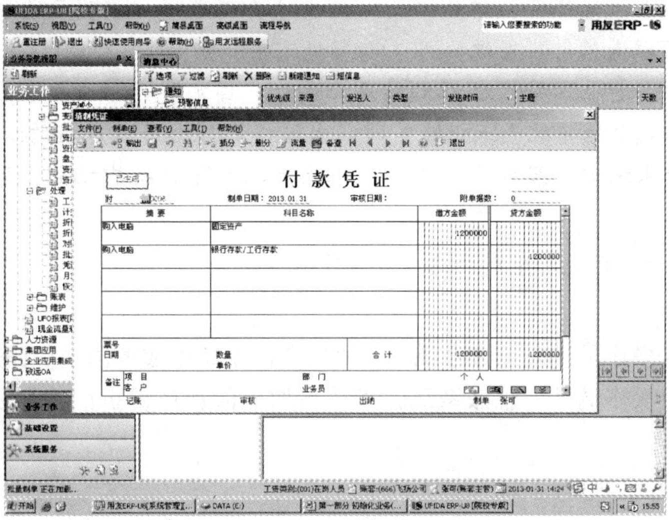

图 3-10　购入固定资产凭证生成

（6）单击“退出”按钮退出。

提示：

①批量制单功能可以同时将一批需要制单的业务，连续制作凭证传递到总账系统。凡是业务发生时没有制单的，该业务自动排列到批量制单表中，表中列示应制单而没有制单的业务发生日期、类型、原始单据编号，默认的借贷方科目和金额以及制单选择标志。

②如果在选项中选择“业务发生时立即制单”，则根据业务情况自动输入摘要；如果使用批量制单方式，则摘要为空，需要手工输入。

③修改凭证时，能修改的内容仅限于摘要、用户自行增加的凭证分录、系统默认的分录的折旧科目，而系统默认的分录的金额与原始单据相关的不能修改。

（五）对账

操作步骤：

（1）执行“处理”→“对账”命令，打开“与账务对账结果”对话框，如图 3-11 所示。

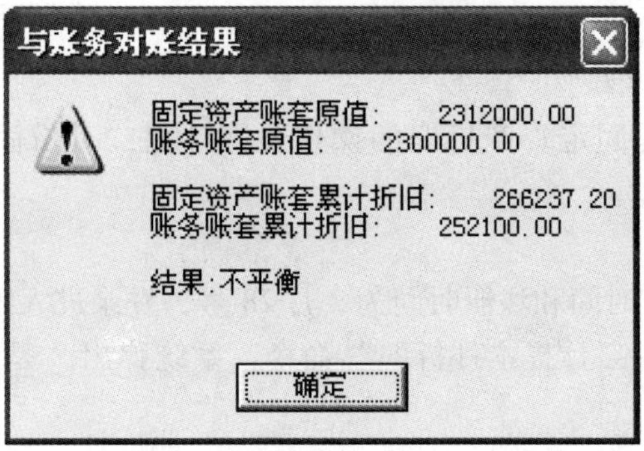

图 3-11　“与账务对账结果”对话框

（2）单击“确定”按钮。

提示：

①只有在设置账套参数时选择了“与账务系统进行对账”，本功能才能操作。

②如果对账不平，需要根据初始化是否选中“在对账不平情况下允许固定资产月末结账”来判断是否可以进行结账处理。

③本期增加一台电脑，原值为12 000元，已经在固定资产系统填制了记账凭证并传递到了总账系统，但是总账系统尚未记账，所以出现相差12 000元原值的结果。

④在固定资产系统中已经计提了折旧，但尚未在总账系统中记账，因此出现了折旧的差额。

（六）将固定资产系统所生成的记账凭证审核并记账

操作步骤：

（1）由003号操作员进入总账系统，对固定资产系统生成的出纳凭证进行出纳签字。

（2）由002号操作员进入总账系统，审核增加原值和计提折旧的记账凭证，并进行记账处理。

（七）重新进行对账

操作步骤：

（1）由001号操作员在固定资产系统中，执行“处理”→“对账”命令，出现“与账务对账结果”对话框，如图3-12所示。

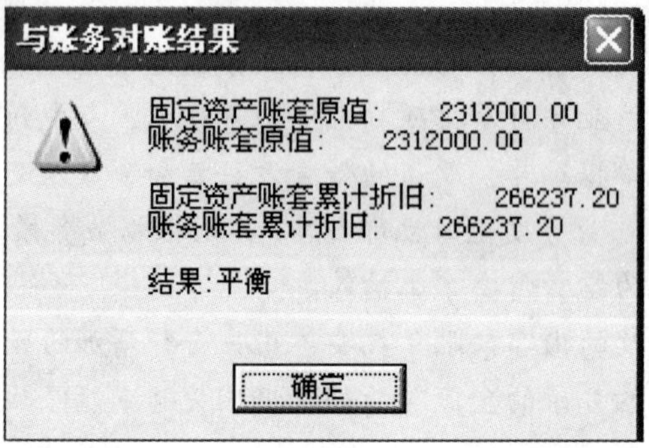

图3-12　“与账务对账结果”对话框

（2）单击“确定”按钮。

（3）固定资产月末结账。

（八）计提次月固定资产折旧

参照业务（三）计提固定资产折旧的操作步骤计提二月份固定资产折旧并生成相关凭证。

具体操作步骤如下：

（1）由001先改系统时间和注册时间为2月28号，登录进入固定资产系统。

（2）执行“处理”→“计提本月折旧”命令，系统弹出“是否要查看折旧清单?”信息提示框，如图3-13所示。

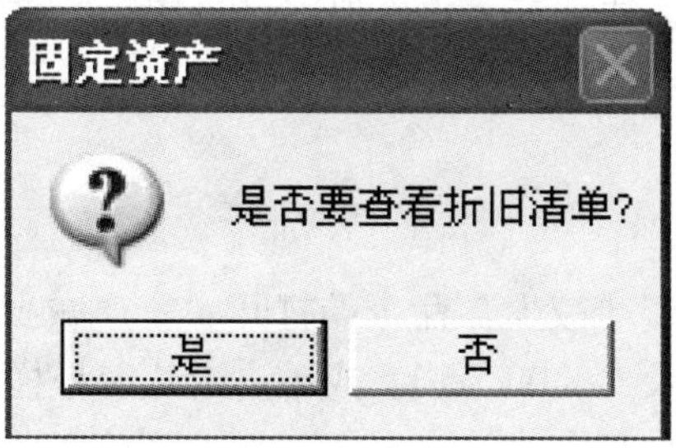

图 3-13　固定资产计提折旧信息提示 1

（3）单击“是”按钮。系统提示“本操作将计提本月折旧，并花费一定时间，是否要继续?”，如图 3-14 所示。

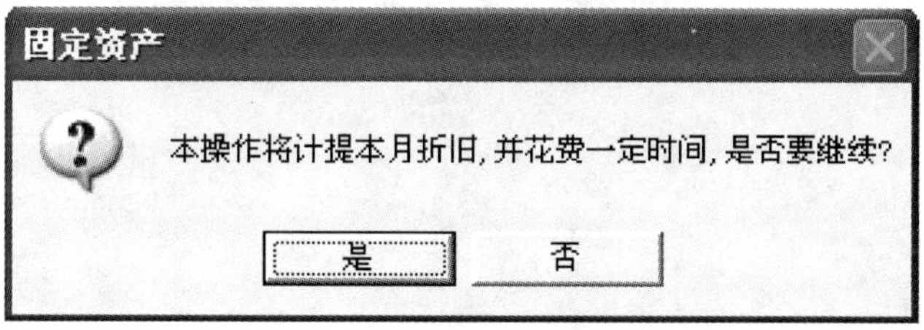

图 3-14　固定资产计提折旧信息提示 2

（4）单击“是”按钮，打开“折旧清单”窗口。
（5）单击“返出”按钮，打开“折旧分配表”窗口，
（6）单击“凭证”按钮，生成一张记账凭证。
（7）修改凭证类别为“转账凭证”。如图 3-15 所示。

图 3-15　记账凭证

（8）单击“保存”按钮，凭证左上角出现“已生成”字样，表示凭证已传递到总账。

（9）单击“退出”按钮退出。

（九）减少固定资产

操作步骤：

（1）执行“卡片”→“资产减少”命令，打开“资产减少”对话框。

（2）在“卡片编号”栏录入“00005”，或单击卡片编号栏对照按钮，选择“00005”。

（3）单击“增加”按钮，双击“减少方式”栏，再单击“减少方式”栏参照按钮，选择“204 捐赠转出”。

（4）单击“确定”按钮，结果如图 3-16 所示。

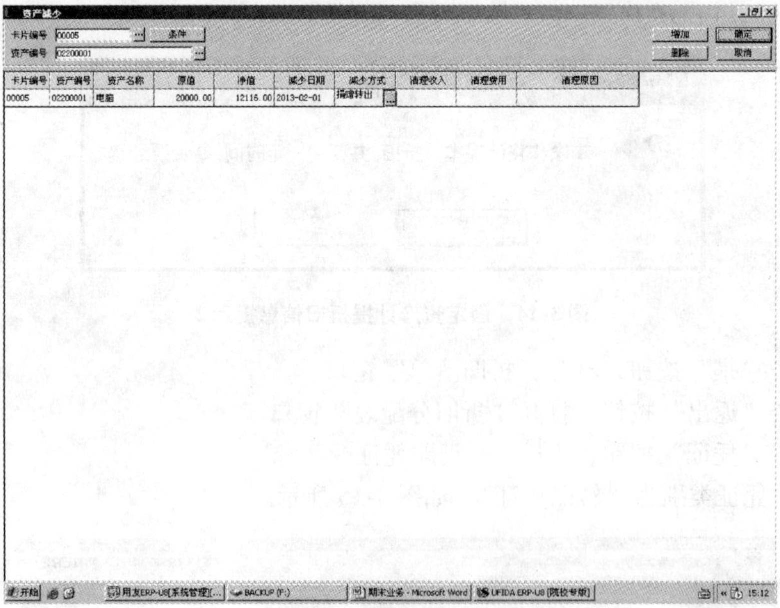

图 3-16　资产减少表

（5）单击“增加”按钮，再单击“确定”按钮，系统提示“所选卡片已经减少成功”。

（6）单击“确定”按钮。

（十）固定资产变动

操作步骤：

（1）执行“卡片”→“变动单”→“折旧方法调整”命令，打开“固定资产变动单［新建变动单：00001 号变动单］”对话框。

（2）在“卡片编号”栏录入“00004”，或单击“卡片编号”栏，选择“00004”。

（3）单击“变动后折旧方法”栏，再单击“变动后折旧方法”按钮，选择“工作量法”。

（4）单击“确定”按钮，打开“工作量输入”对话框，如图 3-17 所示。

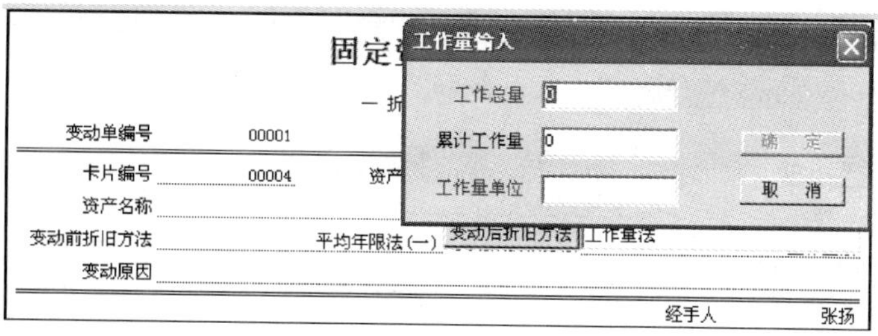

图 3-17 折旧方法变动

（5）在“工作量输入”对话框中，在“工作总量”栏输入“60 000”，在“累计工作量”栏录入“10 000”，在“工作量单位”栏录入“小时”，单击“确定”按钮。

（6）在“变动原因”栏录入“工作需要”。

（7）单击“保存”按钮，系统提示“数据成功保存！”，单击“确定”按钮。

（十一）批量制单

操作步骤：

（1）执行“处理”→“批量制单”命令，打开“批量制单—制单选择”窗口。

（2）单击“全选”按钮，或双击制单栏，选中要制单的业务，如图 3-18 所示。

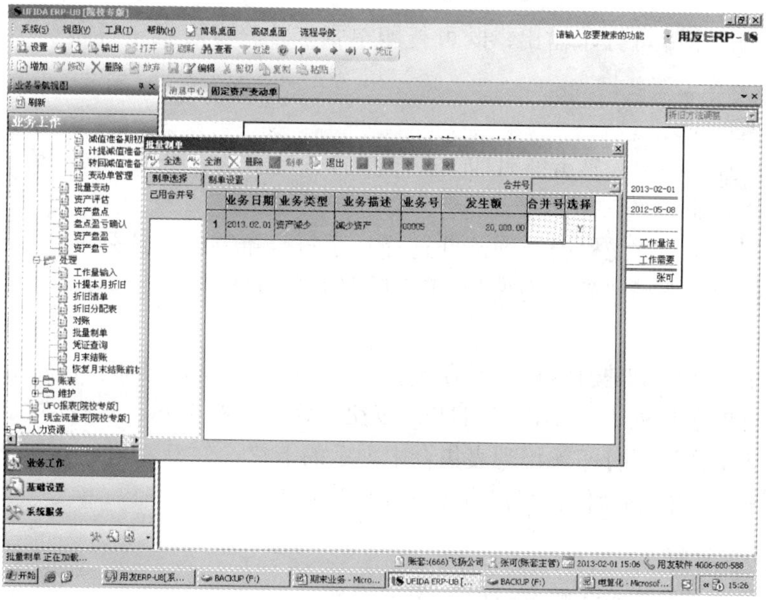

图 3-18 “批量制单—制单选择”窗口

（3）单击“制单设置”选项卡，单击“制单”按钮，生成一张记账凭证。

（4）修改凭证类别为“转账凭证”，分别在第一行、第二行和第三行摘要栏录入“将电脑捐赠给希望工程”。

（5）单击“保存”按钮，如图 3-19 所示。

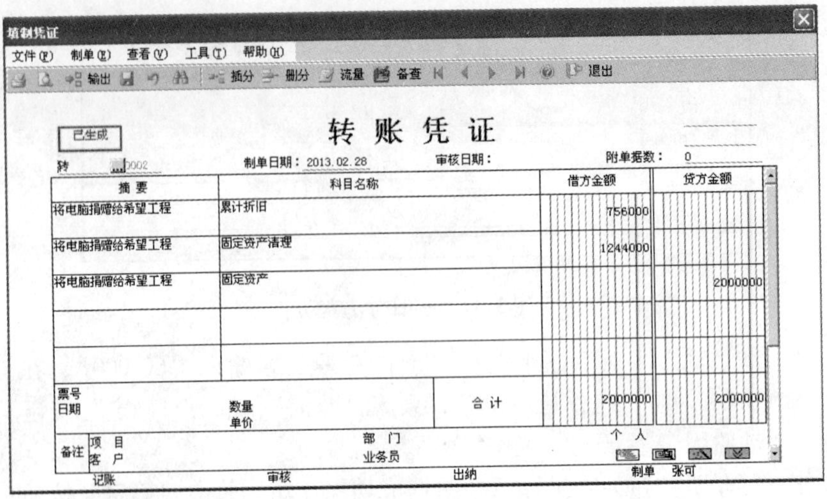

图 3-19 捐赠固定资产转账凭证生成

（6）单击“退出”按钮退出。

举一反三

（1）固定资产卡片可打印输出，既可打印单张卡片，也可批量打印卡片，还可以打印卡片列表。

①打印单张卡片。

在单张卡片查看界面，单击“打印”按钮可直接打印该卡片主卡及附属表。

②打印卡片列表。

在卡片管理界面，首先根据查询条件选择显示符合条件的卡片列表，单击“打印”按钮，弹出系统提示，选择“打印列表”，确定后即可打印资产列表。

③批量打印卡片。

批量打印卡片实际上是前两种打印方式的综合。在卡片管理界面，首先根据查询条件选择显示符合条件的卡片列表，单击“打印”按钮，弹出系统提示，选择“批量打印卡片”，确定后即以单张卡片形式打印输出列表集合中列示的卡片。

（2）如果输入原值和净值，可以自动计算累计折旧。

（十二）账套备份

将账套备份到“E:\666 账套备份”中去。

第四章

应收款管理系统日常业务处理

第一节　单据处理的实验

一、实验准备

引入“E：\ 666 账套备份”的账套备份数据；将系统日期修改为“2013 年 1 月 31 日”。注册进入应付款管理系统。

二、实验要求

1. 录入应收单据、收款单据
2. 修改应收单据、收款单据
3. 删除应收单据
4. 核销收款单据
5. 审核本月录入的应收单据、收款单据
6. 对应收单据、收款单据进行账务处理
7. 账套备份

三、实验资料

（1）2013 年 1 月 13 日，销售一科刘夏向北京立新公司销售甲产品 2 台，无税价格为 25 000元，增值税为 17%（销售专用发票号码为 2345670）。

（2）2013 年 1 月 14 日，销售一科刘夏向北京东光公司销售甲产品 1 台，无税价格为 25 800元，增值税为 17%（销售专用发票号码为 2345671）。

（3）2013 年 1 月 17 日，销售二科韩红向辉煌销售乙产品 2 台，无税价格为 10 000 元，增值税为 17%（销售专用发票号码为 2345672）。以现金代垫运费 500 元。

（4）2013 年 1 月 21 日，销售二科韩红向北京立新公司销售乙产品 4 台，无税价格为 10 000元，增值税为 17%（销售专用发票号码为 2345673）。以现金代垫运费 800 元。

（5）2013 年 1 月 23 日，发现辉煌公司销售专用发票号为“2345672”中的无税价格为

10 100 元。

(6) 2013 年 1 月 24 日，发现北京立新公司销售专用发票号为“2345670”的发票填制错误，应删除。

(7) 2013 年 1 月 26 日，收到辉煌公司以银行汇票方式支付购买乙产品 2 台，货款及代垫运费款 24 134 元。

(8) 2013 年 1 月 27 日，收到北京立新公司以转账支票的方式支付购买乙产品 4 台，货款及代垫运费款 47 600 元。

(9) 2013 年 1 月 28 日，发现收到辉煌公司购买乙产品 2 台的货款及代垫运费款 24 134 元应为 24 500 元。

(10) 2013 年 1 月 29 日，发现收到北京立新公司购买乙产品 4 台的货款及代垫运费款 47 600 元有错误，需删除该收款单。

(11) 销售类型包括直接销售、委托销售两种；出库类别包括销售出库、损耗出库和其他出库三种。

四、实验指导

(一) 填制第 1 笔业务的销售专用发票

操作步骤：

(1) 在应收款管理系统中，执行“应收单据处理”→“应收单据录入”命令，打开“单据类别”窗口。

(2) 确认“单据名称”栏为“销售发票”，“单据类型”栏为“销售专用发票”后，单击“确定”按钮，打开“销售发票”窗口。

(3) 修改开票日期为“2013－01－13”，录入发票号“2345670”，在“客户简称”栏录入“02”，或单击“客户简称”栏的参照按钮，选择“立新公司”，在“存货编码”栏录入“003”，或单击“存货名称”栏的参照按钮，选择“甲产品”，在“数量”栏录入“2.00”，在“无税单价”栏录入“25 000.00”，如图 4-1 所示。

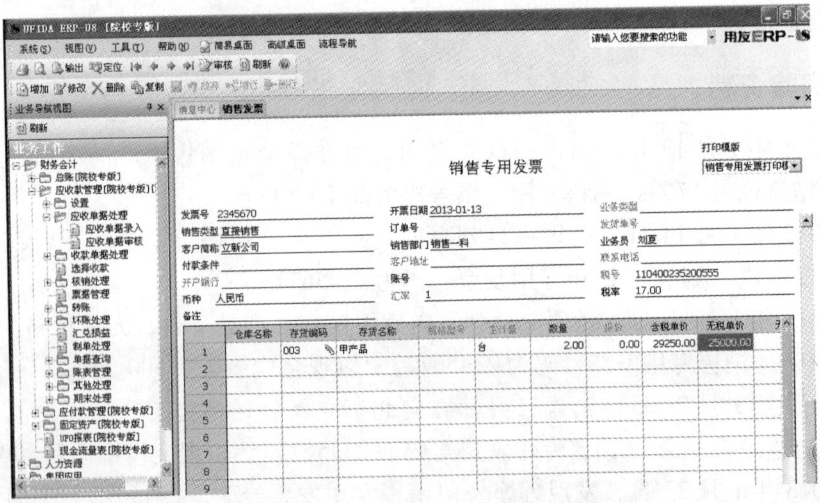

图 4-1　录入销售专用发票

（4）单击“保存”按钮，再单击“增加”按钮，继续录入第2笔和第3笔业务的销售专用发票。

提示：

①已审核的单据不能修改或删除，已生成凭证或进行核销的单据在单据界面不再显示。

②在录入销售发票后，可以直接进行审核，在直接审核后，系统会提示“是否立即制单”，此时可以直接制单。如果录入销售发票后不直接审核，可以在审核功能中审核，再到制单功能中制单。

③已审核的单据，在未进行其他处理之前，取消审核后再修改。

（二）填制第3笔业务的应收单

操作步骤：

（1）在应收款管理系统中，执行“应收单据处理”→“应收单据录入”命令。打开“单据类别”窗口。单击“单据名称”栏的下三角按钮，选择“应收单”。单击“确定”按钮，打开“应收单”窗口。

（2）修改单据日期为“2013－01－17”，在“客户”栏录入“04”，或单击“客户”栏的参照按钮，选择“辉煌公司”，在“金额”栏录入“500.00”，在“摘要”栏录入“代垫运费”，在下半部分的“科目”栏录入“1001”，或单击“科目”栏的参照按钮，选择“1001 库存现金”，如图4-2所示。

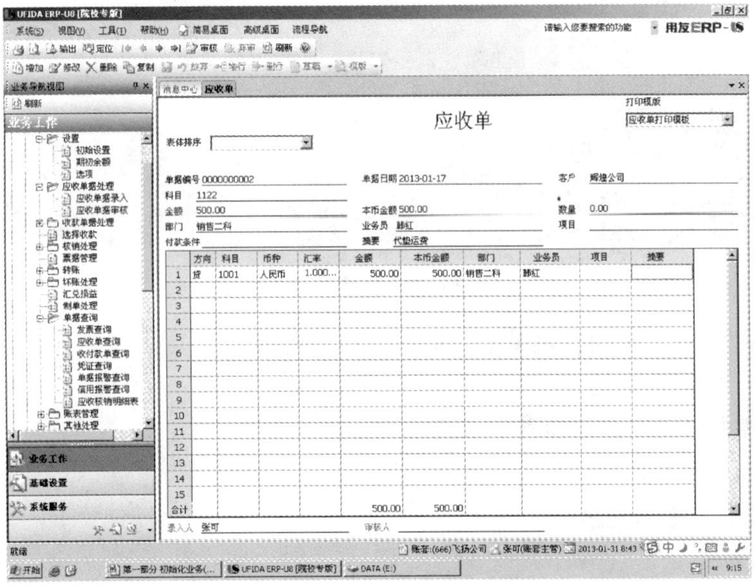

图4-2　填写应收单

（3）单击“保存”按钮，再单击“退出”按钮，继续录入第4笔业务的销售专用发票及其他应收单。

提示：

①在填制应收单时，只需录入上半部分的内容，下半部分的内容除对方科目外，均由系统自动生成。下半部分的对方科目如果不录入，可以在生成凭证后再手工录入。

②应收单和销售发票一样，可以在保存后直接进行审核，也可以在“应收单据审核”

功能中审核。如果直接审核后，系统提示“是否立即制单”，此时可以直接制单。如果录入应收单后不直接审核，在审核功能中审核后，只能到制单功能中制单。

（三）修改销售专用发票

操作步骤：

（1）在应收款管理系统中，执行“应收单据处理”→“应收单据录入”命令，打开“单据类别”窗口。

（2）单击“确定”按钮，打开“销售专用发票”窗口。

（3）单击“放弃”按钮，再单击“上张”按钮，找到“2345672”号销售专用发票。

（4）单击“修改”按钮，将无税单价修改为“10 100. 00”。如图 4-3 所示。

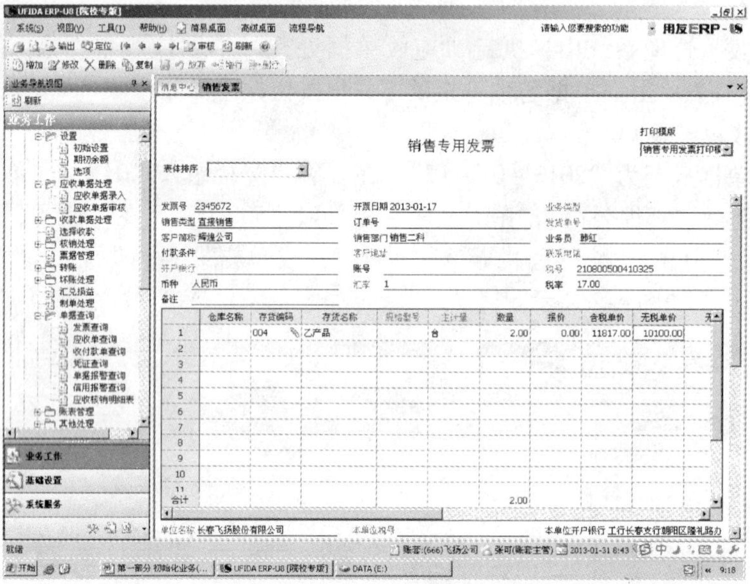

图 4-3　修改销售专用发票

（5）单击“保存”按钮，再单击“退出”按钮退出。

提示：

①销售发票被修改后必须保存。

②保存的销售发票在审核后才能制单。

（四）删除销售专用发票

操作步骤：

（1）在应收款管理系统中，执行“应收单据处理”→“应收单据录入”命令，打开“单据类别”窗口。

（2）单击“确定”按钮，打开“销售专用发票”窗口。

（3）单击“放弃”按钮，再单击“上张”按钮，找到“2345670”号销售专用发票。

（4）单击“删除”按钮，系统提示“单据删除后不能恢复，是否继续?”，如图 4-4 所示。

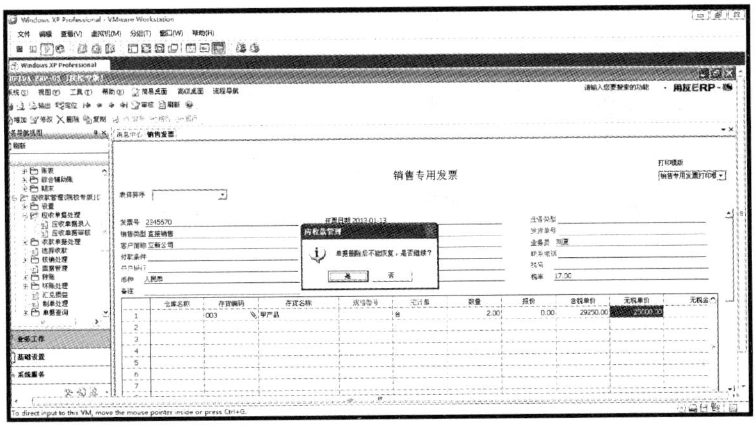

图 4-4　单据删除提示信息

（5）单击“是”按钮，再单击“退出”按钮退出。

（五）审核应收单据

操作步骤：

（1）在应收款管理系统中，执行“应收单据处理”→“应收单据审核”命令，打开“应收单据过滤条件”窗口。

（2）单击“确定”按钮，打开“应收单据列表”窗口。

（3）在“应收单据列表”窗口中，单击“全选”按钮，如图 4-5 所示。

图 4-5　“应收单据列表”窗口

（4）单击“审核”按钮，系统提示“本次审核成功单据 5 张”。

（5）单击“确认”按钮，再单击“退出”按钮退出。

（六）制单

操作步骤：

（1）在应收款管理系统中，执行“制单处理”命令，打开“制单查询”窗口。

（2）在“制单查询”窗口中，单击“应收单制单”，如图4-6所示。

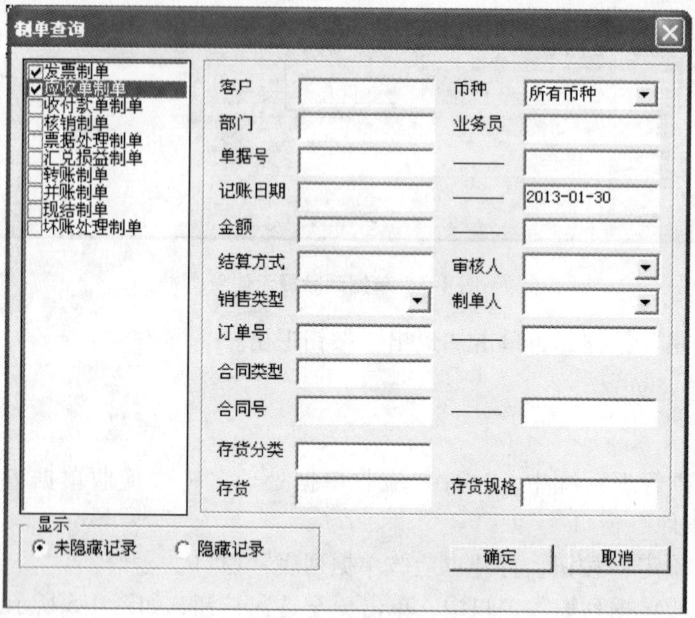

图4-6 “制单查询”窗口

（3）单击“确定”按钮，进入“应收单制单”窗口。

（4）单击“全选”按钮，单击“凭证类别”栏的下三角按钮，选择“转账凭证”，如图4-7所示。

图4-7 “应收制单”窗口

（5）单击“制单”按钮，生成第 1 张转账凭证。

（6）单击“保存”按钮，如图 4-8 所示。

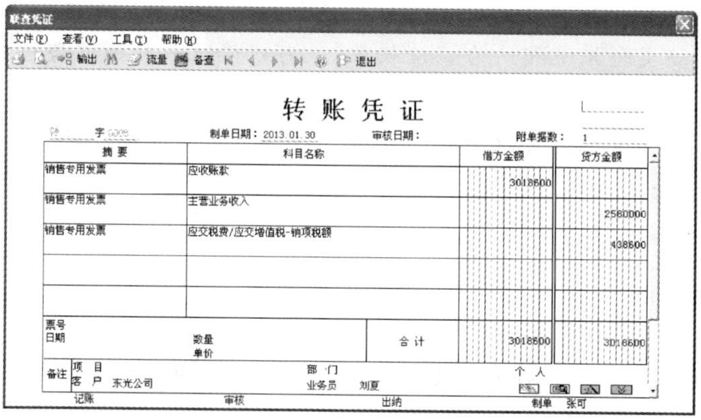

图 4-8　应收转账凭证生成

（7）单击“下张”按钮，再单击“保存”按钮。

提示：

①在“制单查询”窗口中，系统已默认制单内容为“发票制单”，如果需要选中其他内容制单，可以选中要制单内容前的复选框。

②如果所选择的凭证类型错误，可以在生成凭证后再修改。

③凭证一经保存就传递到总账系统中进行审核和记账等。

（七）填制收款单

操作步骤：

（1）在应收款管理系统中，执行“收款单据处理”→“收款单据录入”命令，打开“收款单”窗口。

（2）单击“增加”按钮。修改单据日期为“2013－01－26”，在“客户”栏录入“04”，或单击“客户”栏的参照按钮，选择“辉煌公司”，在“结算方式”栏录入“6”，或单击“结算方式”栏的下三角按钮，选择“银行汇票”，在“金额”栏录入“24 134.00”，在“摘要”栏录入“收到货款及运费”，如图 4-9 所示。

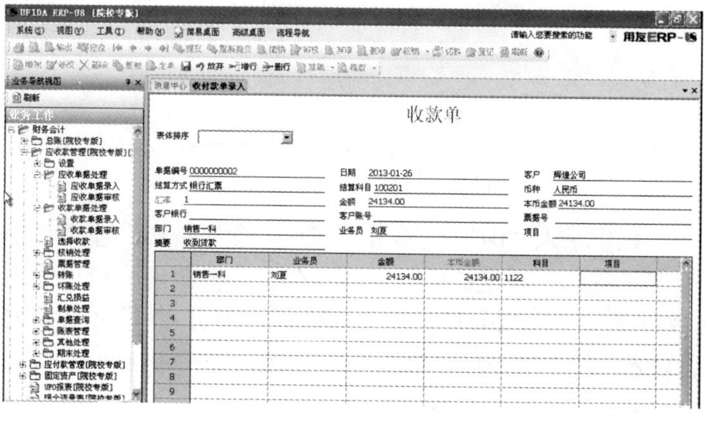

图 4-9　填制收款单

（3）单击“保存”按钮。再单击“增加”，继续录入第2张收款单。

提示：

①在单击收款单的“保存”按钮后，系统会自动生成收款单表体的内容。

②表体中的款项类型系统默认为“应收款”，可以修改。款项类型还包括“预收款”和“其他费用”。

③如果是退款给客户，则可以单击“切换”按钮，填制红字收款单。

（八）修改收款单

操作步骤：

（1）在应收款管理系统中，执行“收款单据处理”→“收款单据录入”，进入“收款单”窗口。

（2）单击“下张”按钮，找到要修改的“收款单”，在要修改的“收款单”中，单击“修改”按钮，将金额修改为“24 500.00”。

（3）单击“保存”按钮，再单击“退出”按钮退出。

（九）删除收款单

操作步骤：

（1）在应收款管理系统中，执行“收款单据处理”→“收款单据录入”，进入“收款单”窗口。

（2）单击“下张”按钮，找到要删除的“收款单”。

（3）单击“删除”按钮，系统提示“单据删除后不能恢复，是否继续?”。

（4）单击“是”按钮。

（十）审核收款单

操作步骤：

（1）在应收款管理系统中，执行“收款单据处理”→“收款单据审核”命令，打开“结算单过滤条件”窗口。

（2）单击“确定”按钮，打开“结算单列表”窗口。

（3）在“结算单列表”窗口中，单击“全选”按钮。

（4）单击“审核”按钮，系统提示“本次审核成功单据1张”。

（5）单击“确定”按钮，再单击“退出”按钮退出。

（十一）核销收款单

操作步骤：

（1）在应收款管理系统中，单击“核销处理”→“手工核销”，打开“核销条件”对话框。

（2）在“客户”栏中录入“04”或单击“客户”参照按钮，选择“辉煌公司”。

（3）单击“确定”进入“单据核销”窗口，在“单据核销”窗口中，将上半部分的本次结算金额栏的数据修改为“24 134.00”。在下半部分的本次结算栏的第2行录入“500.00”，第3行录入“23 634.00”，如图4-10所示。

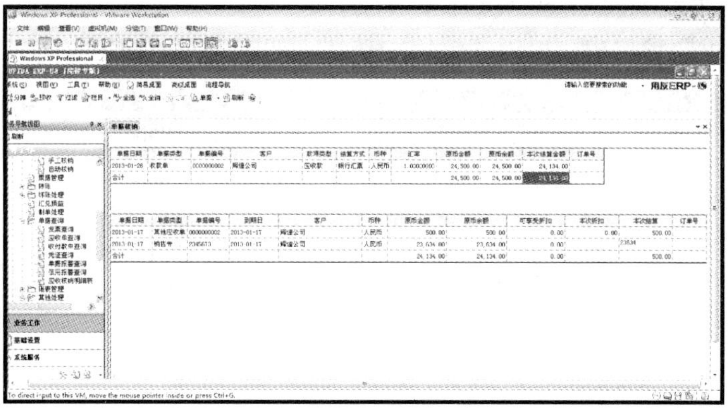

图 4-10　应收款管理—单据核销

（4）单击“保存”按钮，再单击“退出”按钮退出。

提示：

①在保存核销内容后，单据核销窗口中将不再显示已被核销的内容。

②核销时，在结算列表中，款项类型为应收款的记录默认本次结算金额为该记录上的原币金额；款项类型为预收款的记录默认的本次结算金额为空。核销时，可以修改本次结算金额，但是不能大于该记录的原币金额。

③手工核销时，一次只能显示一个客户的单据记录，且结算单列表根据表体记录明细显示。一次只能对一种结算单类型进行核销，即手工核销的情况下需要将收款单和付款单分开核销。

④如果核销后未进行其他处理，可以在期末处理中的“取消操作”功能中取消核销操作。

（十二）制单

操作步骤：

（1）在应收款管理系统中，执行“制单处理”命令，进入“制单查询”窗口。

（2）在“制单查询”窗口中，选中“收付款单制单”，如图 4-11 所示。

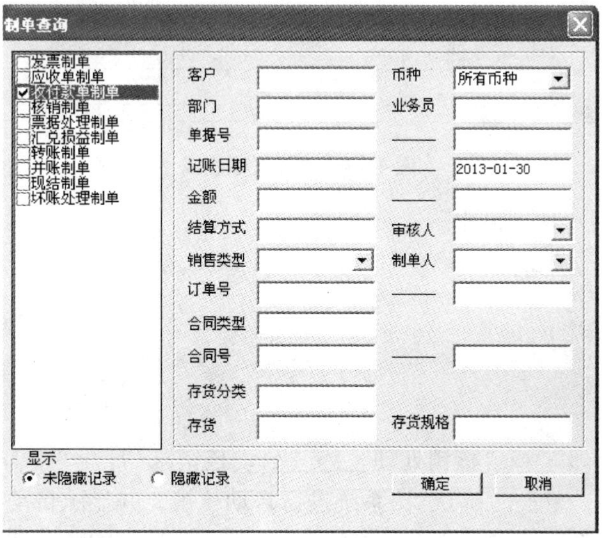

图 4-11　“制单查询”窗口

（3）单击“确定”按钮，进入“制单”窗口。

（4）在“制单”窗口中，单击“全选”按钮，如图 4-12 所示。

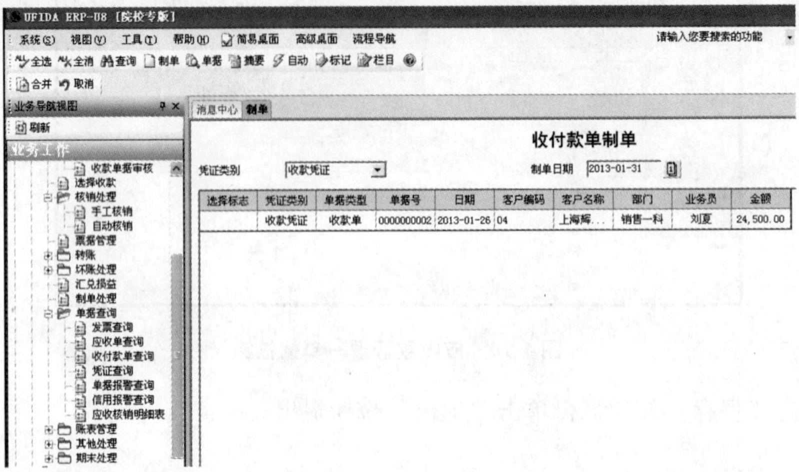

图 4-12　“制单”窗口

（5）单击“制单”按钮，生成记账凭证。

（6）单击“保存”按钮，结果如图 4-13 所示。

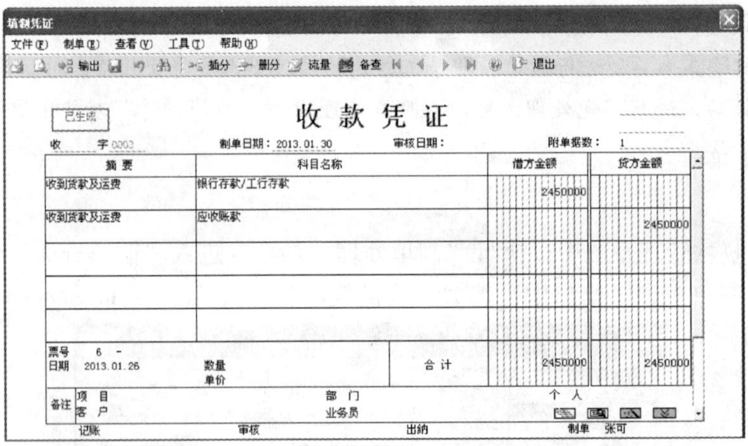

图 4-13　收款凭证生成

（7）单击“退出”按钮退出。

举一反三

（1）自动核销。

操作步骤：

①单击“日常处理”→“核销处理”→“自动核销”，打开“核销条件”对话框。

②输入过滤条件，单击“确认”，系统进行自动核销，并显示自动核销进度条。

③核销完成后，系统提交“自动核销报告”，显示已核销的情况和未核销的原因。

（2）自动批审不包括对现结发票的审核。对现结发票的审核只能通过手工审核。

（十三）账套备份

将账套备份到“E：\ 666 账套备份”的账套备份数据文件夹中。

第二节　票据管理的实验

一、实验准备

引入“E：\ 666 账套备份”的账套备份数据。将系统日期修改为“2013 年 1 月 31 日”，注册进入应付款管理系统。

二、实验要求

1. 增加结算方式
2. 填制商业承兑汇票，暂不制单
3. 商业承兑汇票贴现并制单
4. 结算商业承兑汇票并制单
5. 制单
6. 账套备份

三、实验资料

（1）新增结算方式“商业承兑汇票”和“银行承兑汇票”。

（2）2013 年 1 月 5 日，收到北京立新公司签发并承兑的商业承兑汇票一张（NO. 456310），面值为 58 500 元，到期日为 2013 年 3 月 5 日。

（3）2013 年 1 月 7 日，收到宏大公司签发并承兑的商业承兑汇票一张（NO. 590134），面值为 70 200 元，到期日为 2013 年 1 月 27 日。

（4）2013 年 1 月 27 日，将 2013 年 1 月 5 日收到的北京立新公司签发并承兑的商业承兑汇票（NO. 456310）到银行贴现，贴现率为 6%。

（5）2013 年 1 月 27 日，将 2013 年 1 月 7 日收到的宏大公司签发并承兑的商业承兑汇票（N0. 590134）结算。

四、实验指导

（一）增加结算方式

操作步骤：

（1）在企业应用平台中，打开“设置”选项卡”，执行“基础档案”→“收付结算”→“结算方式”命令，进入“结算方式”窗口。

（2）单击“增加”按钮，在“结算方式编码”栏录入“7”，在“结算方式名称”栏录入“商业承兑汇票”，单击“保存”按钮。再在“结算方式编码”栏录入“8”，在“结算方式名称”栏录入“银行承兑汇票”，单击“保存”按钮。

（3）单击“退出”按钮。

（二）填制商业承兑汇票

操作步骤：

（1）在应收款管理系统中，执行“票据管理”命令，进入“票据过滤选择”，单击“过滤”，打开“票据管理”窗口。

（2）单击“增加”按钮，打开“商业汇票”窗口。

（3）在收到日期栏选择“2013－01－05”，单击“结算方式”栏的下三角按钮，选择“商业承兑汇票”，在“票据编号”栏录入“456310”，在“出票人”栏录入“02”或单击“出票人”栏的参照按钮，选择“立新公司”，在“金额”栏录入“58 500.00”，在“出票日期”栏选择“2013－01－05”，在“到期日”栏选择“2013－03－05”，在“摘要”栏录入“收到商业承兑汇票”。如图4-14所示。

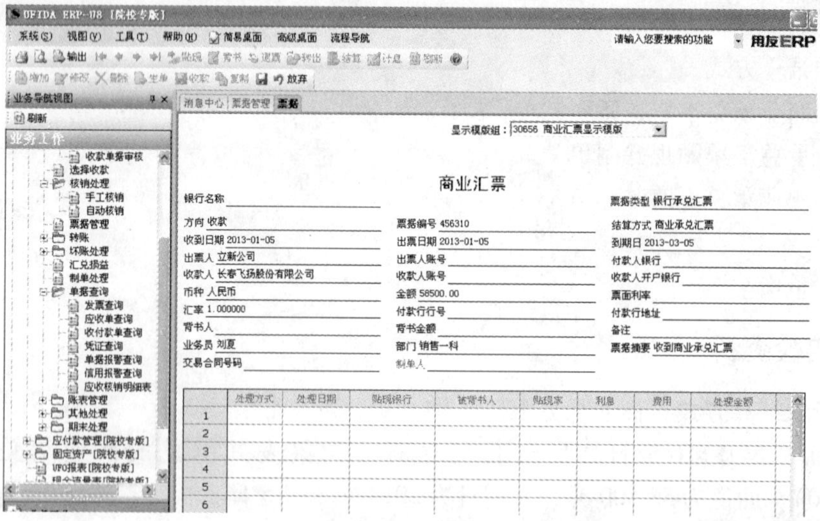

图4-14 “商业汇票”窗口

（4）单击“保存”按钮，返回“票据管理”窗口。以同样的方法继续录入第2张商业承兑汇票。

提示：

①在实际工作中，可以根据需要随时增加需要的结算方式。

②保存一张商业票据之后，系统会自动生成一张收款单。这张收款单还需要经过审核之后才能生成记账凭证。

③由票据生成的收款单不能修改。

④在票据管理功能中，可以对商业承兑汇票和银行承兑汇票进行日常业务处理，包括票据的收入、结算、贴现、背书、转出、计息等。

⑤商业承兑汇票不能有承兑银行，银行承兑汇票必须有承兑银行。

（三）审核收款单

操作步骤：

（1）在应收款管理系统中，执行“收款单据处理”→“收款单据审核”命令，打开“结算单过滤条件”窗口。

（2）单击“确定”按钮，打开“收付款单列表”窗口。

（3）单击“全选”按钮，再单击“审核”按钮，系统提示“本次审核成功单据［2］张”，如图 4-15 所示。

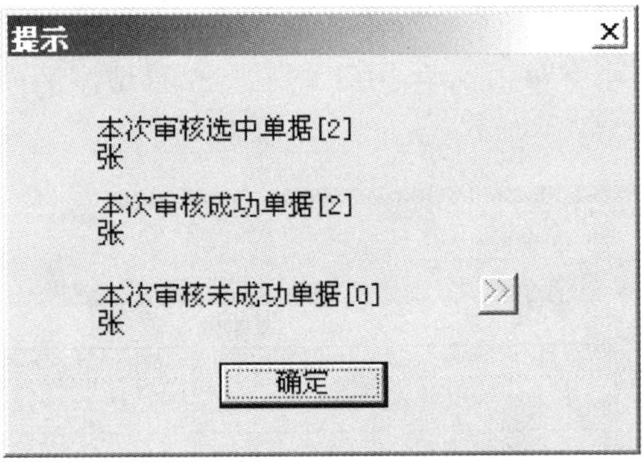

图 4-15　审核成功提示

（4）单击“确定”按钮，在“审核人”栏出现了审核人的签字。

（5）单击“退出”按钮退出。

提示：

在票据保存后，系统自动生成了一张收款单，这张收款单应在审核后再生成记账凭证，才完成了应收账款转为应收票据的核算过程。

（四）制单

操作步骤：

（1）在应收款管理系统中，执行“制单处理”命令，进入“制单查询”窗口。

（2）在“制单查询”窗口中，选中“收付款单制单”前的复选框。

（3）单击“确定”按钮，打开“收付款单制单”窗口，单击“全选”按钮。

（4）单击“制单”按钮，出现第 1 张记账凭证，修改凭证类型为“转账凭证”，单击“保存”，保存第 1 张记账凭证。再单击“下张”按钮，修改凭证类型为“转账凭证”，单击“保存”，保存第 2 张记账凭证，如图 4-16 所示。

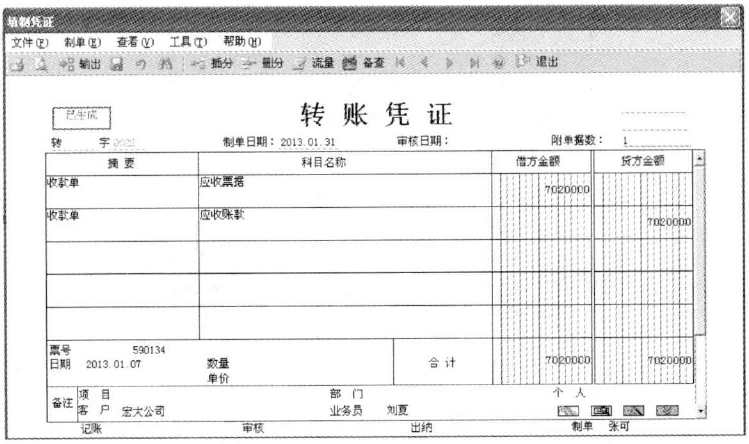

图 4-16　转账凭证生成

(5) 单击“退出”按钮退出。

(五) 商业承兑汇票贴现

操作步骤:

(1) 在应收款管理系统中，执行“票据管理”命令。

(2) 在票据管理窗口中，单击选中 2013 年 1 月 5 日填制的商业承兑汇票，如图 4-17 所示。

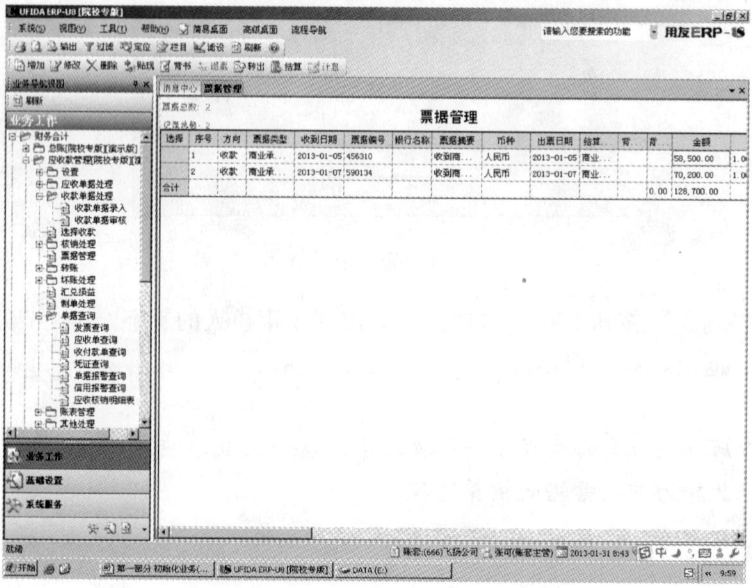

图 4-17　选中填制的商业承兑汇票

(3) 单击“贴现”按钮，打开“票据贴现”对话框。

(4) 在“贴现率”栏录入“6”，在“结算科目”栏录入“100201”，或单击“结算科目”栏的参照按钮，选择“100201 工行存款”，如图 4-18 所示。

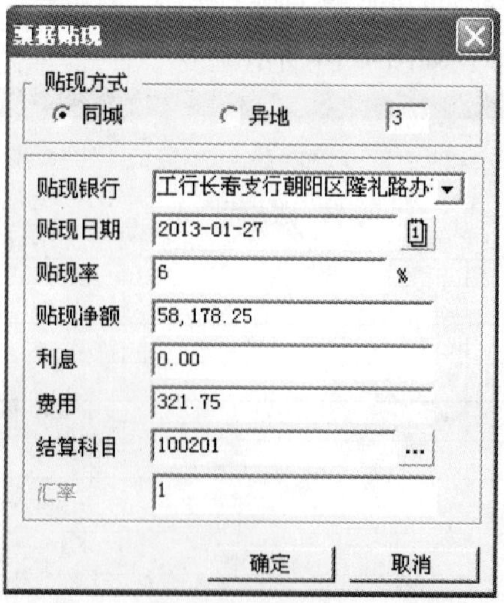

图 4-18　“票据贴现”对话框

（5）单击“确定”按钮，系统弹出“是否立即制单”信息提示框。

（6）单击“是”按钮，生成贴现的记账凭证，单击“保存”按钮，如图 4-19 所示。

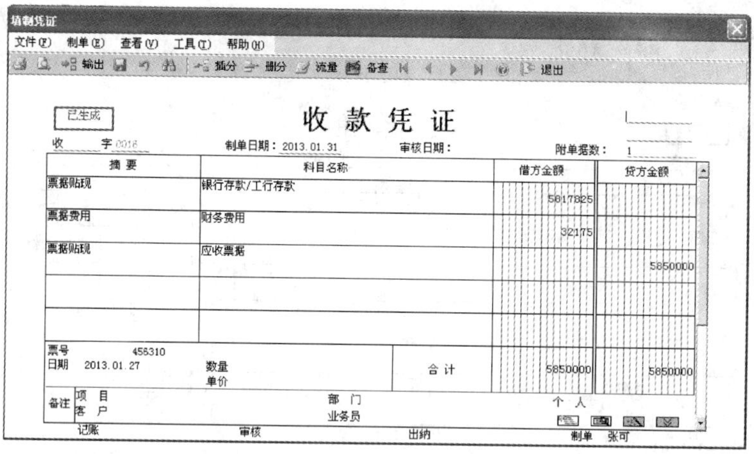

图 4-19　贴现记账凭证生成

（7）单击“退出”按钮退出。

提示：

①如果贴现净额大于余额，系统自动将其差额作为利息，不能修改；如果贴现净额小于票据余额，系统自动将其差额作为费用，不能修改。

②票据贴现后，将不能对其进行其他处理。

（六）商业承兑汇票结算

操作步骤：

（1）在应收款管理系统中，执行“票据管理”命令，进入“票据管理”窗口。

（2）在票据管理窗口中，单击选中 2013 年 1 月 7 日填制的商业承兑汇票。

（3）单击“结算”按钮，打开“票据结算”对话框。修改结算日期为“2013－01－27”，录入结算金额“70200”，在“结算科目”栏录入“100201”，或单击“结算科目”栏的参照按钮，选择“100201 工行存款”，如图 4-20 所示。

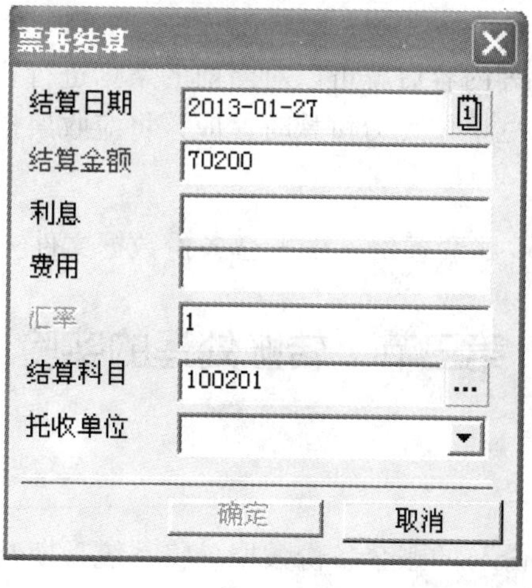

图 4-20　设置票据结算信息

（4）单击“确定”按钮，系统弹出“是否立即制单”信息提示框。

（5）单击“是”按钮，生成结算的记账凭证，单击“保存”按钮，如图4-21所示。

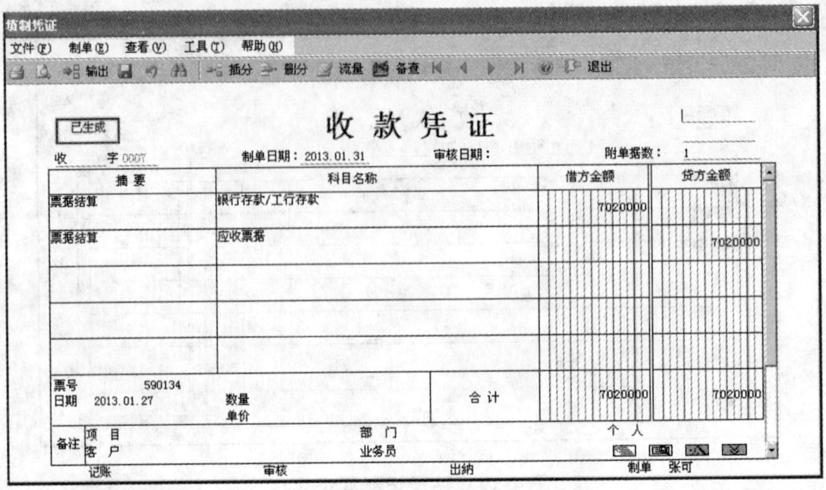

图4-21　票据结算记账凭证生成

（6）单击“退出”按钮退出。

提示：

①当票据到期，持票收款时，执行票据结算处理。

②进行票据结算时，结算金额应是通过结算实际收到的金额。

③结算金额减去利息加上费用的金额要小于等于票据余额。

④票据结算后，不能再进行其他与票据相关的处理。

举一反三

（1）当无法支付其他单位的欠款时，可以将自己拥有的票据背书，冲减自己的应付款。

操作步骤：

①在“票据管理”对话框中，选中一张票据，然后单击工具条上的“背书”按钮，打开“票据背书”对话框。

②录入“被背书单位”等内容后就可以对当前的票据进行背书处理。

（2）当票据到期，而承兑单位无力付款时，应该将应收票据转入应收账款。

（七）账套备份

将账套输出至“E：\ 666账套备份”的账套备份数据文件夹中。

第三节　转账处理的实验

一、实验准备

引入“E：\ 666账套备份”的账套备份数据。将系统日期修改为“2013年1月31日”，注册进入应付款管理系统。

二、实验要求

1. 应收冲应收，暂不制单
2. 预收冲应收，暂不制单
3. 红票对冲并制单
4. 制单
5. 账套备份

三、实验资料

（1）2013 年 1 月 28 日，经三方同意，将 1 月 21 日应向“北京立新公司”收取的货税款及代垫运费用款 47 600 元转为向上海宏大公司的应收账款。

（2）2013 年 1 月 31 日，经双方同意，将北京东光公司 1 月 14 日购买“甲产品”1 台的货税款 30 186 元用预收款冲抵。

（3）2013 年 1 月 31 日，经双方同意，将期初余额中应向宏大公司收取的运费 500 元用红票冲抵。

四、实验指导

（一）将应收账款冲抵应收账款

指将一家客户的应收款转到另一家客户中。通过应收冲应收功能将应收账款在客商之间进行转入、转出，实现应收业务的调整，解决应收款业务在不同客商间入错户或合并户问题。

操作步骤：

（1）在应收款管理系统中，执行“转账”→“应收冲应收”命令，打开“应收冲应收”对话框。

（2）在“转出户”栏录入“02”，或单击“转出户”栏的参照按钮，选择“北京立新公司”，再在“转入户”栏录入“03”，或单击“转入户”栏参照按钮，选择“上海宏大公司”，单击“过滤”按钮。如图 4-22 所示。

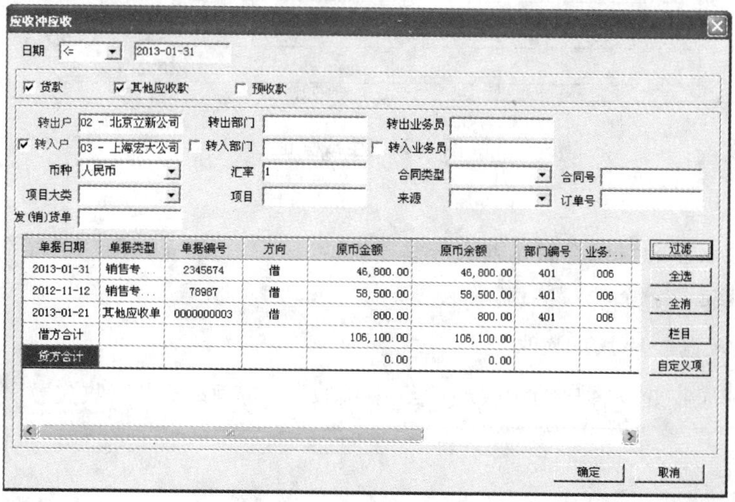

图 4-22　“应收冲应收”对话框

(3) 在第1行“并账金额”栏录入“46 800.00”，再在第3行“并账金额”栏录入“800.00”，如图4-23所示。

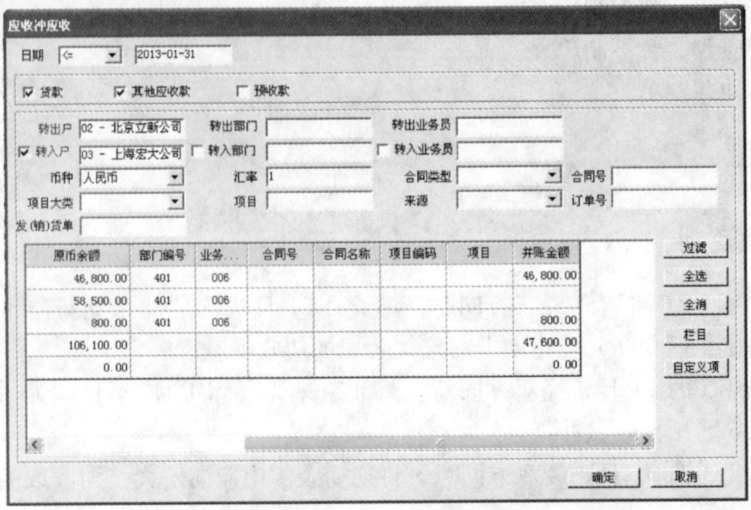

图4-23 设置并账金额

(4) 单击“确定”按钮，出现“是否立即制单”提示，单击“是”按钮，生成图4-24所示凭证。

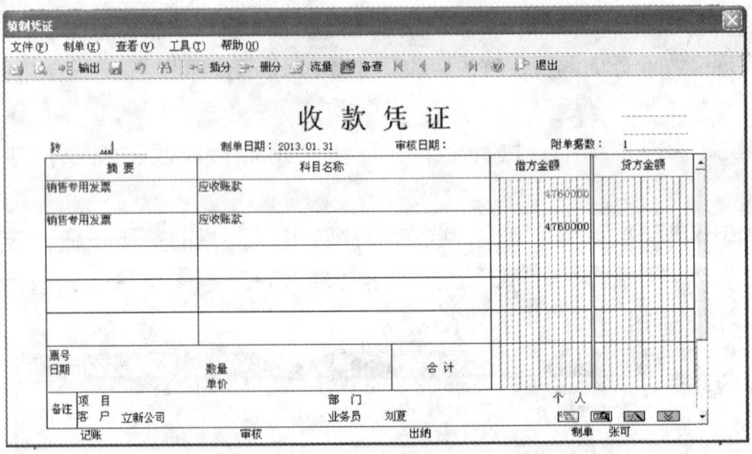

图4-24 生成凭证

提示：

①每一笔应收款的转账金额不能大于其余额。

②每次只能选择一个转入单位。

(二) 将预收账款冲抵应收账款

通过预收冲应收处理客户的预收款（红字预收款）与该客户应收欠款（红字应收）之间的核销业务。

操作步骤：

(1) 在应收款管理系统中，执行“转账”→“预收冲应收”命令，打开“预收冲应收”对话框。

（2）在“客户”栏录入“01”，或单击“客户”栏的参照按钮，选择“北京东光公司”。

（3）单击“过滤”按钮，在“金额”栏录入“30 186.00”，如图4-25所示。

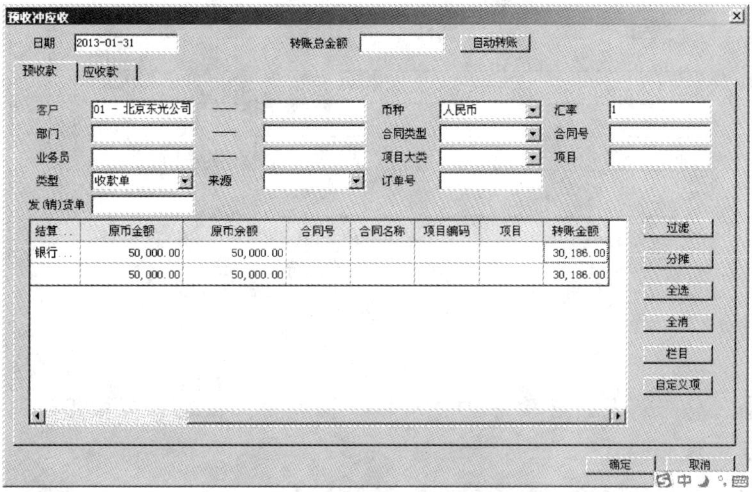

图4-25　设置客户及金额信息

（4）单击“应收款”按钮，单击“过滤”按钮，在转账金额栏录入“30 186.00”，如图4-26所示。

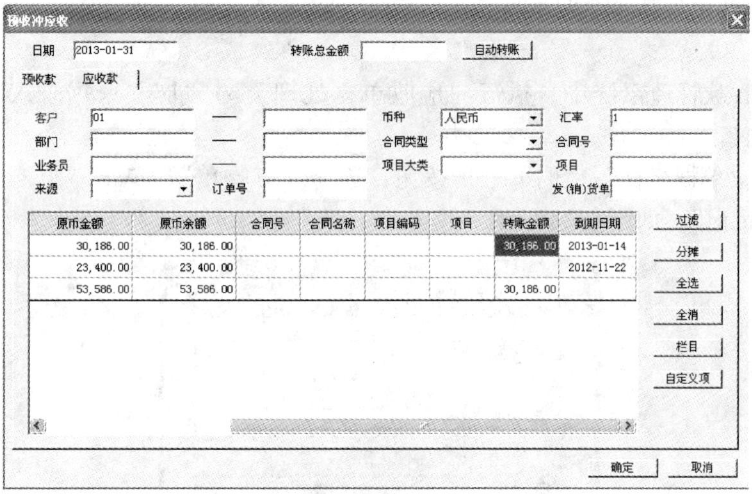

图4-26　录入转账金额

（5）单击“确定”按钮，出现“是否立即制单”提示，单击“是”按钮，生成凭证，如图4-27所示。

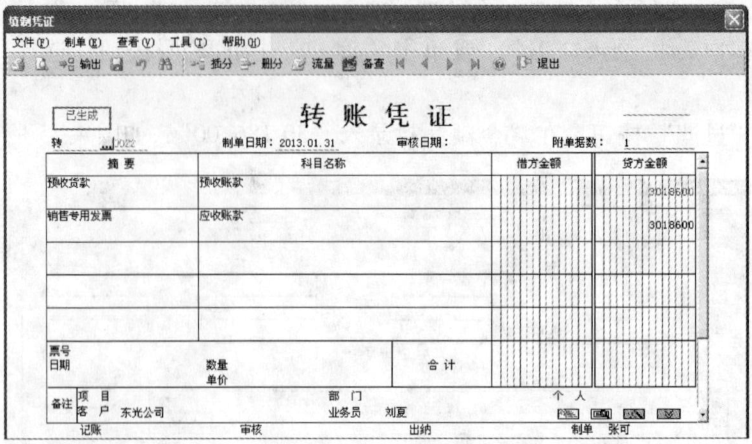

图 4-27 生成凭证

提示：

①可以在输入转账总金额后单击“自动转账”按钮，系统自动根据过滤条件进行成批的预收冲应收款工作。

②每一笔应收款的转账金额不能大于其余额。

③应收款的转账金额合计应该等于预收款的转账金额合计。

④如果是红字预收款和红字应收单进行冲销，要把过滤条件中的“类型”选为“付款单”。

（三）填制红字应收单并制单

操作步骤：

(1) 在应收款管理系统中，执行“应收单据处理”→“应收单据录入”命令。打开“单据类别”窗口。

(2) 单击“单据名称”栏的下三角按钮，选择“应收单”，单击“方向”栏的下三角按钮，选择“负向”，如图 4-28 所示。

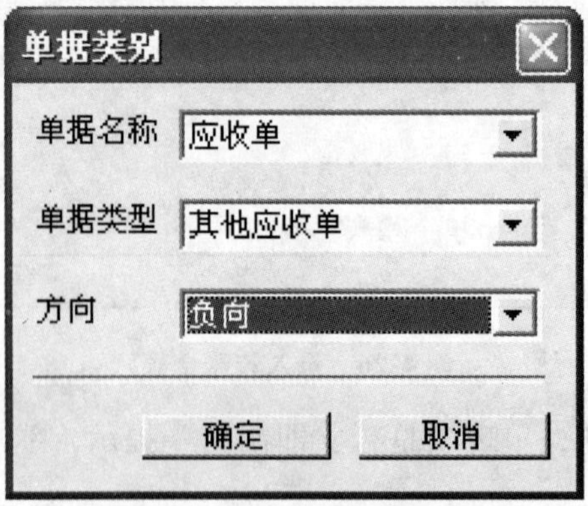

图 4-28 设置单据类别

(3) 单击“确定”按钮，进入红字“应收单”窗口。在“客户”栏录入“03”，或单击“客户”栏的参照按钮，选择“宏大公司”，在“科目”栏录入“1122”或单击“科目”

栏的参照按钮，选择“1122 应收账款”，在“金额”栏录入“500.00”，如图 4-29 所示。

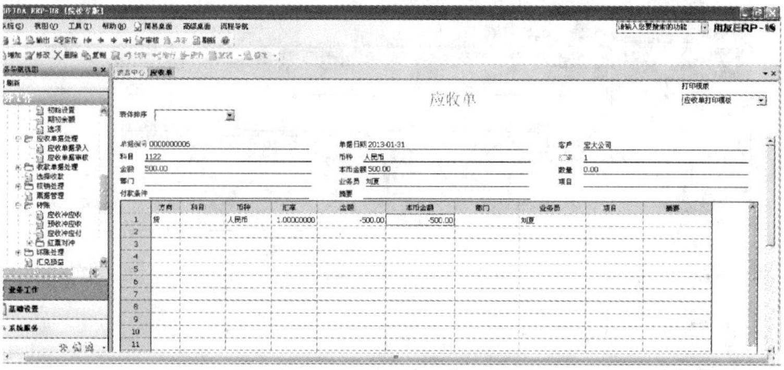

图 4-29　录入红字应收单

（4）单击“保存”按钮，单击“审核”按钮，系统弹出“是否立即制单?”信息提示对话框，单击“是”，生成红字凭证。

（5）在红字凭证的第 2 行，在“科目名称”栏录入“100201”，或单击“科目”栏的参照按钮，选择“100201 工行存款”，选择结算方式“信汇”，单击“保存”按钮，如图 4-30 所示。

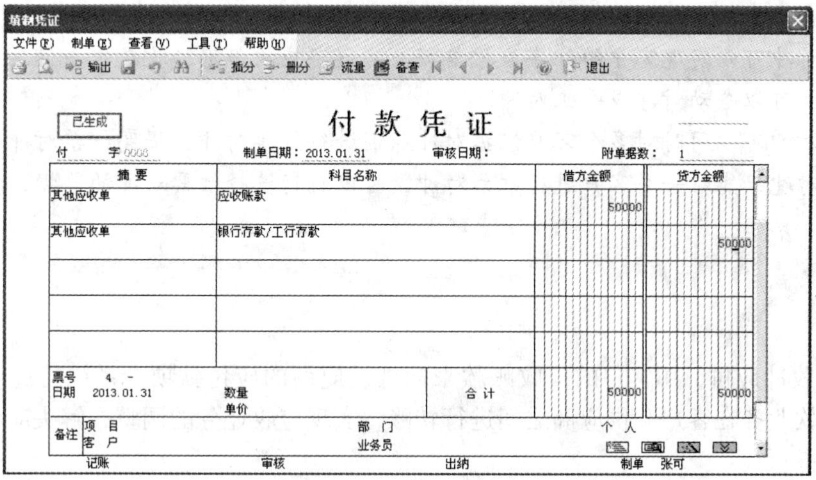

图 4-30　红字付款凭证生成

（6）单击“退出”按钮退出。

（四）红票对冲

操作步骤：

（1）在应收款管理系统中，执行“转账”→“红票对冲”→“手工对冲”命令，“打开”红票对冲条件”窗口。

（2）在“客户”栏录入“03”，或单击“客户”栏的参照按钮，选择“宏大公司”。

（3）单击“确定”按钮，进入“红票对冲”窗口。

（4）在“2012－11－22”所填制的其他应收单的“对冲金额”栏录入“500.00”，如图 4-31 所示。

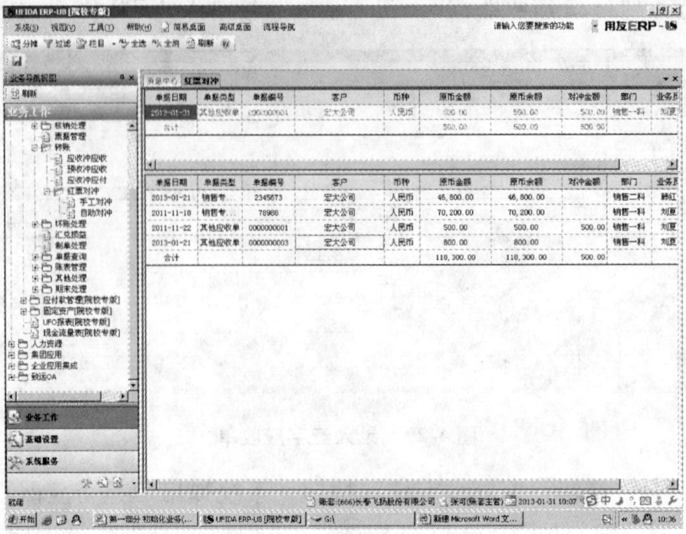

图 4-31　设置红票对冲

（5）单击“保存”按钮，系统自动将选中的红字应收单和蓝字应收单对冲完毕。

（6）单击“退出”按钮退出。

提示：

①红票对冲可以实现客户的红字应收单据与其蓝字应收单据、收款单与付款单之间进行冲抵的操作，可以自动对冲或手工对冲。

②自动对冲可以同时对多个客户依据对冲原则进行红票对冲，提高红票对冲的效率。

③手工对冲只能对一个客户进行红票对冲，可以自行选择红票对冲的单据，提高红票对冲的灵活性。

举一反三

（1）应收冲应付，用客户的应收账款来冲抵供应商的应付款项。系统通过应收冲应付功能将应收款业务在客户和供应商之间进行转账，实现应收业务的调整，解决应收债权与应付债务的冲抵。

（2）如果在客商档案中已建立了客户与供应商的对应关系，则在应收页签录入客户后，切换到应付页签时，系统自动带出对应供应商的信息。

（五）账套备份

将账套输出至“E:\ 666 账套备份”的账套备份数据文件夹中。

第四节　坏账处理及其他处理的实验

一、实验准备

引入“E:\ 666 账套备份”的账套备份数据；将系统日期修改为“2013 年 1 月 31 日”。注册进入应付款管理系统。

二、实验要求

1. 处理坏账发生业务并制单
2. 处理坏账收回业务并制单
3. 查询发票
4. 查询收付款单
5. 账套备份

三、实验资料

（1）2013 年 1 月 29 日，将应向宏大公司收取的应收账款 47 600 元（其中货税款 46 800 元，代垫运费 800 元）转为坏账。

（2）2013 年 1 月 31 日，收到银行通知（电汇），收回已经作为坏账处理的应向宏大公司收取的应收账款 47 600 元。

四、实验指导

（一）发生坏账

发生坏账是在应收款项不能收回时进行的确认。通过本功能，用户可以选定发生坏账的应收业务单据，确定一定期间内应收账款发生的坏账，便于及时用坏账准备进行冲销，避免应收款长期呆滞的情况。

操作步骤：

（1）在应收款管理系统中，执行“坏账处理”→“坏账发生”命令，打开“坏账发生”对话框。

（2）将日期修改为“2013－01－29”，在“客户”栏录入“03”，或单击“客户”栏的参照按钮，选择“宏大公司”，如图 4-32 所示。

图 4-32　设置坏账信息

（3）单击“确定”按钮，进入“坏账发生单据明细”窗口。

（4）在“本次发生坏账金额”栏第 1 行录入“46 800.00”，再在第 3 行录入“800.00”，如图 4-33 所示。

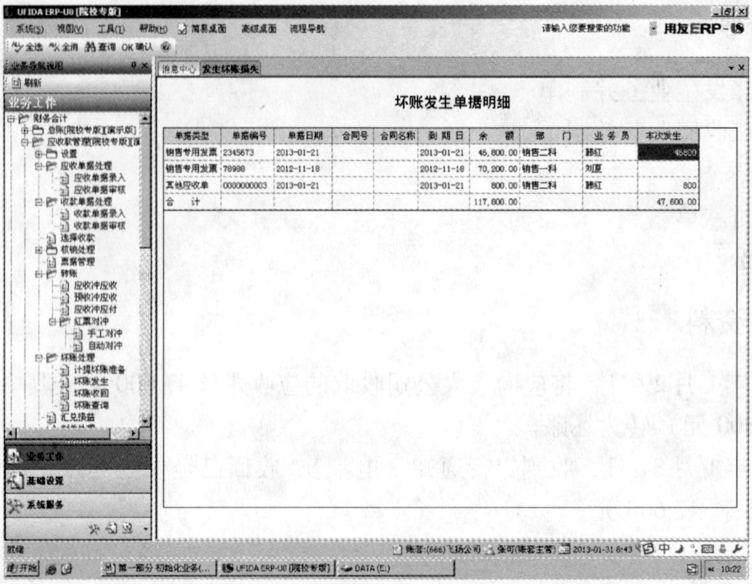

图 4-33　坏账发生单据明细

（5）单击“OK”按钮，出现“是否立即制单”提示，单击“是”，生成发生坏账的记账凭证，修改凭证类别为“转账凭证”，单击“保存”按钮，如图 4-34 所示。

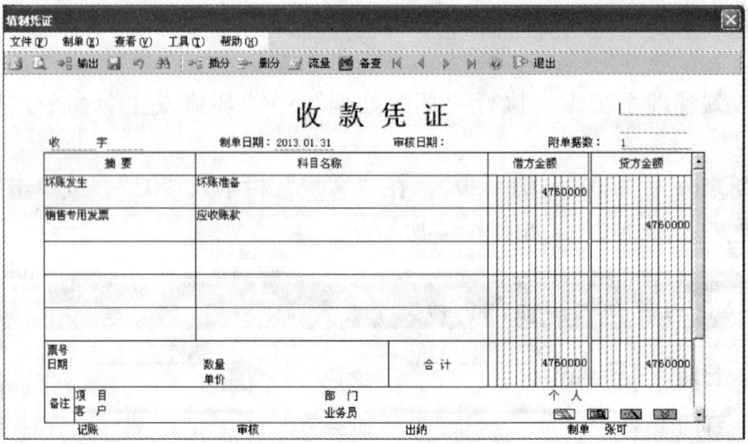

图 4-34　发生坏账转账凭证生成

（6）单击“退出”按钮退出。

提示：

本次坏账发生金额只能小于等于单据余额。

（二）填收款单

操作步骤：

（1）在应收款管理系统中，执行“收款单据处理”→“收款单据录入”命令，进入“收款单”窗口。

（2）单击“增加”按钮。在“客户”栏录入“03”，或单击“客户”栏的参照按钮，选择

“宏大公司”，在“结算方式”栏录入“5”，或单击“结算方式”栏的参照按钮，选择“电汇”，在“金额”栏录入“47 600.00”，在“摘要”栏录入“已做坏账处理的应收账款又收回”。

（3）单击“保存”按钮，如图 4-35 所示。

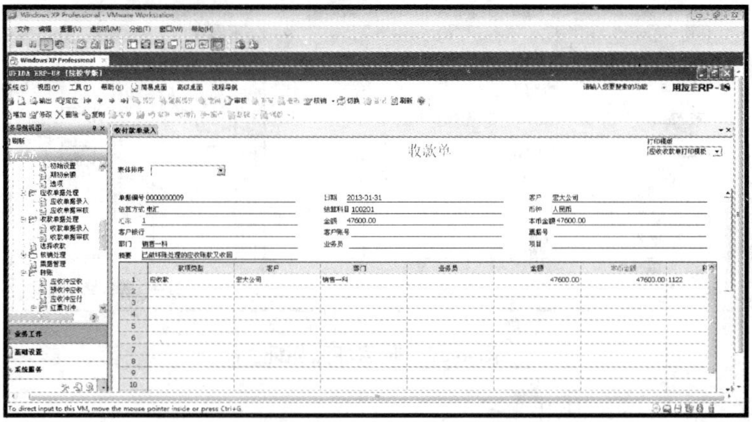

图 4-35　收款单

（4）单击“退出”按钮退出。

（三）坏账收回

操作步骤：

（1）在应收款管理系统中，执行“坏账处理”→“坏账收回”命令，打开“坏账收回”对话框。

（2）将日期修改为“2013－01－31”，在“客户”栏录入“03”，或单击“客户”栏的参照按钮，选择“上海宏大公司”，单击“结算单号”参照按钮，选择“09 ”结算单，如图 4-36 所示。

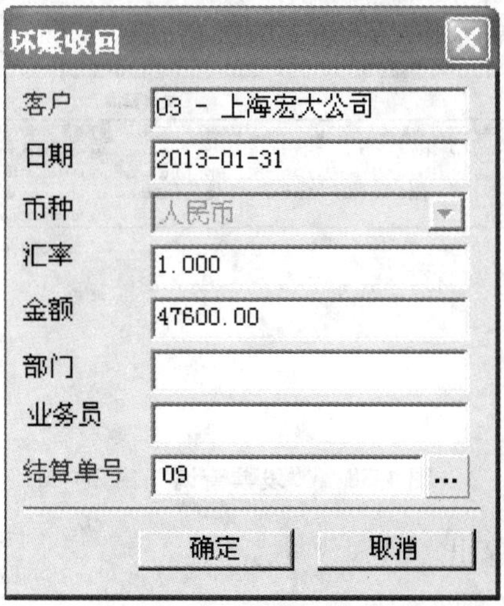

图 4-36　设置坏账收回信息

（3）单击“确定”按钮，系统提示“是否立即制单”，单击“是”按钮，生成 1 张收款凭证，单击“保存”按钮，如图 4-37 所示。

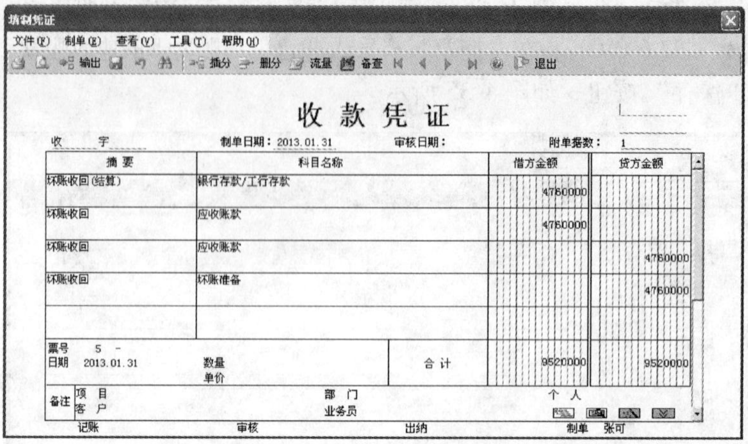

图 4-37 收回坏账凭证

（4）单击“退出”按钮退出。

提示：

①在录入一笔坏账收回的款项时，应该注意不要把该客户的其他收款业务与该笔坏账收回业务录入 1 张收款单中。

②坏账收回制单不受系统选项中“方向相反分录是否合并”选项控制。

（四）查询 1 月份填制的所有销售专用发票

操作步骤：

（1）在应收款管理系统中，单击“单据查询”→“发票查询”，打开“发票查询”对话框。

（2）单击“发票类型”栏的下三角按钮，选择“销售专用发票”。

（3）单击“确定”按钮，进入“发票查询”窗口，如图 4-38 所示。

图 4-38 “发票查询”窗口

（4）单击“退出”按钮退出。

（五）查询 1 月份所有的应收单

操作步骤：

（1）在应收款管理系统中，单击“单据查询”→“收付款单查询”，打开“收付款单查询”对话框，选择单据类型为“收款单”。

（2）单击“确定”按钮，进入“收付款单查询”窗口，如图 4-39 所示。

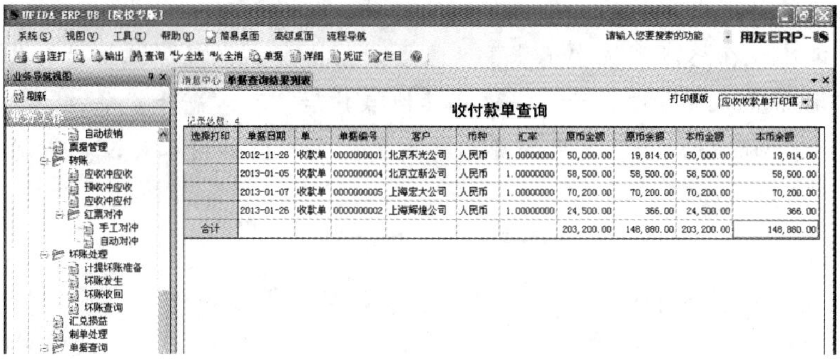

图 4-39　“收付款单查询”窗口

（六）删除 1 月 31 日填制的收到宏大公司商业承兑汇票的记账凭证

操作步骤：

（1）在应收款管理系统中，单击“单据查询”→“凭证查询”，打开“凭证查询条件”对话框。

（2）单击“业务类型”栏的下三角按钮，选择“票据处理制单”，在“客户”栏输入“03”，或单击“客户”栏的参照按钮，选择“宏大公司”。

（3）单击“确定”按钮，进入“凭证查询”窗口。

（4）单击选中“票据结算”记账凭证，如图 4-40 所示。

图 4-40　“凭证查询”窗口

（5）单击“删除”按钮，系统弹出“确定要删除此凭证吗?”信息提示框。

（6）单击“是”按钮。

（7）单击“退出”按钮退出。

提示：

①只有未在总账系统中审核的凭证才能删除，如果已经在总账系统中进行了出纳签字或审核，应取消出纳签字或审核后，再进行删除操作。

②如果凭证已经在总账系统中记账，又需要对形成凭证的原始单据进行修改，则可以通过冲销方式冲销凭证，然后对原始单据进行其他操作后，再重新生成凭证。

③1 张凭证被删除后，它所对应的原始单据及相应的操作内容可以重新制单。

（七）取消转账操作

操作步骤：

（1）在应收款管理系统中，执行“其他处理”→“取消操作”命令，打开“取消操作条件”对话框。

（2）在“客户”栏录入“03”，或单击“客户”栏的参照按钮，选择“上海宏大公司”，单击“操作类型”栏的下三角按钮，选择“红票对冲”，如图 4-41 所示。

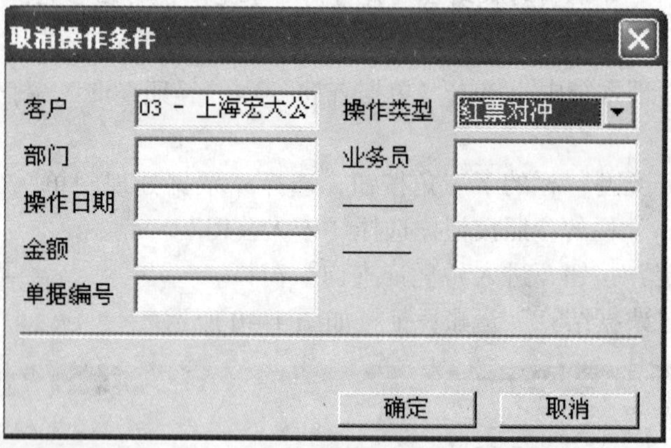

图 4-41　设置取消操作条件

（3）单击“确定”按钮，进入“取消操作”窗口。

（4）双击“选择标志”栏，如图 4-42 所示。

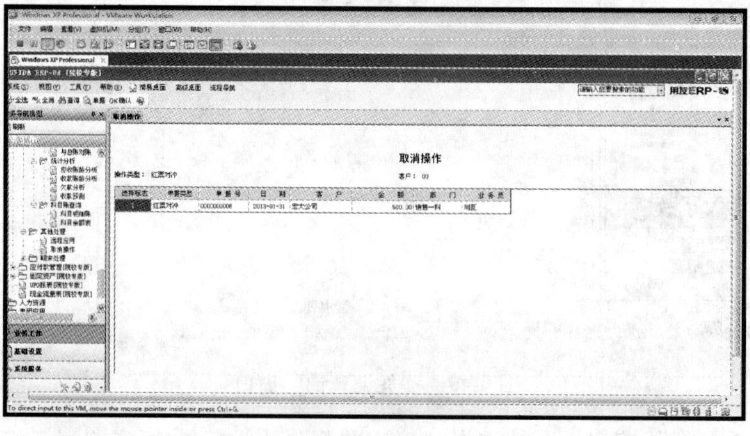

图 4-42　“取消操作”窗口

（5）单击“OK”按钮。

（6）单击“退出”按钮退出。

（八）制单

操作步骤：

（1）在应收款管理系统中，执行“制单处理”命令，进入“制单查询”窗口。

（2）在“制单查询”窗口中，单击选中“票据处理制单”，单击“确定”按钮，进入“票据处理制单”窗口。

（3）单击“全选”按钮，如图 4-43 所示。

图 4-43　“票据处理制单”窗口

（4）单击“制单”按钮，生成 1 张收款凭证。

（5）在“收款凭证”第 1 行“科目名称”栏录入“100201”，或单击“科目名称”栏的参照按钮，选择“100201 工行存款”。选择结算方式为“商业承兑汇票”。

（6）单击“保存”按钮，如图 4-44 所示。

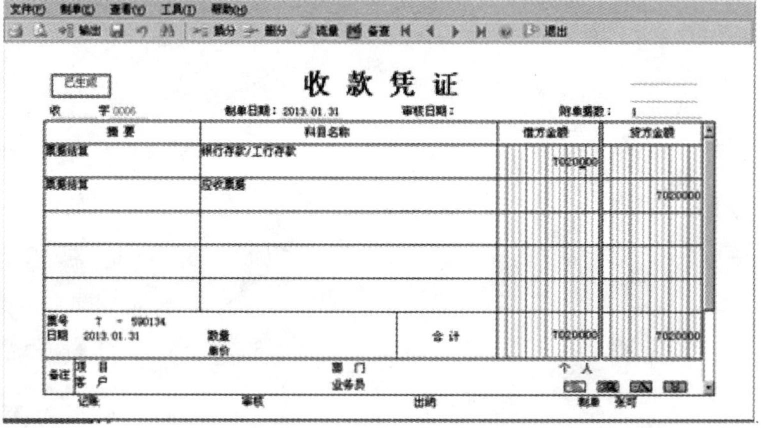

图 4-44　票据结算凭证生成

举一反三

（1）坏账查询功能可以提供对系统内进行坏账处理过程和处理结果的查询功能。通过坏账查询功能查询一定期间内发生的应收坏账业务处理情况及处理结果，加强对坏账的监督。

（2）取消操作功能如果相应操作已经制单，应先删除其对应的凭证，再进行恢复。

（九）账套备份

将账套备份到“E：\ 666 账套备份”的账套备份数据中。

第五章

应付款管理系统日常业务处理

第一节　单据处理的实验

一、实验准备

引入“E:\666 账套备份”的账套备份数据。将系统日期修改为“2013 年 1 月 31 日”，注册进入应付款管理系统。

二、实验要求

1. 录入应付单据、付款单据
2. 修改应付单据、付款单据
3. 删除应付单据
4. 2013 年 1 月 31 日，审核本月录入的应付单据、付款单据
5. 核销应付单据
6. 对应付单据、付款单据进行账务处理
7. 账套备份

三、实验资料

（1）2013 年 1 月 13 日，向建卫股份公司采购钢材 10 吨，原币单价为 1 200 元，增值税为 17%（采购专用发票号码为 668899）。

（2）2013 年 1 月 14 日，向大华公司采购油漆 20 桶，原币单价为 110 元，增值税为 17%（采购专用发票号码为 8909），运费 80 元。

（3）2013 年 1 月 17 日，向本溪特种钢公司采购钢材 50 吨，原币单价为 990 元，增值税为 17%（采购专用发票号码为 3452）。

（4）2013 年 1 月 21 日，向建卫股份公司采购钢材 20 吨，原币单价为 980 元，增值税为 17%（采购专用发票号码为 2303）。

（5）2013 年 1 月 23 日，发现采购专用发票号为“668899”中的原币单价为 1 120 元。

(6) 2013 年 1 月 24 日，从建卫股份公司采购钢材 12 吨，原币单价为 1 200 元，增值税为 17%（采购专用发票号码为 668900）

(7) 2013 年 1 月 24 日，发现采购专用发票号为“2303”的发票填制错误，应删除。

(8) 2013 年 1 月 26 日，以转账支票支付建卫股份公司购买 10 吨钢材的货税款 13 104元。

(9) 2013 年 1 月 27 日，以转账支票支付向本溪特种钢公司购买钢材 50 吨的货税款 57 915元。

(10) 2013 年 1 月 28 日，以转账支票支付向大华公司购买油漆的货税款及运费 2 574元。

(11) 2013 年 1 月 29 日，发现 2013 年 1 月 26 日所填制的以转账支票支付向建卫股份公司购买钢材 10 吨的货税款 13 104 元应为 15 000 元，余款作为预付款。

(12) 2013 年 1 月 29 日，发现 2013 年 1 月 27 日所填制的以转账支票支付向本溪特种钢公司购买钢材 50 吨的货税款 57 915 元有错误，需删除该张付款单。

四、实验指导

(一) 填制第 1 笔业务的采购专用发票

操作步骤：

(1) 在应付款管理系统中，执行“应付单据处理”→“应付单据录入”命令，打开“单据类别”窗口。

(2) 确认“单据名称”栏为“采购发票”，“单据类型”栏为“采购专用发票”后，单击“确定”按钮，打开“采购发票”窗口。

(3) 修改开票日期为“2013 - 01 - 13”，录入发票号“668899”，在“供应商”栏录入“02”，或单击“供应商”栏的参照按钮，选择“建卫公司”，在“存货编码”栏录入“001”，或单击“存货名称”栏的参照按钮，选择“钢材”，在“数量”栏录入“10”，在“原币单价”栏录入“1 200. 00”，如图 5-1 所示。

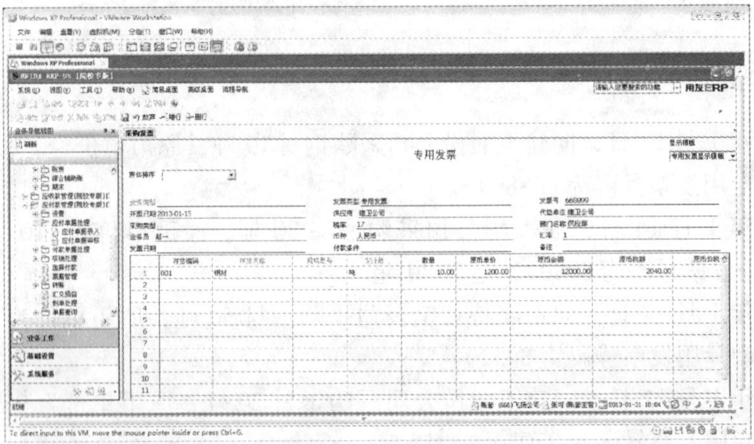

图 5-1　填制第 1 笔业务采购专用发票

(4) 单击“保存”按钮，再单击“增加”按钮，继续录入第 2 笔业务的采购专用发票。

提示：

①已审核的单据不能修改或删除，已生成凭证或进行核销的单据在单据界面不再显示。

②在录入采购发票后，可以直接进行审核，在直接审核后，系统会提示“是否立即制单”，此时可以直接制单。如果录入采购发票后不直接审核，可以在审核功能中审核，再到制单功能中制单。

③已审核的单据在未进行其他处理之前取消审核后再修改。

（二）填制第2笔业务的采购普通发票

操作步骤：

（1）在应付款管理系统中，执行“应付单据处理”→“应付单据录入”命令，打开“单据类别”窗口。单击“单据类别”栏的下三角按钮，选择“采购普通发票”。单击“确定”按钮，打开“采购发票”窗口。

（2）修改单据日期为“2013－01－14”，在“供应商”栏录入“04”，或单击“供应商”栏的参照按钮，选择“大华公司”，在“税率”栏录入“7”，在“存货编码”栏录入“005”，或单击“存货名称”栏的参照按钮，选择“运输费”，在“原币金额”栏录入“80.00”。如图5-2所示。

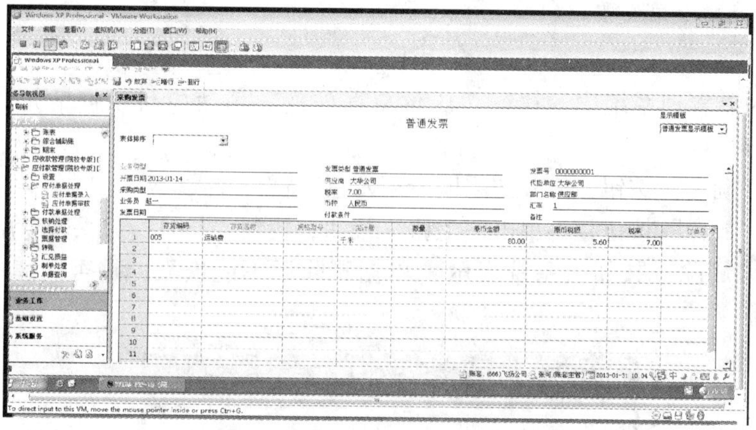

图5-2　填制第2笔业务的采购普通发票

（3）单击“保存”按钮，单击“退出”按钮，继续录入第3、4、6笔业务的采购专用发票及其他应付单。

提示：

按会计制度规定，运费可以按7%的税率进行增值税的进项税额抵扣，因此，运费成本为扣除7%进项税后的部分。

（三）修改采购专用发票

操作步骤：

（1）在应付款管理系统中，执行“应付单据处理”→“应付单据录入”命令，打开“单据类别”窗口。

（2）单击“确定”按钮，打开“采购专用发票”窗口。

（3）单击“放弃”按钮，再单击“上张”按钮，找到“668899”号采购专用发票。

（4）单击“修改”按钮，将无税单价修改为“1 120.00”。如图5-3所示。

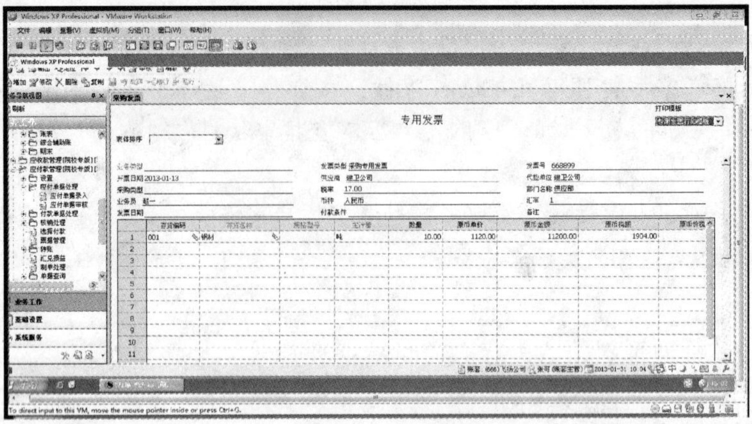

图 5-3 修改采购专用发票

(5) 单击“保存”按钮，再单击“退出”按钮退出。

提示：

采购发票被修改后必须保存。保存的采购发票在审核后才能制单。

(四) 删除采购专用发票

操作步骤：

(1) 在应付款管理系统中，执行“应付单据处理”→“应付单据录入”命令，打开“单据类别”窗口。

(2) 单击“确定”按钮，打开“采购专用发票”窗口。

(3) 单击“放弃”按钮，再单击“上张”按钮，找到“2303”号采购专用发票。

(4) 单击“删除”按钮，系统提示“单据删除后不能恢复，是否继续?”，如图 5-4 所示。

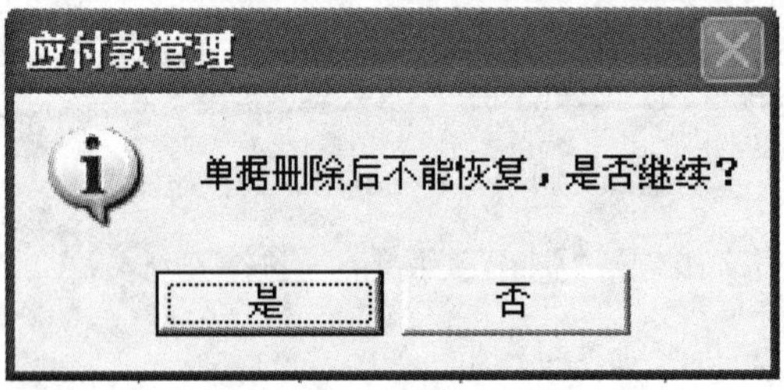

图 5-4 单据删除

(5) 单击“是”按钮，再单击“退出”按钮退出。

(五) 审核应付单据

操作步骤：

(1) 在应付款管理系统中，执行“应付单据处理”→“应付单据审核”命令，打开“单据过滤条件”窗口。

(2) 单击“确定”按钮，打开“应付单据列表”窗口。

(3) 在“应付单据列表”窗口中，单击“全选”按钮，如图 5-5 所示。

(4) 单击“审核”按钮，系统提示“本次审核成功单据 5 张”。

图 5-5　应付单据列表

（5）单击“确认”按钮，再单击“退出”按钮退出。

（六）制单

操作步骤：

（1）在应付款管理系统中，执行“制单处理”命令，打开“制单查询”窗口。

（2）在“制单查询”窗口中，选中“发票制单”前的复选框，单击“确定”按钮，进入“应付单制单”窗口。

（3）单击“确定”按钮，进入“应付制单”窗口。

（4）单击“全选”按钮，再单击“凭证类别”栏的下三角按钮，选择“转账凭证”，如图 5-6 所示。

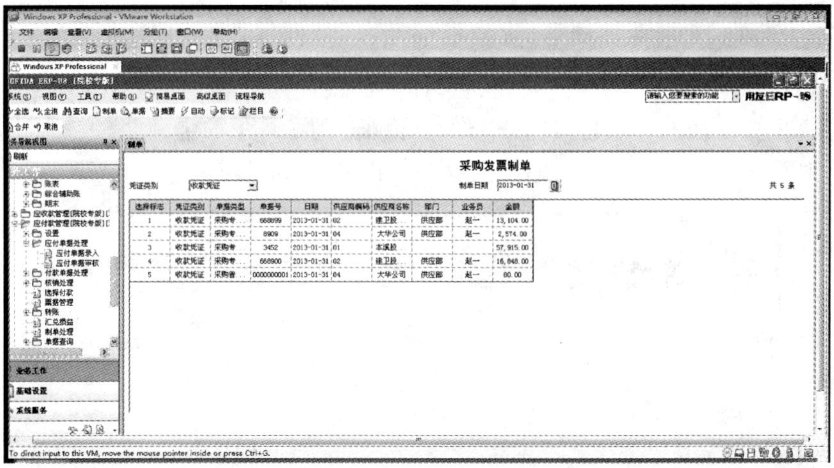

图 5-6　应付制单

（5）单击“制单”按钮，生成第 1 张转账凭证。

（6）单击“保存”按钮，如图 5-7 所示。

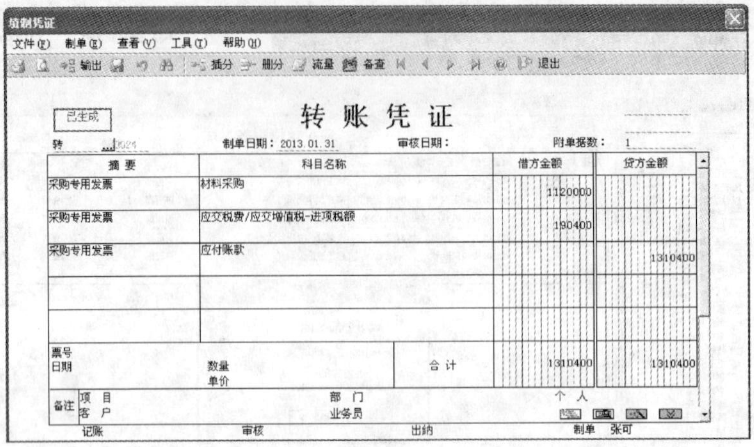

图 5-7 采购转账凭证生成

（7）单击“下张”按钮，再单击“保存”按钮。

提示：

①在“制单查询”窗口中，系统已默认制单内容为“发票制单”，如果需要选中其他内容制单，可以选中要制单内容前的复选框。

②如果所选择的凭证类型错误，可以在生成凭证后再修改。

③凭证一经保存就传递到总账系统中进行审核和记账等。

（七）填制付款单

操作步骤：

（1）在应付款管理系统中，执行“付款单据处理”→“付款单据录入”命令，打开“付款单”窗口。

（2）单击“增加”按钮。修改单据日期为“2013－01－26”，在“供应商”栏录入“02”，或单击“供应商”栏的参照按钮，选择“建卫公司”，在“结算方式”栏录入“3”，或单击“结算方式”栏的下三角按钮，选择“转账支票”，在“金额”栏录入“13 104.00”，在“摘要”栏录入“支付购买钢材的货税款”，如图 5-8 所示。

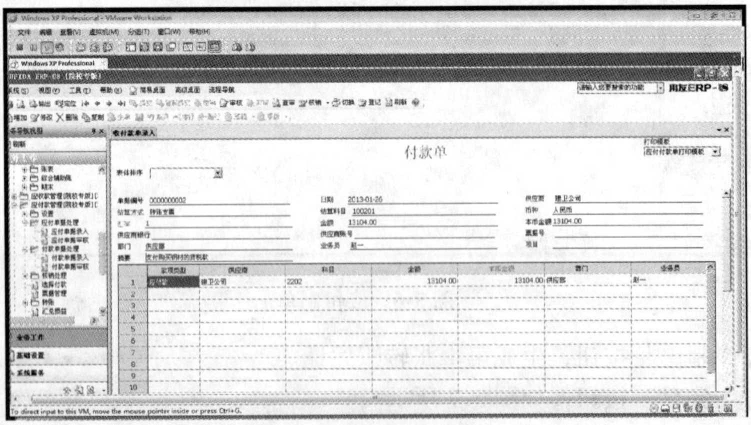

图 5-8 填制付款单

（3）单击“保存”按钮，再单击“增加”，继续录入第2张及第3张付款单。

提示：

①在单击付款单的“保存”按钮后，系统会自动生成付款单表体的内容。

②表体中的款项类型系统默认为“应付款”，可以修改。款项类型还包括“预付款”和“其他费用”。

③如果是供应商退款，则可以单击“切换”按钮，填制红字付款单。

④在填制付款单后，可以直接单击“核销”按钮进行单据核销的操作。

（八）修改付款单

操作步骤：

（1）在应付款管理系统中，执行“付款单据处理”→“付款单据录入”，进入“付款单”窗口。

（2）单击“下张”按钮，找到要修改的“付款单”，在要修改的“付款单”中，单击“修改”按钮，分别将上半部分和下半部分的金额修改为“15 000.00”。

（3）单击“保存”按钮，再单击“退出”按钮退出。如图5-9所示。

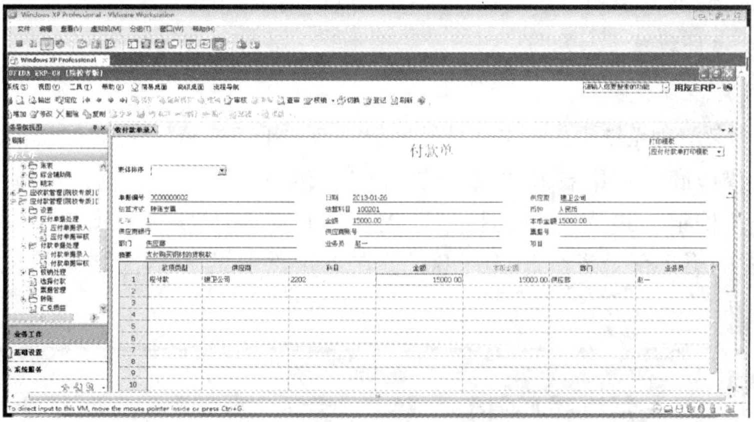

图5-9　修改付款单

（九）删除付款单

操作步骤：

（1）在应付款管理系统中，执行“付款单据处理”→“付款单据录入”，进入“付款单”窗口。

（2）单击“下张”按钮，找到要删除的“付款单”。

（3）单击“删除”按钮，系统提示“单据删除后不能恢复，是否继续?”。

（4）单击“是”按钮。如图5-10所示。

（十）审核付款单

操作步骤：

（1）在应付款管理系统中，执行“付款单据处理”→“付款单据审核”命令，打开“付款单过滤条件”窗口。

（2）单击“确定”按钮，打开“付款单列表”窗口。

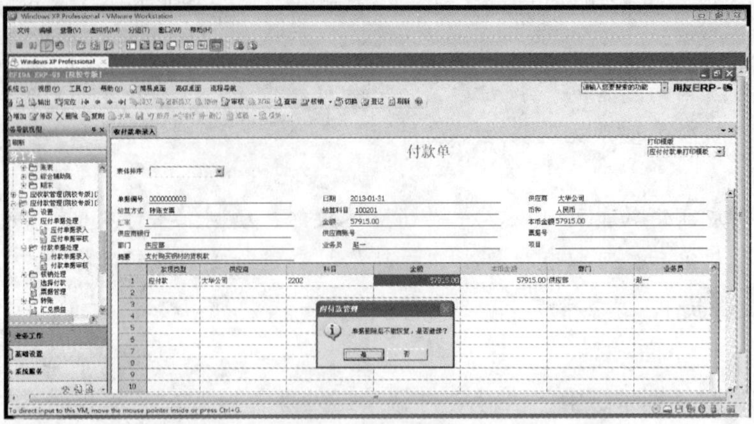

图 5-10　删除付款单

（3）在“付款单列表”窗口中，单击“全选”按钮。

（4）单击“审核”按钮，系统提示“本次审核成功单据 2 张”。

（5）单击“确定”按钮，再单击“退出”按钮退出。

（十一）核销付款单

操作步骤：

（1）在应付款管理系统中，单击“核销处理”→“手工核销”，打开“核销条件”对话框。

（2）在“供应商”栏中录入“02”，或单击“供应商”参照按钮，选择“建卫公司”。

（3）单击“确定”进入“单据核销”窗口，在“单据核销”窗口中，将上半部分的“本次结算”栏的第 2 行录入“13 104.00”，在下半部分的“本次结算”栏的第 2 行录入“13 104.00”，如图 5-11 所示。

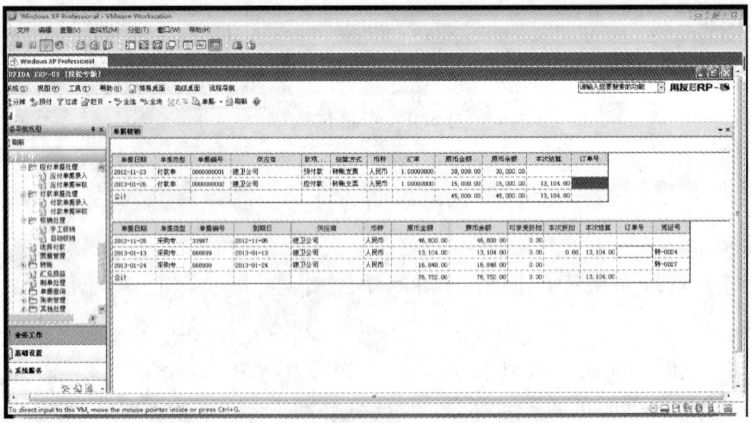

图 5-11　应付款管理—单据核销

（4）单击“保存”按钮，再单击“退出”按钮退出。

提示：

①在保存核销内容后，单据核销窗口中将不再显示已被核销的内容。

②核销时，结算列表中，款项类型为应付款的记录默认本次结算金额为该记录上的原始金额；款项类型为预付款的记录默认的本次结算金额为空。核销时，可以修改本次结算金

额，但是不能大于该记录的原币金额。

③手工核销时，一次只能显示一个供应商的单据记录，且结算单列表根据表体记录明细显示。一次只能对一种结算单类型进行核销，即手工核销的情况下，需要将付款单和付款单分开核销。

④如果核销后未进行其他处理，可以在期末处理中的“取消操作”功能中取消核销操作。

（十二）制单

操作步骤：

（1）在应付款管理系统中，执行“制单处理”命令，进入“制单查询”窗口。

（2）在“制单查询”窗口中，选中“收付款单制单”，如图 5-12 所示。

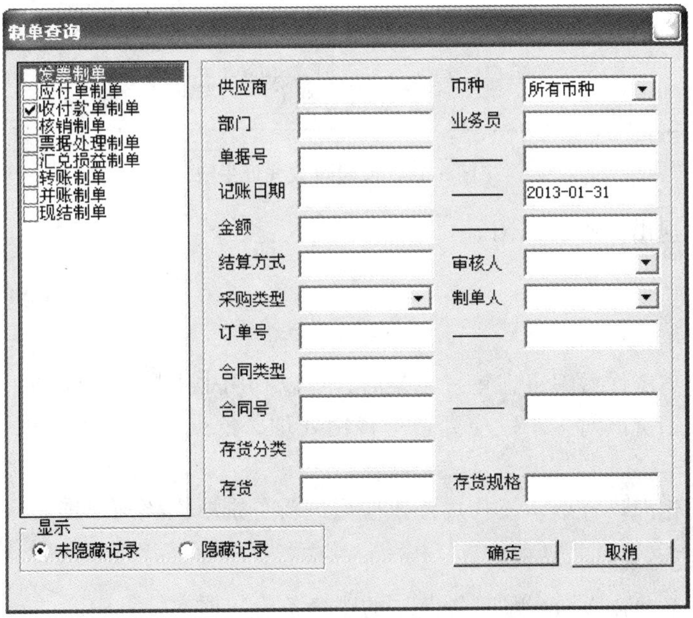

图 5-12　“制单查询—收付款单制单”窗口

（3）单击“确定”按钮，进入“制单”窗口。

（4）在“制单”窗口中，单击“全选”按钮，如图 5-13 所示。

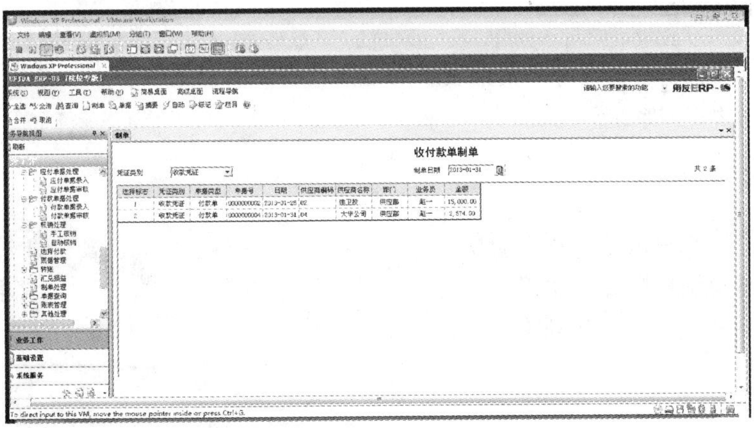

图 5-13　应付制单

（5）单击“制单”按钮，生成记账凭证。

（6）单击“保存”按钮。结果如图 5-14 所示。

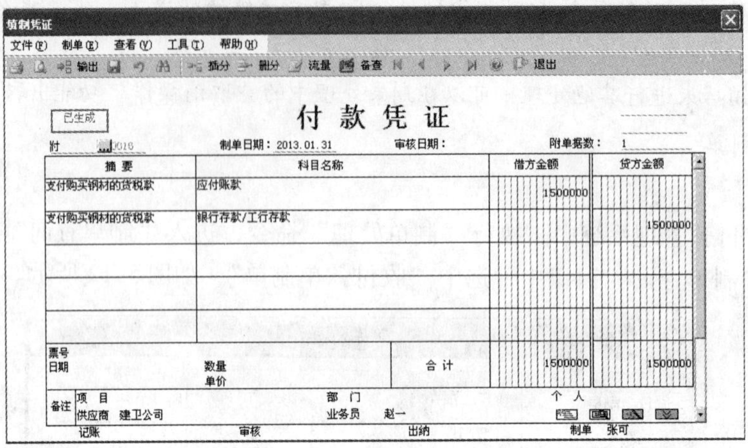

图 5-14　应付付款凭证生成

（7）单击“退出”按钮退出。

举一反三

（1）为了提高工作效率，在审核单据时，可以利用手工批审功能。

（2）自动核销可以对多个供应商进行核销处理，依据核销规则对供应商单据进行核销处理。

（3）自动核销允许在取消操作中按供应商进行分别取消核销处理。

（十三）账套备份

将账套输出至“E：\ 666 账套备份”的账套备份数据文件夹中。

第二节　票据管理的实验

一、实验准备

引入“E：\ 666 账套备份”的账套备份数据；将系统日期修改为“2013 年 1 月 31 日”。注册进入应付款管理系统。

二、实验要求

1. 填制商业承兑汇票，暂不制单
2. 商业承兑汇票贴现并制单
3. 结算商业承兑汇票并制单
4. 制单
5. 账套备份

三、实验资料

(1) 2013 年 1 月 27 日，向本溪特种钢公司签发并承兑的商业承兑汇票一张（NO. 45634），面值为 57 915 元，到期日为 2013 年 3 月 27 日。

(2) 2013 年 1 月 6 日，向大华公司签发并承兑的商业承兑汇票一张（NO. 45765），面值为 35 100 元，到期日为 2013 年 1 月 26 日。

(3) 2013 年 1 月 26 日，将 2013 年 1 月 6 日向大华公司签发并承兑的商业承兑汇票（NO. 45765）结算。

四、实验指导

（一）填制商业承兑汇票

操作步骤：

(1) 在应付款管理系统中，执行“票据管理”命令，打开“过滤条件选择”对话框。

(2) 单击“过滤”按钮，进入“票据管理”窗口。

(3) 单击“增加”按钮，打开“票据增加”窗口对话框。

(4) 单击“结算方式”栏的下三角按钮，选择“商业承兑汇票”，在“票据编号”栏录入“45634”，在“收款人”栏录入“01”，或单击“收款人”栏的参照按钮，选择“本溪公司”，在“金额”栏录入“57 915.00”，在“出票日期”栏选择“2013－01－27”，在“到期日”栏选择“2013－03－27”，在“摘要”栏录入“签发并承兑商业承兑汇票”。如图 5-15 所示。

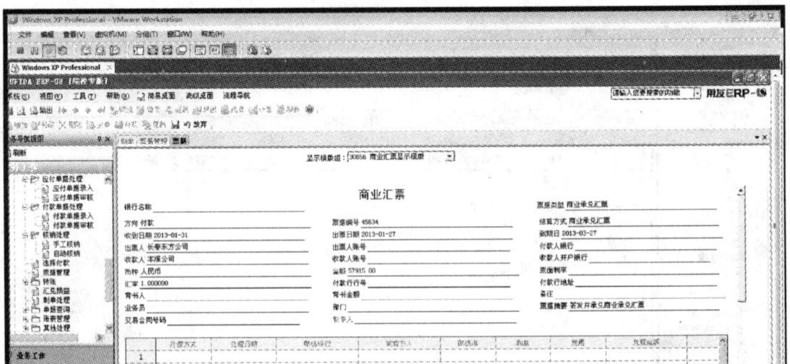

图 5-15　票据增加

(5) 单击“确定”按钮，返回“票据管理”窗口。以同样的方法继续录入第 2 张商业承兑汇票。

提示：

①保存一张商业票据之后，系统会自动生成一张付款单。这张付款单还需要经过审核之后才能生成记账凭证。

②由票据生成的付款单不能修改。

③在票据管理功能中可以对商业承兑汇票和银行承兑汇票进行日常业务处理，包括票据的取得、结算、背书、转出、计息等。

④商业承兑汇票不能有承兑银行，银行承兑汇票必须有承兑银行。

（二）审核付款单

操作步骤：

（1）在应付款管理系统中，执行“付款单据处理”→“付款单据审核”命令，打开“结算单过滤条件”窗口。

（2）单击“确定”按钮，打开“收付款单列表”窗口。

（3）单击“全选”按钮，再单击“审核”按钮，系统提示“本次审核成功单据 2 张”。

（4）单击“确定”按钮，在“审核人”栏出现了审核人的签字。

（5）单击“退出”按钮退出。

提示：

在票据保存后，系统自动生成了一张付款单，这张付款单应在审核后再生成记账凭证，才完成应付账款转为应付票据的核算过程。

（三）制单

操作步骤：

（1）在应付款管理系统中，执行“制单处理”命令，进入“制单查询”窗口。

（2）在“制单查询”窗口中，选中“收付款单制单”前的复选框。

（3）单击“确定”按钮，打开“收付款单制单”窗口，单击“全选”按钮。如图 5-16 所示。

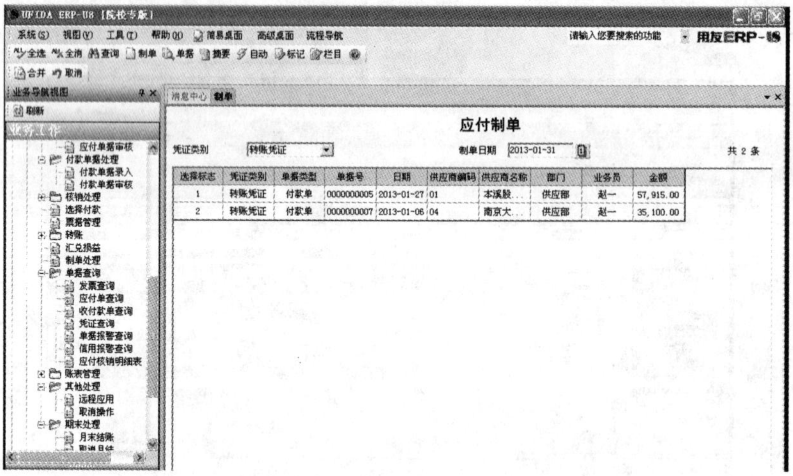

图 5-16 应付制单列表

（4）单击“制单”按钮，出现第 1 张记账凭证，修改凭证类型为“转账凭证”，单击“保存”，保存第 1 张记账凭证。再单击“下张”按钮，修改凭证类型为“转账凭证”，单击“保存”，保存第 2 张记账凭证。

（5）单击“退出”按钮退出。

（四）商业承兑汇票结算

操作步骤：

（1）在应付款管理系统中，执行“票据管理”命令，打开“票据查询”对话框。

（2）单击“确定”按钮，进入“票据管理”窗口。

（3）在票据管理窗口中，单击选中向大华公司签发承兑的商业承兑汇票（NO.45765）。

（4）单击“结算”按钮，打开“票据贴现”对话框。

（5）修改结算日期为“2013－01－26”，录入结算金额“35 100”，在“结算科目”栏录入“100201”，或单击“结算科目”栏的参照按钮，选择“100201 工行存款”，如图 5-17 所示。

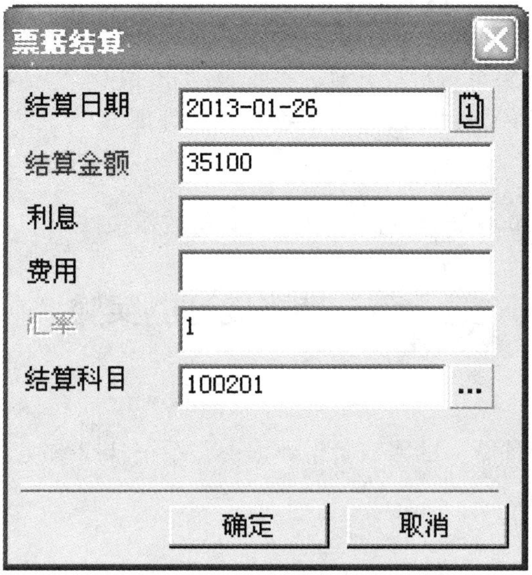

图 5-17　票据结算设置

（6）单击“确定”按钮，系统弹出“是否立即制单”信息提示框。

（7）单击“是”按钮，生成结算的记账凭证，单击“保存”按钮。如图 5-18 所示。

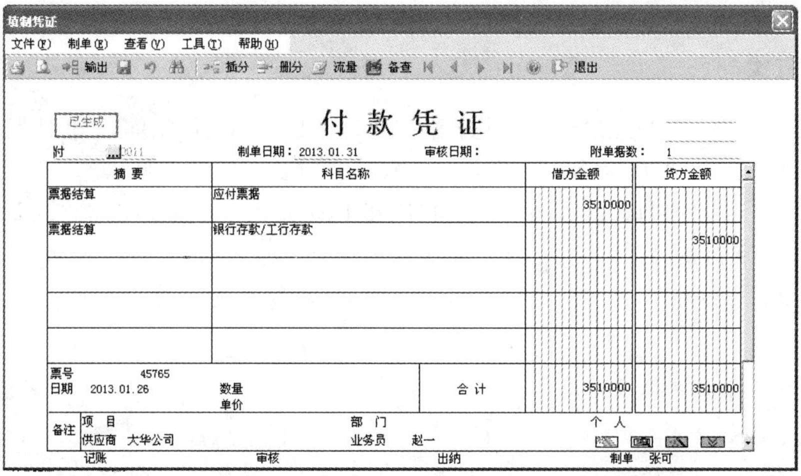

图 5-18　票据结算凭证生成

（8）单击“退出”按钮退出。

提示：

①当票据到期持票付款时，执行票据结算处理。

②进行票据结算时，结算金额应是通过结算实际支付的金额。

③票据结算后，不能再进行其他与票据相关的处理。

举一反三

（1）对于票据所形成的付款单，已经审核的，不能被修改；已经进行过计息、结算、转出处理的票据，不能被修改。

（2）票据计息时，如果进行再次计息，系统自动扣除以前已计提过的利息。

（3）票据结算后，不能再进行其他与票据相关的处理。

（五）账套备份

将账套输出至“E:\ 666 账套备份”的账套备份数据文件夹中。

第三节　转账处理的实验

一、实验准备

引入“E:\ 666 账套备份”的账套备份数据；将系统日期修改为“2013 年 1 月 31 日”。注册进入应付款管理系统。

二、实验要求

1. 应付冲应付，暂不制单
2. 预付冲应付，暂不制单
3. 制单
4. 账套备份

三、实验资料

（1）2013 年 1 月 28 日，经三方同意，将 2012 年 11 月 15 日应向“建卫股份公司”支取的货税款及代垫运费用款 46 800 元转为向本溪特种钢公司的应付账款。

（2）2013 年 1 月 31 日，经双方同意，将向建卫股份公司 1 月 24 日购买 12 吨钢材的货税款 16 848 元与预付款冲抵。

四、实验指导

（一）将应付账款冲抵应付账款

操作步骤：

（1）在应付款管理系统中，执行“转账”→“应付冲应付”命令，打开“应付冲应付”对话框。

（2）在“转出户”栏录入“02”，或单击“转出户”栏的参照按钮，选择“建卫股份公司”，再在“转入户”栏录入“01”，或单击“转入户”栏参照按钮，选择“本溪特种钢公司”，如图 5-19 所示。

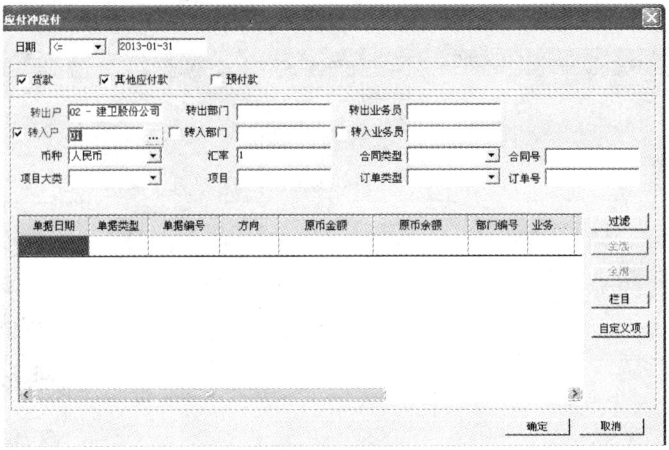

图 5-19　“应付冲应付”对话框

(3) 单击“过滤”按钮。在第 1 行“并账金额”栏录入“46 800.00”，如图 5-20 所示。

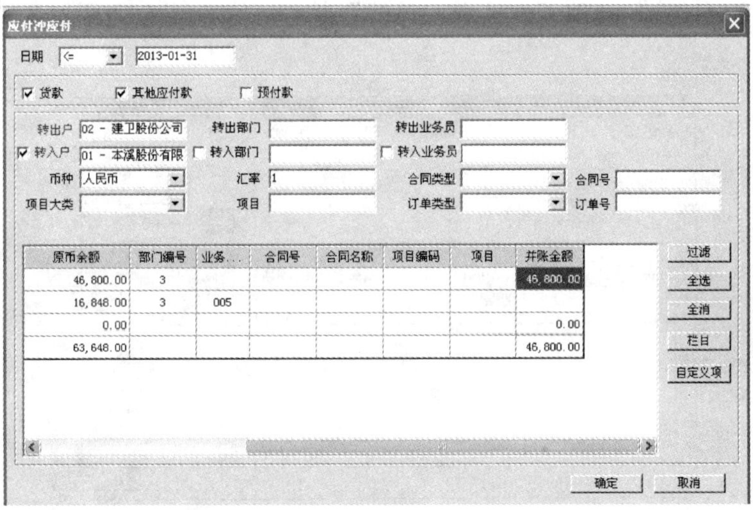

图 5-20　录入并账金额

(4) 单击“确定”按钮，出现“是否立即制单”提示，单击“否”按钮，单击“取消”按钮退出。

提示：

①每一笔应付款的转账金额不能大于其余额。

②每次只能选择一个转入单位。

(二) 将预付账款冲抵应付账款

操作步骤：

(1) 在应付款管理系统中，执行“转账”→“预付冲应付”命令，打开“预付冲应付”对话框。

(2) 在“供应商”栏录入“02”，或单击“供应商”栏的参照按钮，选择“建卫股份公司”。

（3）单击“过滤”按钮，在“金额”栏录入“16 848”，如图 5-21 所示。

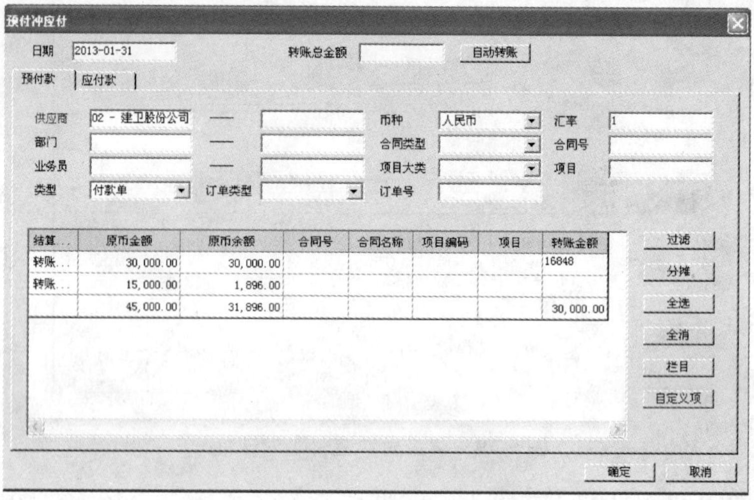

图 5-21　录入预付款转账金额

（4）单击“应付款”选项卡，单击“过滤”按钮，在转账金额栏录入“16 848. 00”，如图 5-22 所示。

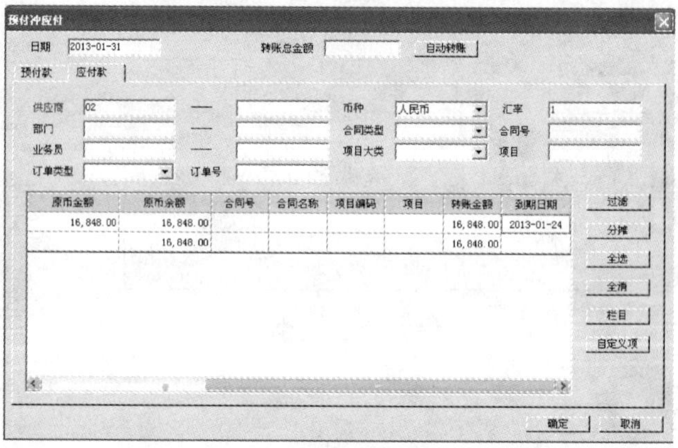

图 5-22　录入应付款转账金额

（5）单击“确定”按钮，出现“是否立即制单”提示，单击“否”按钮，再单击“取消”按钮退出。

提示：

①可以在输入转账总金额后单击“自动转账”按钮，系统自动根据过滤条件进行成批的预付冲应付款工作。

②每一笔应付款的转账金额不能大于其余额。

③应付款的转账金额合计应该等于预付款的转账金额合计。

④如果是红字预付款和红字应付单进行冲销，要把过滤条件中的“类型”选为“收款单”。

（三）制单

操作步骤：

（1）在应付款管理系统中，执行“制单处理”命令，进入“制单查询”窗口。

（2）在“制单查询”窗口中，分别选中“转账制单”和“并账制单”前的复选框，如图5-23所示。

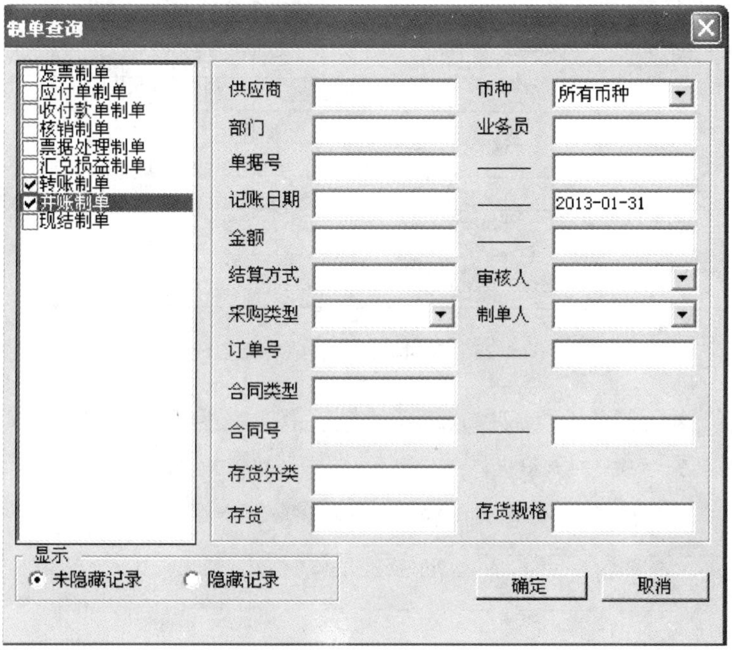

图5-23　制单查询—转账、并账制单

（3）单击“确定”按钮，打开“制单”窗口，单击“全选”按钮，再单击“凭证类型”栏的参照按钮，选择“转账凭证”，如图5-24所示。

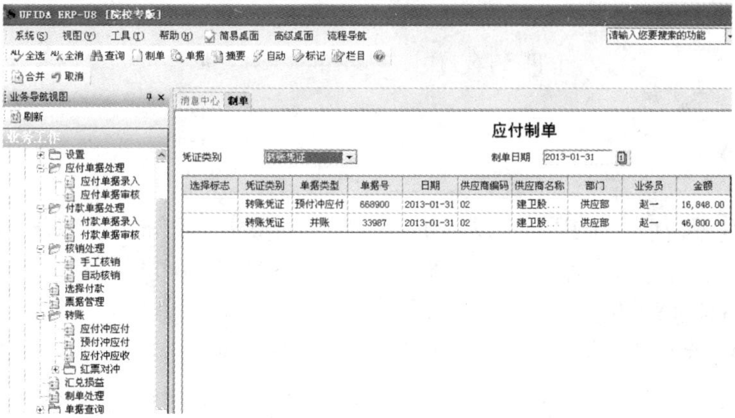

图5-24　“应付制单”窗口

（4）单击“制单”按钮，出现第1张记账凭证，单击“保存”，保存第1张记账凭证。再单击“下张”按钮，单击“保存”，保存第2张记账凭证，如图5-25和图5－26所示。

（5）单击“退出”按钮退出。

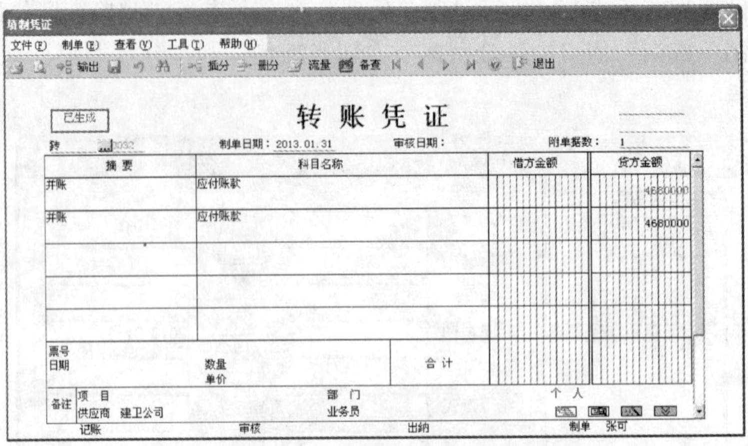

图 5-25　应付冲应付转账凭证生成

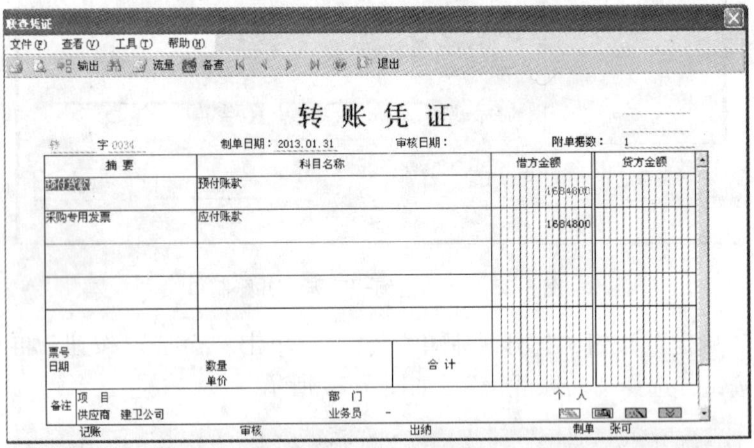

图 5-26　预付冲应付转账凭证生成

举一反三

（1）在应付冲应收功能中，可以用供应商的应付账款来冲抵客户的应收账款。系统通过应付冲应收功能将应付款业务在供应商和客户之间进行转账，实现应付业务的调整，解决应收债权与应付债务的冲抵。

（2）红票对冲中，自动对冲功能可以同时对多个供应商依据红票对冲规则进行红票对冲，提高红票对冲的效率。自动红票对冲提供进度条，并提供自动对冲报告，用户可了解自动红冲的完成情况和失败原因。

（四）账套备份

将账套输出至“E：\ 666 账套备份”的账套备份数据文件夹中。

第三部分

期/末/业/务/处/理

第一章

薪资管理系统

第一节　薪资月末处理

一、薪资月末结账

操作步骤：

（1）执行“业务处理”→“月末处理”命令，打开“月末处理”对话框，如图 1-1 所示。

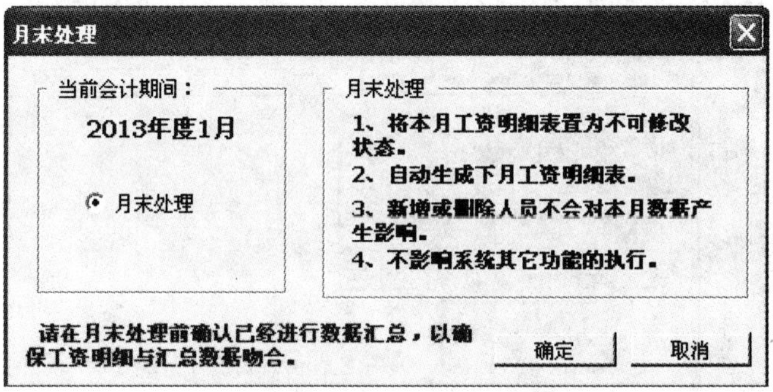

图 1-1　“月末处理”对话框

（2）单击“确定”按钮，系统提示“月末处理之后，本月工资将不许变动！继续月末处理吗?”，如图 1-2 所示。

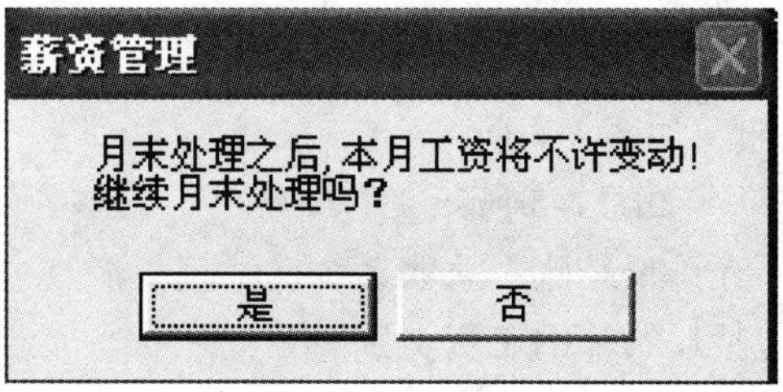

图 1-2　薪资管理

（3）单击“是”按钮，系统提示“是否选择清零项？”。

（4）单击“否”按钮，系统提示“月末处理完毕！”。

（5）单击“确定”按钮。

（6）关闭工资类别，删除“退休人员”工资类别。

提示：

（1）月末处理只有在会计年度的1—11月进行。

（2）如果处理多个工资类别，则应分别打开工资类别，分别进行月末处理。如果本月工资数据未汇总，系统将不允许进行月末处理。

（3）进行月末处理后，当月数据将不再允许变动。

（4）月末处理功能只有账套主管才能执行。

二、薪资反结账

在进行月末处理后，如果发现还有一些业务或其他事项要在已进行月末处理的月份进行账务处理，可以由账套主管以下月日期登录，使用反结账功能，取消已结账标记。操作步骤如下：

（1）重注册，用001号张可，登录到2月1日。

（2）打开“薪资管理”→“业务处理”→“反结账”（图1-3）。

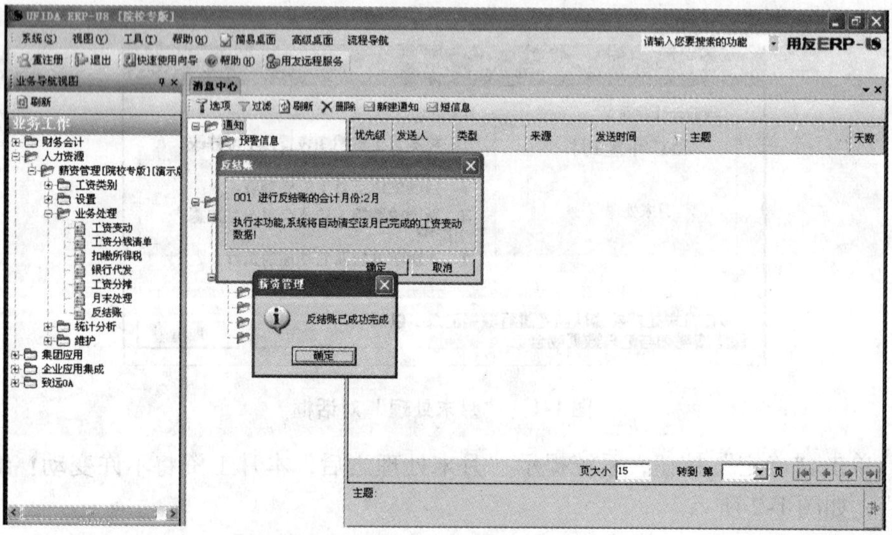

图1-3 反结账

（3）单击“确定”按钮，如图1-4所示。

（4）单击“确定”按钮，如图1-5所示。

有下列情况之一者，不允许反结账：总账系统已结账；汇总工资类别的会计月份与反结账的会计月份相同，并且包括反结账的工资类别。

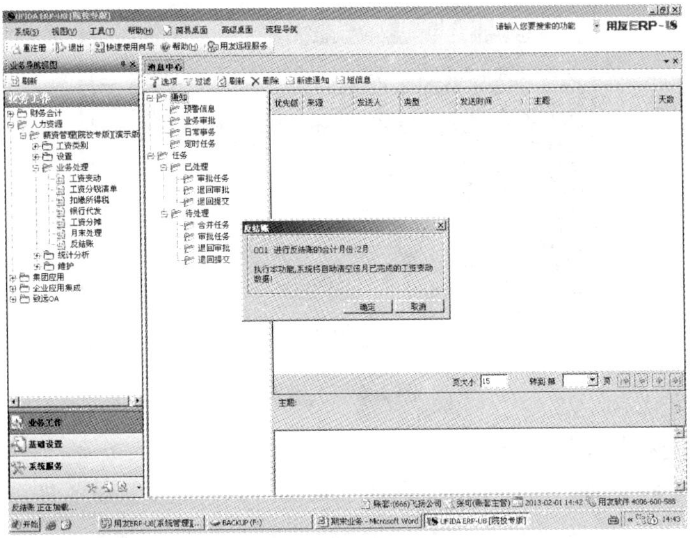

图 1-4 反结账（1）

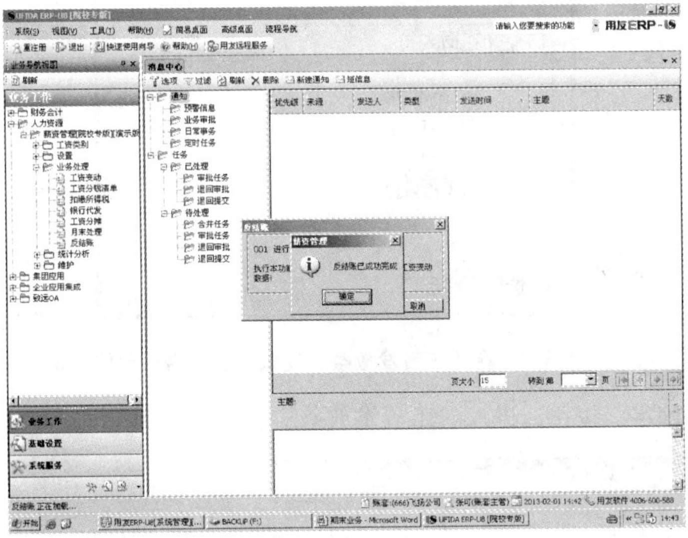

图 1-5 反结账（2）

第二节 查询薪资相关账表

一、查看薪资发放条

操作步骤：

（1）执行“统计分析”→“账表”→“工资表”命令，打开“工资表”对话框。

（2）单击选中“工资发放条”，如图 1-6 所示。

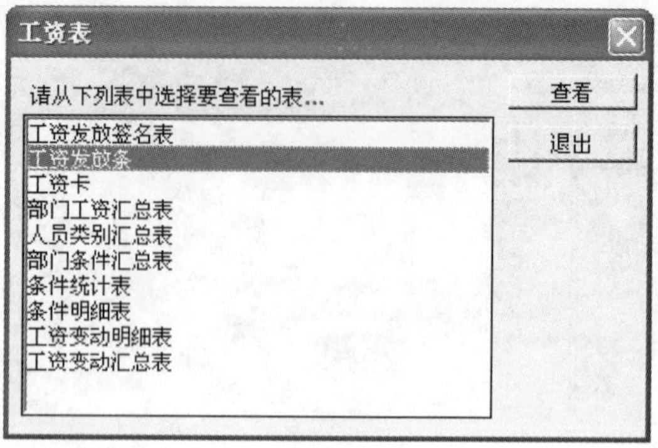

图 1-6　工资表

（3）单击“查看”按钮，打开“工资发放条”对话框。

（4）单击选中各个部门，并单击“选定下级部门”前的复选框，如图 1-7 所示。

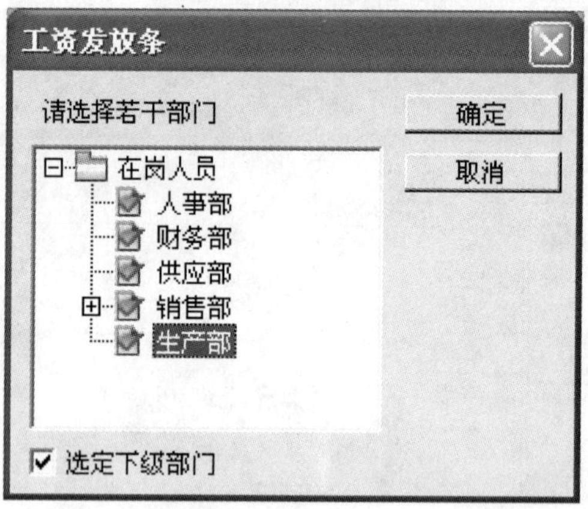

图 1-7　在“工资发放条”窗口中选择若干部门

（5）单击“确定”按钮，进入“工资发放条”窗口，如图 1-8 所示。

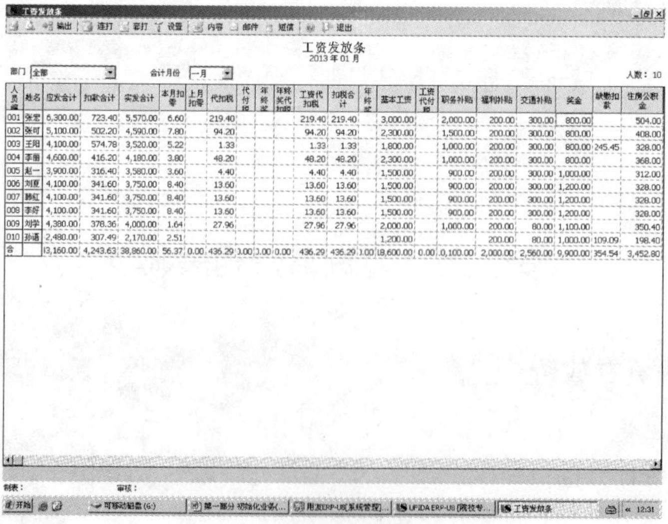

人员编	姓名	应发合计	扣款合计	实发合计	本月扣零	上月扣零	代扣税	代付税	年终奖	年终奖代扣税	工资代扣税	扣税合计	年终奖	基本工资	工资代付税	职务补贴	福利补贴	交通补贴	奖金	缺勤扣款	住房公积金
001	张宏	6,300.00	723.40	5,570.00	6.60		219.40				219.40	219.40		3,000.00		2,000.00	200.00	300.00	800.00		504.00
002	张可	5,100.00	502.20	4,590.00	7.80		94.20				94.20	94.20		2,300.00		1,500.00	200.00	300.00	800.00		408.00
003	王阳	4,100.00	574.78	3,520.00	5.22		1.33				1.33	1.33		1,800.00		1,000.00	200.00	300.00	800.00	245.45	328.00
004	李丽	4,600.00	416.20	4,180.00	3.80		48.20				48.20	48.20		2,300.00		1,000.00	200.00	300.00	800.00		368.00
005	赵一	3,900.00	316.40	3,580.00	3.60		4.40				4.40	4.40		1,500.00		900.00	200.00	300.00	1,000.00		312.00
006	刘夏	4,100.00	341.60	3,750.00	8.40		13.60				13.60	13.60		1,500.00		900.00	200.00	300.00	1,200.00		328.00
007	韩红	4,100.00	341.60	3,750.00	8.40		13.60				13.60	13.60		1,500.00		900.00	200.00	300.00	1,200.00		328.00
008	李好	4,100.00	341.60	3,750.00	8.40		13.60				13.60	13.60		1,500.00		900.00	200.00	300.00	1,200.00		328.00
009	刘学	4,380.00	378.36	4,000.00	1.64		27.96				27.96	27.96		2,000.00		1,000.00	200.00	80.00	1,100.00		350.40
010	孙语	2,480.00	307.49	2,170.00	2.51									1,200.00			200.00	80.00	1,000.00	109.09	198.40
合		13,160.00	4,243.63	38,860.00	56.37	0.00	436.29	.00	.00	0.00	436.29	436.29	.00	18,600.00	0.00	0,100.00	2,000.00	2,560.00	9,900.00	354.54	3,452.80

图 1-8　“工资发放条”窗口

（6）单击“退出”按钮退出。

提示：

①工资业务处理完成后，相关工资报表数据同时生成，系统提供了多种形式的报表反映工资核算的结果。如果对报表的格式不满意，还可以进行修改。

②系统提供的工资报表主要包括“工资发放签名表”、“工资发放条”、“部门工资汇总表”、“人员类别汇总表”、“部门条件汇总表”、“条件统计表”、“条件明细表”及“工资变动明细表”等。

③工资发放条是发放工资时交给职工的工资项目清单。系统提供了自定义工资发放打印信息和工资项目打印位置格式的功能，提供固化表头和打印区域范围的“工资套打”格式。

二、查看部门工资汇总表

操作步骤：

（1）执行“统计分析”→“账表”→“工资表”命令，打开“工资表”对话框。

（2）单击选中“部门工资汇总表”，单击“查看”按钮，打开“部门工资汇总表—请选择部门范围”对话框，如图1-9所示。

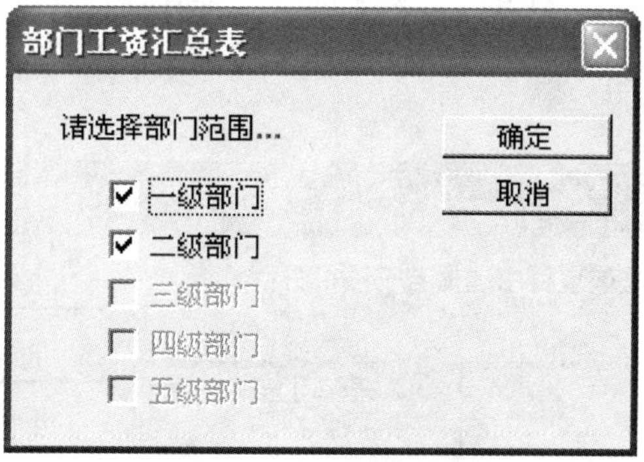

图1-9　部门工资汇总表

（3）单击选中各个部门，并单击“选定下级部门”前的复选框。单击“确定”按钮，继续选择。

（4）单击“确定”按钮，进入“部门工资汇总表”窗口。

（5）单击“退出”按钮退出。

提示：

①部门工资汇总表提供按单位（或各部门）进行工资汇总的查询。

②可以选择部门级次，可以查询当月部门工资汇总表，也可以查询其他各月的部门工资汇总表。

三、对财务部进行工资项目构成分析

操作步骤：

（1）执行“统计分析”→“工资分析表”命令，打开“工资分析表”对话框，如图1-10所示。

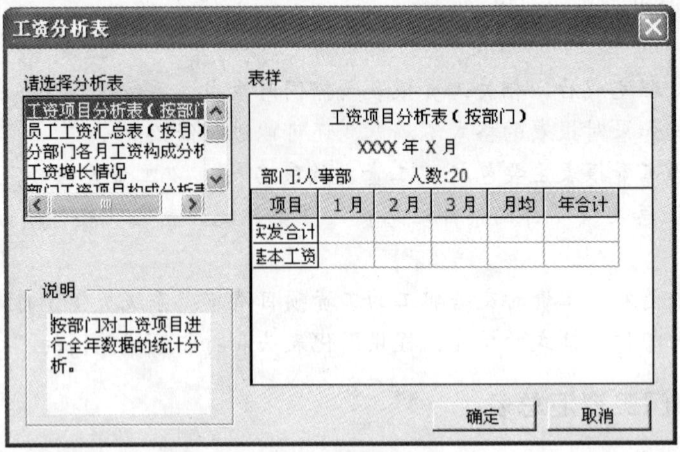

图 1-10　工资分析表

（2）单击“确定”按钮，打开“选择分析部门”对话框。

（3）在“选择分析部门”对话框中，单击选中各个部门。

（4）单击“确定”按钮，打开“分析表选项”对话框。

（5）在“分析表选项”对话框中，单击“≫”按钮，选中所有的薪资项目内容，如图 1-11 所示。

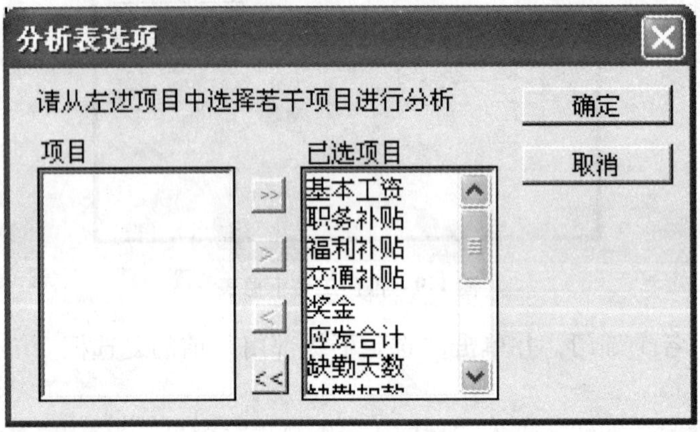

图 1-11　分析表选项

（6）单击“确定”按钮，进入“工资项目分析表（按部门）”窗口。

（7）单击“部门”栏的下三角按钮，选择“财务部”，可以查看财务部工资项目构成情况。

（8）单击“退出”按钮退出。

提示：

对于工资项目分析，系统仅提供单一部门的分析表。用户在分析界面可以单击“部门”栏的下三角按钮，查看该部门的工资项目构成分析。

四、查询1月份“应付职工薪酬”的记账凭证

操作步骤：

执行“统计分析”→“凭证查询”命令，打开“凭证查询”对话框，如图1-12所示。

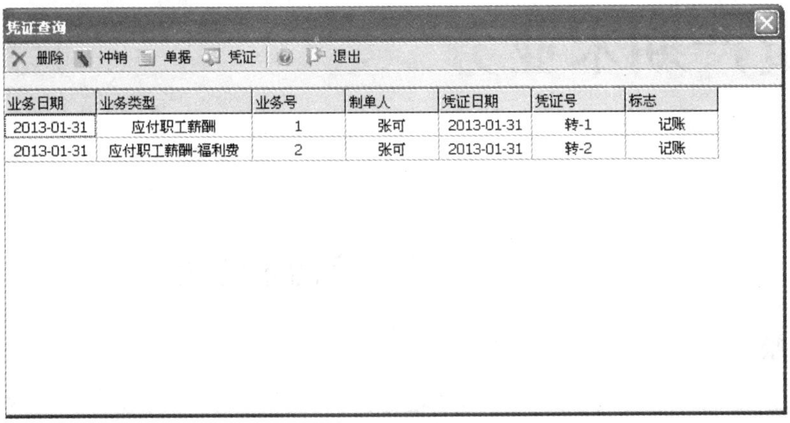

业务日期	业务类型	业务号	制单人	凭证日期	凭证号	标志
2013-01-31	应付职工薪酬	1	张可	2013-01-31	转-1	记账
2013-01-31	应付职工薪酬-福利费	2	张可	2013-01-31	转-2	记账

图1-12 “凭证查询”对话框

提示：

①薪资管理系统中的凭证查询功能可以对薪资管理系统生成的转账凭证进行查询、删除或冲销，而在总账系统中，对薪资管理系统中传递过来的转账凭证只能进行查询、审核或记账等操作，不能进行修改或删除。

②在凭证查询功能中单击“单据”按钮，可以查看该张凭证所对应的单据。

③如果要进行工资数据的上报或采集，或者进行不同工资类别之间的人员变动，应在“工资数据维护”功能中完成。

④在“工资数据维护”功能中还可以进行“人员信息复制”及“工资类别汇总”的操作。

举一反三

（1）月末处理是将当月数据经过处理后结转至下月。每月工资数据处理完毕后均可进行月末结转。由于在工资项目中，有的项目是变动的，即每月的数据均不相同，在每月工资处理时，均需将其数据清为0，而后输入当月的数据，此类项目即为清零项目。

（2）薪资年末结转，新年度到来时，应首先建立新年度账，然后在系统管理中选择“年度账”→“结转上年数据”后，即可将工资数据经过处理后结转至本年。此项操作需要账套主管在服务器上登录系统管理执行操作。

第二章

固定资产期末业务

第一节　固定资产月末处理

一、结账

操作步骤：

（1）执行“处理”→“月末结账”命令，打开“月末结账”对话框。

（2）单击“开始结账”按钮，出现“与总账对账结果”对话框。

（3）单击“确定”按钮，出现系统提示。如图 2-1 所示。

图 2-1　固定资产系统月末结账后系统提示信息

（4）单击“确定”按钮。

提示：

①在固定资产系统完成了本月全部制单业务后，可以进行月末结账。月末结账每月进行一次，结账后当期数据不能修改。

②本期不结账，将不能处理下期的数据；结账前一定要进行数据备份，否则，数据一旦丢失，将造成无法挽回的后果。

二、固定资产反结账

如果结账后发现有未处理的业务或者有需要修改的事项，可以通过系统提供的“恢复月末结账前状态”功能进行反结账。恢复到某个月月末结账前状态后，本账套对该结账后所做的所有工作都可以无痕迹删除。但是，不能跨年度恢复数据，即本系统年末结转后，不能利用本功能恢复年末结转。

固定资产反结账具体操作步骤如下：

（1）用 001 号账套主管张可的身份重新注册，时间为 2013 年 1 月 31 日。

（2）单击“是”，如图 2-2 所示。

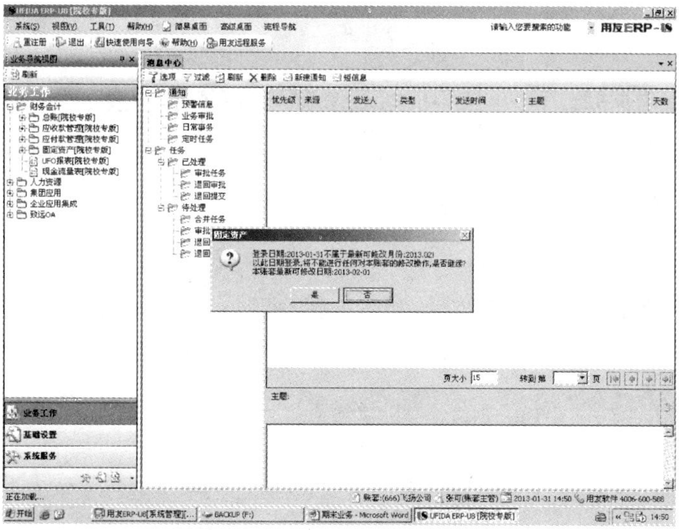

图 2-2　登录固定资产系统

（3）进入固定资产系统，单击“处理”→“恢复月末结账前状态”，弹出“此操作将恢复本账套 2013. 01 月末结账前操作状态，并花费一定时间！是否继续?”对话框，如图 2 -3 所示。

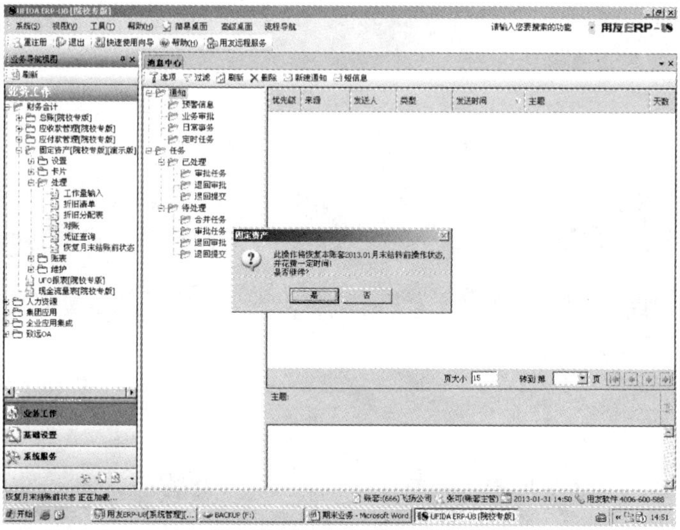

图 2-3　反结账

（4）单击“是”，弹出“成功恢复账套月末结账前状态！”对话框，如图 2-4 所示。

图 2-4　反结账成功

(5) 单击“确定”按钮。

第二节　查询固定资产系统相关账表

一、查询固定资产原值一览表

操作步骤：

(1) 执行“账表”→“我的账表”命令，进入“固定资产—报表”窗口。

(2) 执行“账簿”中的“统计表”命令，如图 2-5 所示。

图 2-5　固定资产统计表

(3) 双击“(固定资产原值)一览表”，打开“(固定资产原值)一览表”对话框。

(4) 单击“确定”按钮，进入“(固定资产原值)一览表”窗口，如图 2-6 所示。

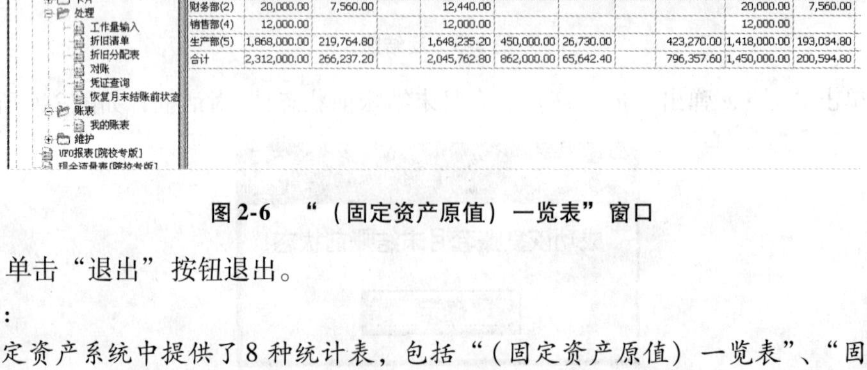

图 2-6　“(固定资产原值)一览表”窗口

(5) 单击“退出”按钮退出。

提示：

在固定资产系统中提供了 8 种统计表，包括“(固定资产原值)一览表”、“固定资产到期提示表”、“固定资产统计表”、“盘盈盘亏报告表”、“评估变动表”、“评估汇总表”、“役龄资产统计表”、“逾龄资产统计表”。这些表从不同的侧面对固定资产进行统计分析，使管理者可以全面细致地了解企业对资产的管理、分布情况，为及时掌握资产的价值、数量以及新旧程度等指标提供依据。

二、查询“价值结构分析表”

操作步骤：

（1）执行“账表”→“我的账表”命令，进入“固定资产（报表）”窗口。

（2）单击“分析表”。双击“价值结构分析表”，打开“价值结构分析表”对话框。

（3）单击“确定”按钮，打开“价值结构分析表”，如图 2-7 所示。

图 2-7　价值结构分析表

（4）单击“退出”按钮退出。

提示：

在固定资产系统中，分析表主要通过对固定资产的综合分析，为管理者提供管理和决策依据。系统提供了 4 种分析表，即“部门构成分析表”、“价值结构分析表”、“类别构成分析表”及“使用状况分析表”。管理者可以通过这些表，了解本企业资产计提折旧的程度和剩余价值的大小。

举一反三

（1）不能跨年度恢复数据，即本系统年末结转后，不能利用本功能恢复年末结转。

（2）恢复到某个月月末结账前状态后，本账套内对该结账后所做的所有工作都无痕迹删除。

第三章

应收账款期末业务处理

第一节 应收账款月末处理

一、结账

操作步骤：

（1）在应收款管理系统中，执行“期末处理”→“月末结账”命令，打开“月末处理”对话框。

（2）双击1月份“结账标志”栏，如图3-1所示。

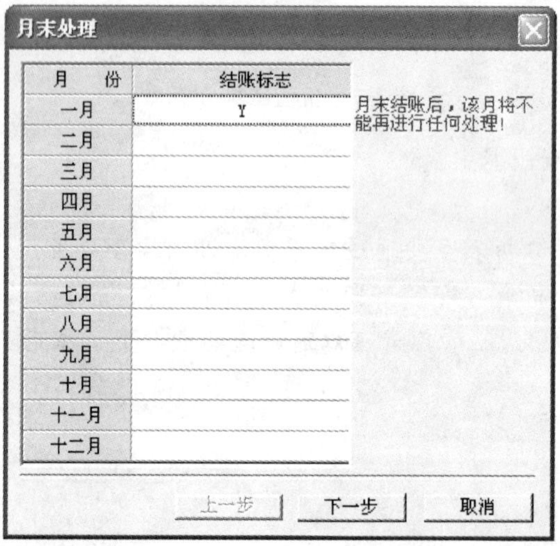

图3-1 “月末处理”对话框

（3）单击“下一步”按钮，出现“月末处理”表，如图3-2所示。

（4）单击“完成”按钮，系统弹出“1月份结账成功”信息提示框。

（5）单击“确定”按钮。

提示：

①如果当月业务已经全部处理完毕，应进行月末结账。只有当月结账后，才能开始下月

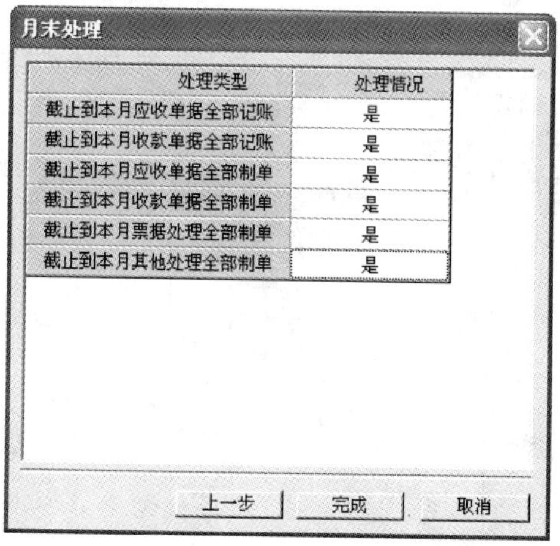

图 3-2　月末处理情况表

的工作。

②进行月末处理时，一次只能选择一个月进行结账，前一个月未结账，则本月不能结账。

③在执行了月末结账后，该月将不能再进行任何处理。

二、反结账

(1) 进入应收款管理，单击“期末处理”→“取消月结”，弹出“取消结账”窗口。

(2) 选中“一月”，单击“确定”，如图 3-3 所示。

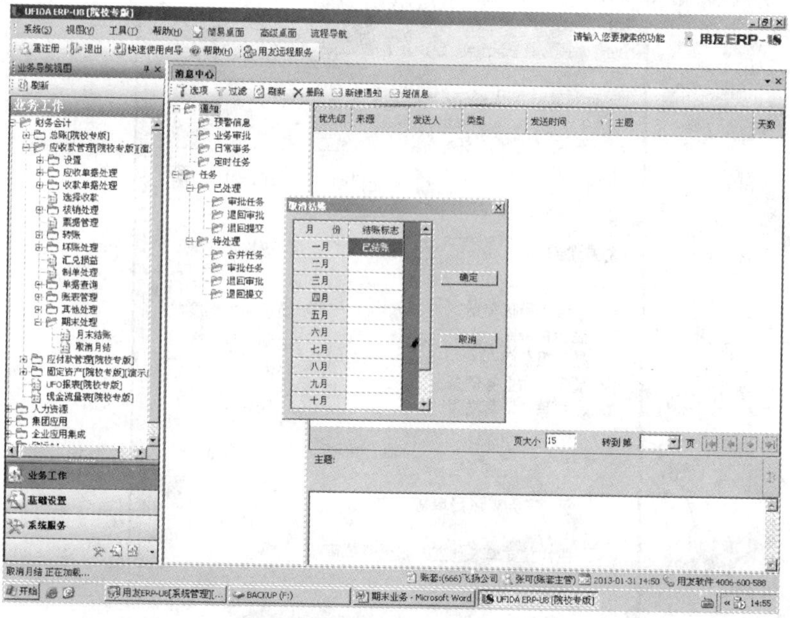

图 3-3　固定资产反结账

(3) 弹出“取消结账成功”对话框，单击“确定”按钮，如图 3-4 所示。

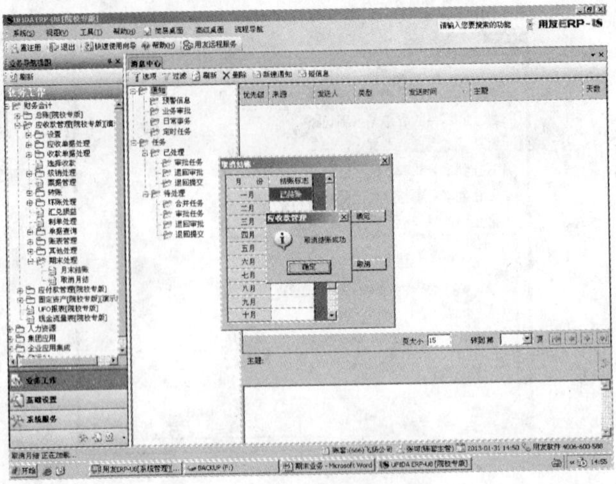

图 3-4 应收账款反结账

第二节 账表查询及其他处理的实验

一、欠款分析

操作步骤：

（1）在应收款管理系统中，执行“账表管理”→“统计分析”→“欠款分析”命令，打开“欠款分析”对话框。

（2）选中所有条件，如图 3-5 所示。

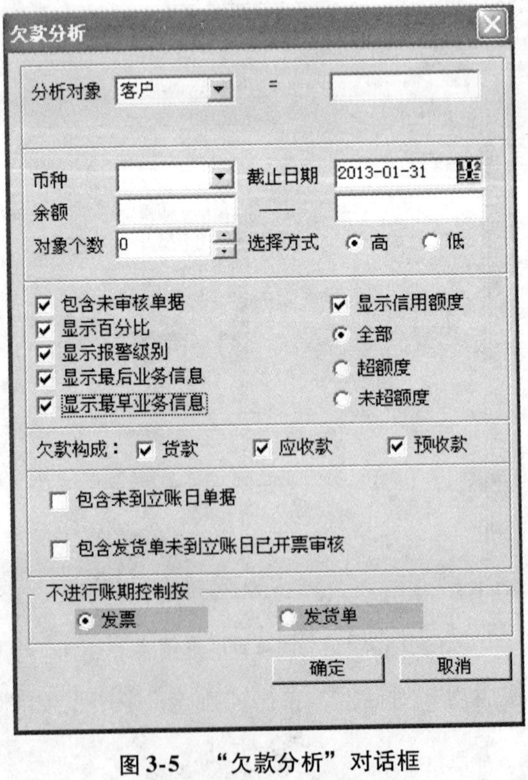

图 3-5 “欠款分析”对话框

（3）单击“确定”，进入“欠款分析”窗口，如图 3-6 所示。

（4）单击“退出”按钮退出。

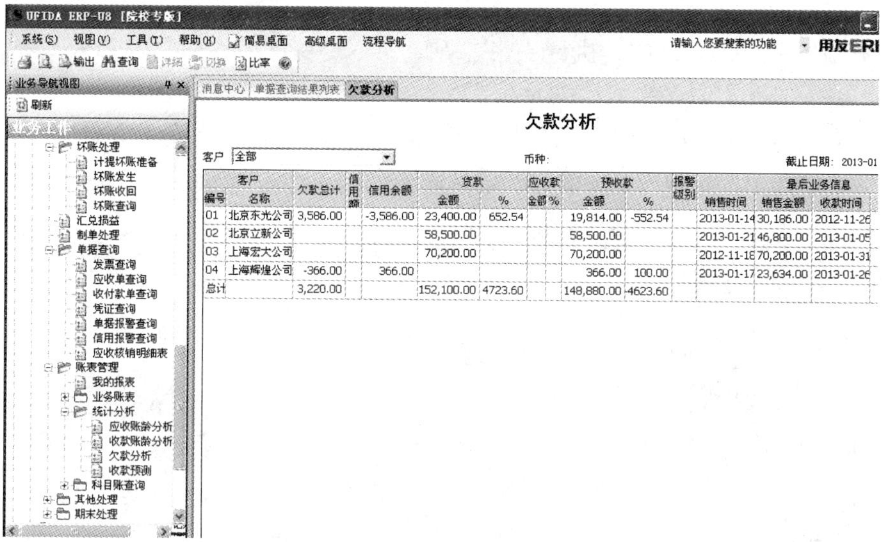

图 3-6　“欠款分析”窗口

二、查询业务总账

操作步骤：

（1）在应收款管理系统中，执行“账表管理”→“业务账表”→“业务总账”命令，进入“过滤条件选择—应收账款总账表”。

（2）单击“过滤”按钮，打开“应收总账表”窗口，如图 3-7 所示。

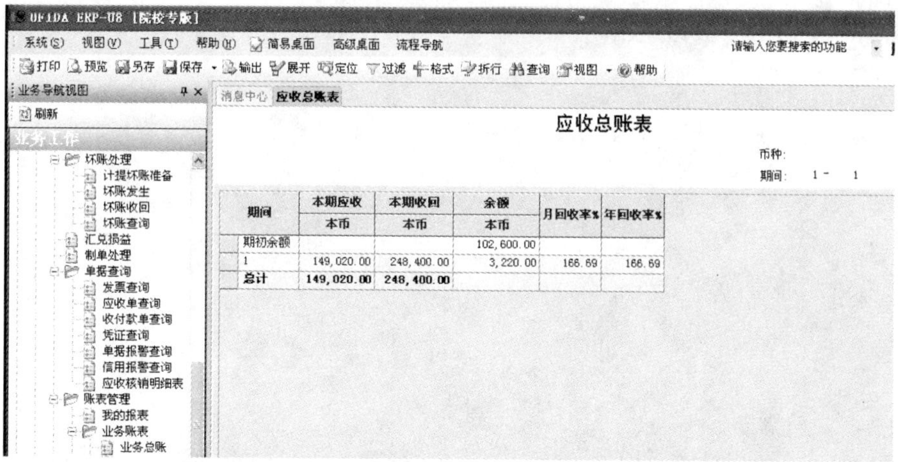

图 3-7　“应收总账表”窗口

（3）单击“退出”按钮退出。

三、查询科目余额表

操作步骤：

（1）在应收款管理系统中，执行“账表管理”→“科目账查询”→“科目余额表”命令，打开“客户往来科目余额表”对话框。

（2）单击“确定”按钮，打开“科目余额表”，如图3-8所示。

科目编号	科目名称	客户编号	客户名称	方向	期初余额 本币	借方 本币	贷方 本币	方向	期末余额 本币
1121	应收票据	01	北京东光公司	借	23,400.00			借	23,400.00
1121	应收票据	02	北京立新公司	平		58,500.00	58,500.00	平	
1121	应收票据	03	上海宏大公司	平		70,200.00		借	70,200.00
小计：				借	23,400.00	128,700.00	58,500.00	借	93,600.00
1122	应收账款	01	北京东光公司	平		30,186.00	30,186.00	平	
1122	应收账款	02	北京立新公司	借	58,500.00		58,500.00	平	
1122	应收账款	03	上海宏大公司	借	70,700.00	94,700.00	165,400.00	平	
1122	应收账款	04	上海辉煌公司	平		24,134.00	24,500.00	贷	366.00
小计：				借	129,200.00	149,020.00	278,586.00	贷	366.00
2203	预收账款	01	北京东光公司	贷	50,000.00		-30,186.00	贷	19,814.00
小计：				贷	50,000.00		-30,186.00	贷	19,814.00
合计：				借	102,600.00	277,720.00	306,900.00	借	73,420.00

图3-8 科目余额表

（3）单击“退出”按钮退出。

第四章

应付账款期末业务处理

第一节　应付账款月末处理

一、结账

操作步骤：

（1）在应付款管理系统中，执行“期末处理”→“月末结账”命令，打开“月末处理”对话框。

（2）双击1月份“结账标志”栏，如图4-1所示。

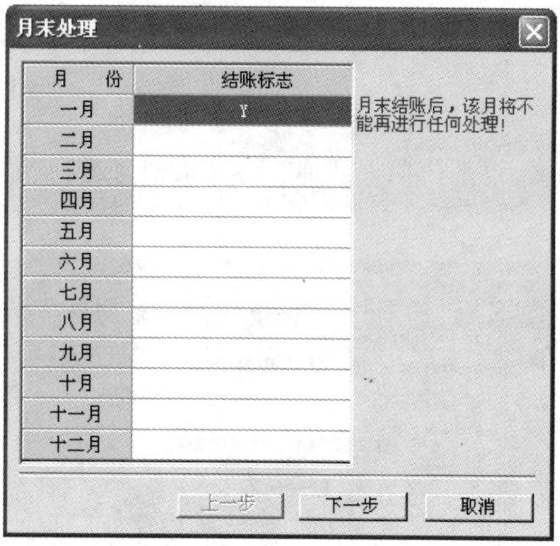

图4-1　“月末处理”对话框

（3）单击“下一步”按钮，出现“月末处理”表，如图4-2所示。

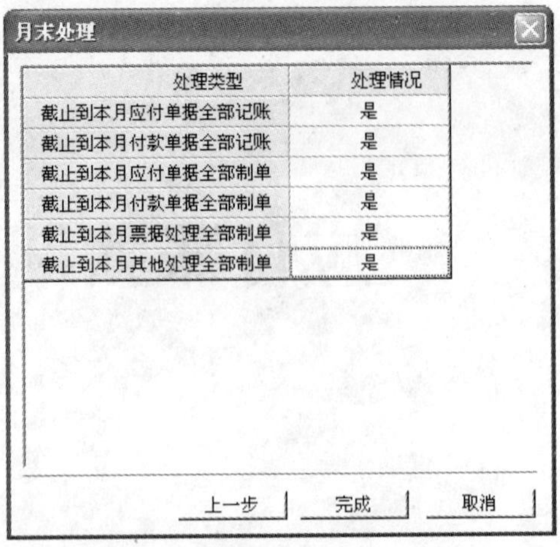

图 4-2　月末处理情况表

(4) 单击“完成”按钮，系统弹出“1 月份结账成功”信息提示框。如图 4-3 所示。

(5) 单击“确定”按钮。

图 4-3　结账成功提示

提示：

①如果当月业务已经全部处理完毕，应进行月末结账。只有当月结账后，才能开始下月的工作。

②进行月末处理时，一次只能选择一个月进行结账，前一个月未结账，则本月不能结账。

③在执行了月末结账后，该月将不能再进行任何处理。

二、反结账

(1) 进入应付款管理，单击“期末处理”→“取消月结”，弹出“取消结账”窗口，如图 4-4 所示。

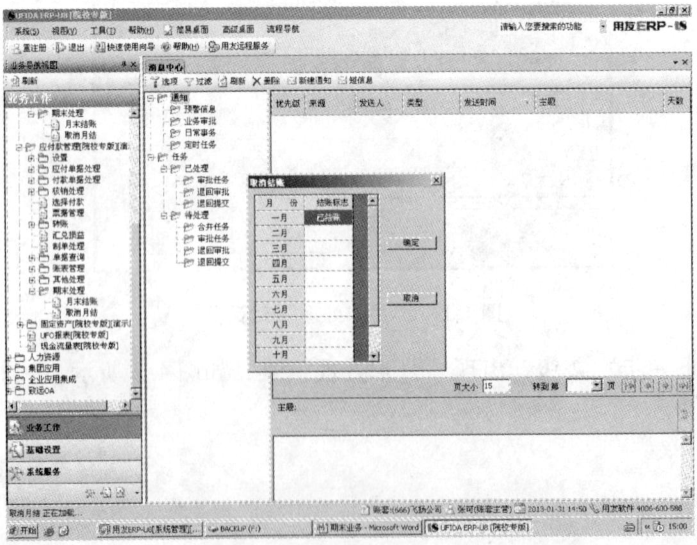

图 4-4　应付账款反结账

（2）选中“一月”，单击“确定”按钮，弹出“取消结账成功”对话框，单击“确定”按钮，如图 4-5 所示。

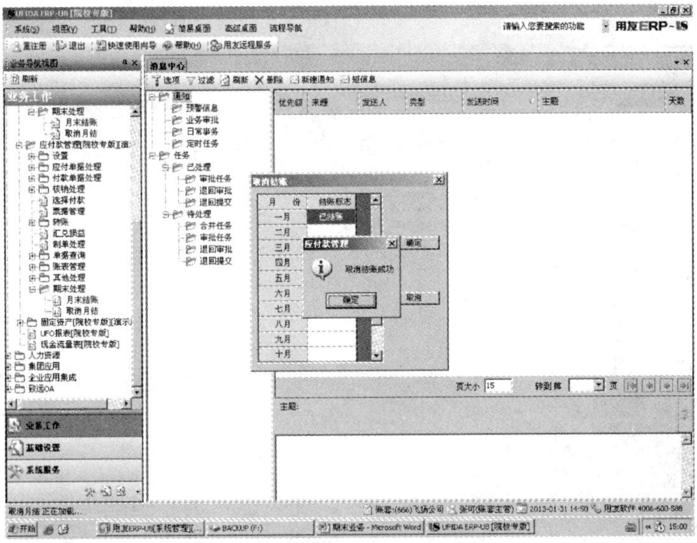

图 4-5　应付账款反结账成功

第二节　账表查询及其他处理的实验

一、查询 1 月份填制的所有采购专用发票

操作步骤：

（1）在应付款管理系统中，单击“单据查询”→“发票查询”，打开“发票查询”对话框。

（2）单击“发票类型”栏的下三角按钮，选择“采购专用发票”。

（3）单击“确定”按钮，进入“发票查询”窗口，如图 4-6 所示。

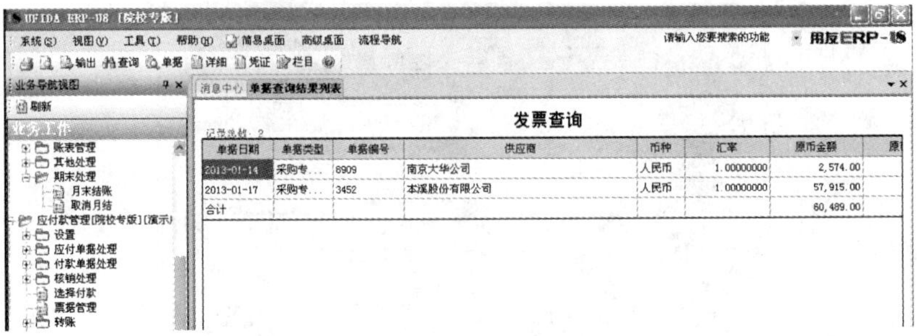

图 4-6　“发票查询”窗口

（4）单击“退出”按钮退出。

二、查询 1 月份所有的收付款单

操作步骤：

（1）在应付款管理系统中，单击“单据查询”→“收付款单查询”，打开“收付款单查询”对话框。

（2）单击“确定”按钮，进入“收付款单查询”窗口，如图4-7所示。

图4-7 “收付款单查询”窗口

（3）单击“退出”按钮退出。

三、删除1月31日填制的支付建卫股份公司商业承兑汇票的记账凭证

操作步骤：

（1）在应付款管理系统中，单击“单据查询”→“凭证查询”，打开“凭证查询条件”对话框。

（2）单击“业务类型”栏的下三角按钮，选择“收付款单制单”，在“供应商”栏输入“02”，或单击“供应商”栏的参照按钮，选择“建卫股份公司”，如图4-8所示。

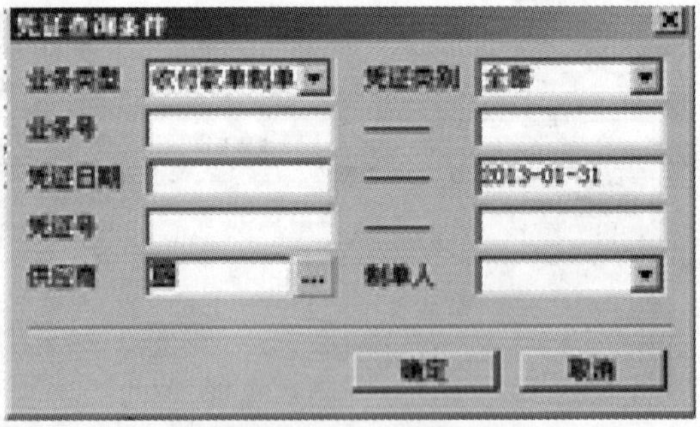

图4-8 设置凭证查询条件

（3）单击“确定”按钮，进入“凭证查询”窗口。

（4）单击选中“收付款单制单”记账凭证，如图4-9所示。

（5）单击“删除”按钮，系统弹出“确定要删除此凭证吗?”信息提示框。

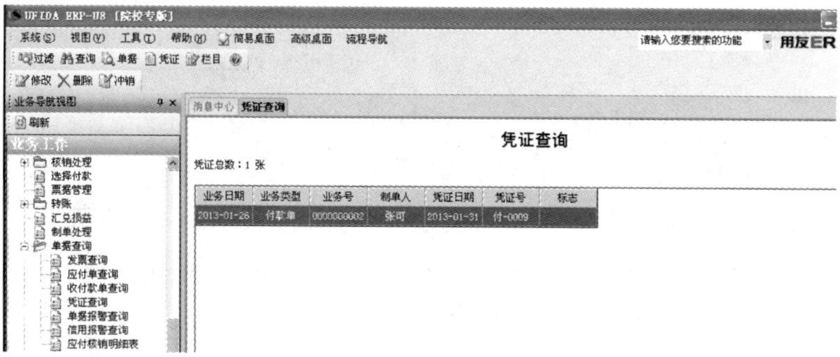

图 4-9　“凭证查询”窗口

（6）单击“是”按钮。

（7）单击“退出”按钮退出。

提示：

①只有未在总账系统中审核的凭证才能删除，如果已经在总账系统中进行了出纳签字或审核，应取消出纳签字或审核后，再进行删除操作。

②如果凭证已经在总账系统中记账，又需要对形成凭证的原始单据进行修改，则可以通过冲销方式冲销凭证，然后对原始单据进行其他操作后再重新生成凭证。

③ 1 张凭证被删除后，它所对应的原始单据及相应的操作内容可以重新制单。

四、应付账龄分析

操作步骤：

（1）在应付款管理系统中，执行“账表管理”→“统计分析”→“付款账龄分析”命令，打开“付款账龄分析”对话框。

（2）单击“确定”，进入“付款账龄分析”窗口，如图 4-10 所示。

（3）单击“退出”按钮退出。

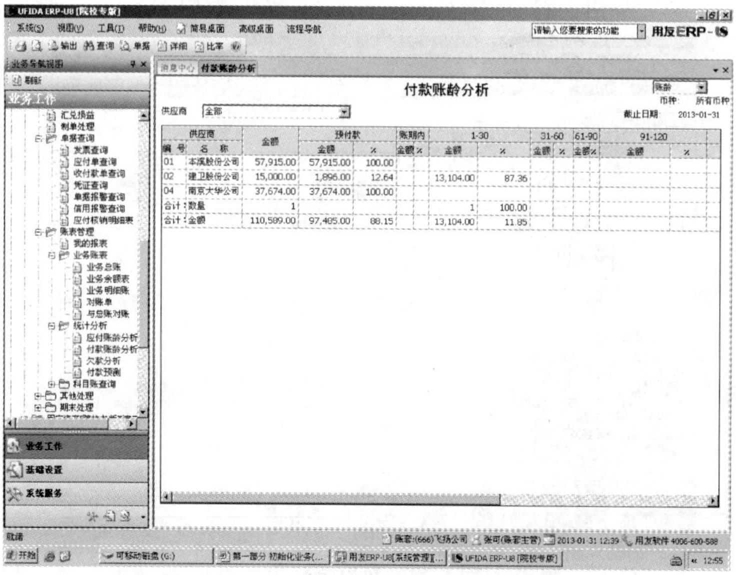

图 4-10　“付款账龄分析”窗口

五、查询业务总账

操作步骤：

（1）在应付款管理系统中，执行“账表管理”→“业务账表”→“业务总账”命令，打开“应付总账表”对话框。

（2）单击“过滤”按钮，打开“应付总账表”窗口，如图 4-11 所示。

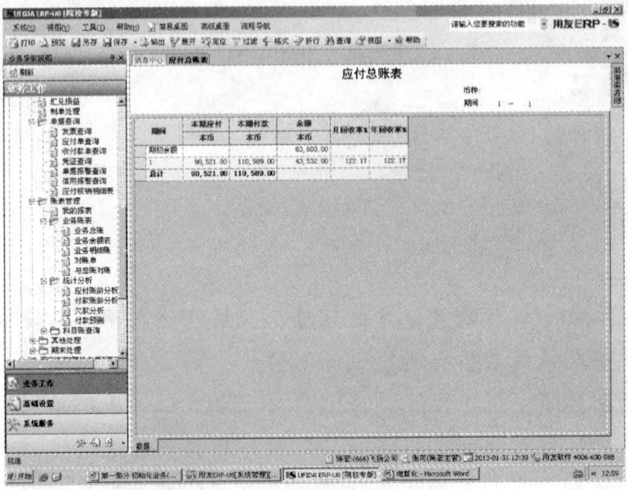

图 4-11 “应付总账表”窗口

（3）单击“退出”按钮退出。

六、查询科目余额表

操作步骤：

（1）在应付款管理系统中，执行“账表管理”→“科目账查询”→“科目余额表”命令，打开“供应商往来科目余额表”对话框。

（2）单击“确定”按钮，打开“科目余额表”，如图 4-12 所示。

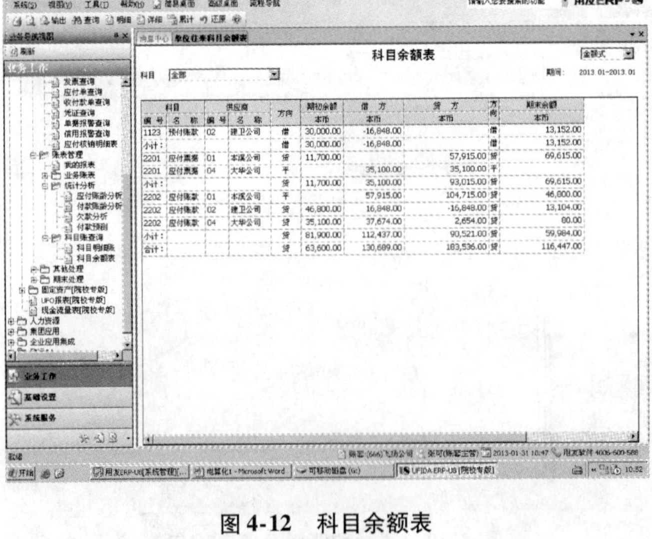

图 4-12 科目余额表

（3）单击“退出”按钮退出。

七、取消转账操作

操作步骤：

（1）在应付款管理系统中，执行“其他处理”→“取消操作”命令，打开“取消操作条件”对话框。

（2）在“供应商”栏录入“02”，或单击“供应商”栏的参照按钮，选择“建卫股份公司”，单击“操作类型”栏的下三角按钮，选择“核销”，如图 4-13 所示。

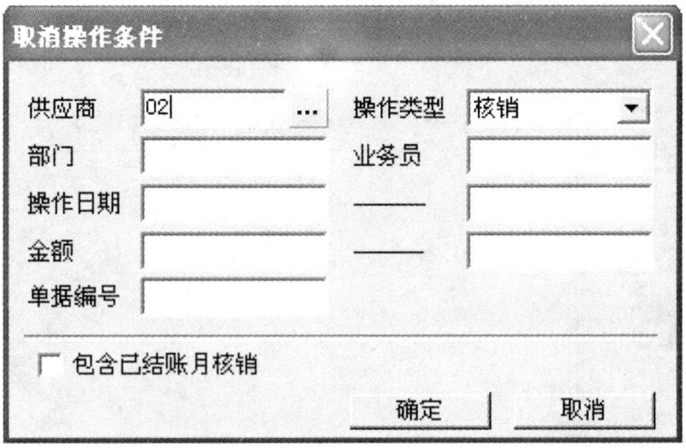

图 4-13　“取消操作条件”窗口

（3）单击“确定”按钮，进入“取消操作”窗口。

（4）双击“选择标志”栏，如图 4-14 所示。

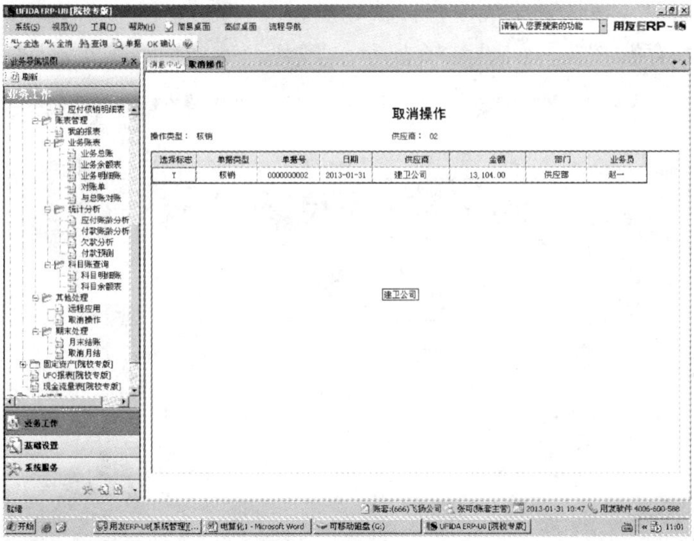

图 4-14　“取消操作”窗口

（5）单击“OK”按钮。

（6）单击“退出”按钮退出。

八、制单

操作步骤：

（1）在应付款管理系统中，执行“制单处理”命令，进入“制单查询”窗口。

（2）在“制单查询”窗口中，单击选中“收付款单制单”，单击“确定”按钮，进入“收付款单制单”窗口。

（3）单击“全选”按钮，如图4-15所示。

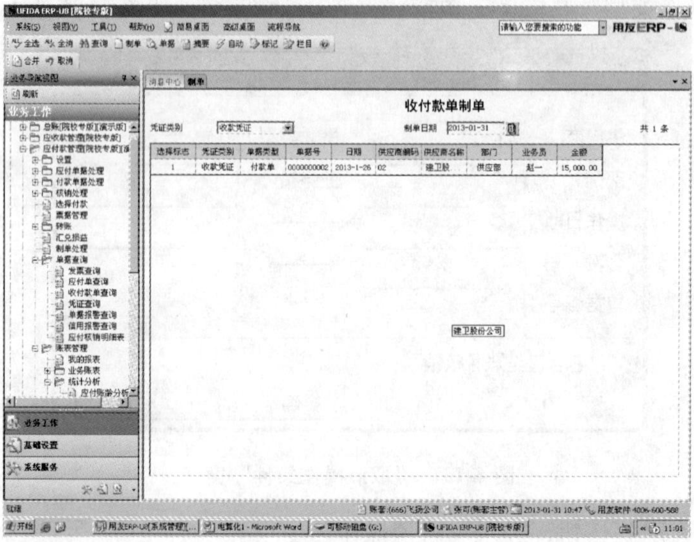

图4-15 “收付款单制单”窗口

（4）单击“制单”按钮，生成1张付款凭证。

（5）单击“保存”按钮，如图4-16所示。

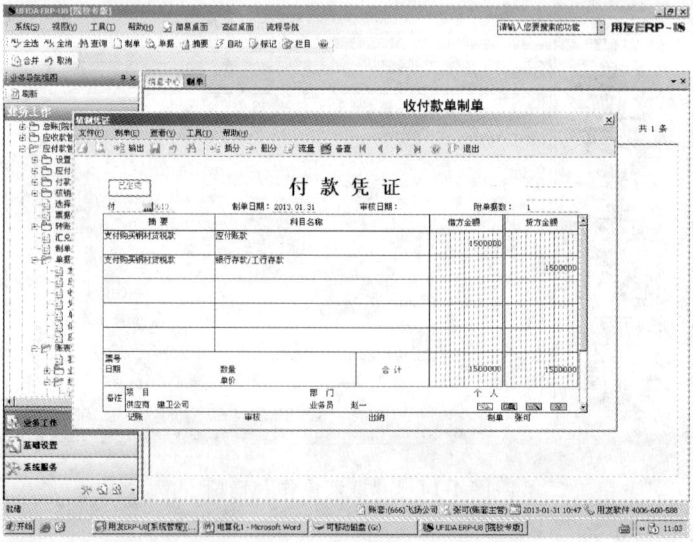

图4-16 付款单凭证生成

（6）应付管理系统结账

第五章

总账业务期末处理

第一节　结转费用成本及利润结转

一、设置自定义结转凭证，结转借款利息

自定义借款利息操作步骤：

（1）以“张可”注册进入总账系统，执行“业务”→“总账”→“期末”→“转账定义”→“自定义转账”命令，进入“自定义转账设置”窗口。

（2）单击“增加”按钮，打开“转账目录”设置对话框。

（3）输入转账序号“0001”，转账说明“计提短期借款利息”，选择凭证类别“转账凭证”。单击“确定”按钮，继续定义转账凭证分录信息。

（4）选择科目编码“6603 财务费用”，方向为“借”，双击金额公式栏，选择参照按钮，打开“公式向导”对话框。

（5）选择“期末余额 QM”函数，单击“下一步”按钮，继续公式定义。

（6）选择科目“2001 短期借款”，其他采取系统默认，单击“完成”按钮，金额公式带回自定义转账设置界面，将光标移至末尾，输入“＊0.002”，回车确认。

（7）确定分录的贷方信息。选择科目编码“2231”，方向为“贷”，输入金额公式“JG()”，如图 5-1 所示。

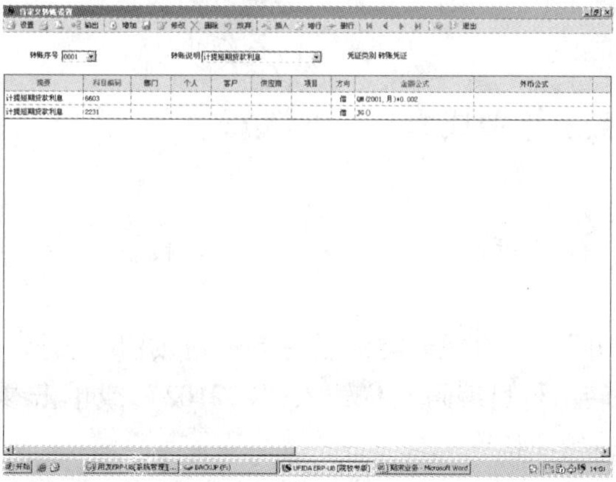

图 5-1　自定义转账设置

（8）单击“保存”按钮。

（9）执行“期末”→“转账生成”命令，进入“转账生成”窗口。

（10）单击“自定义转账”单选按钮。

（11）单击“全选”按钮（或者选中要结转的凭证所在行），单击“确定”按钮，系统弹出“2013. 01 月之前有未记账凭证，是否继续结转?”信息提示框。如果有未记账凭证，先记账再来生成转账凭证。生成凭证如图 5-2 所示。

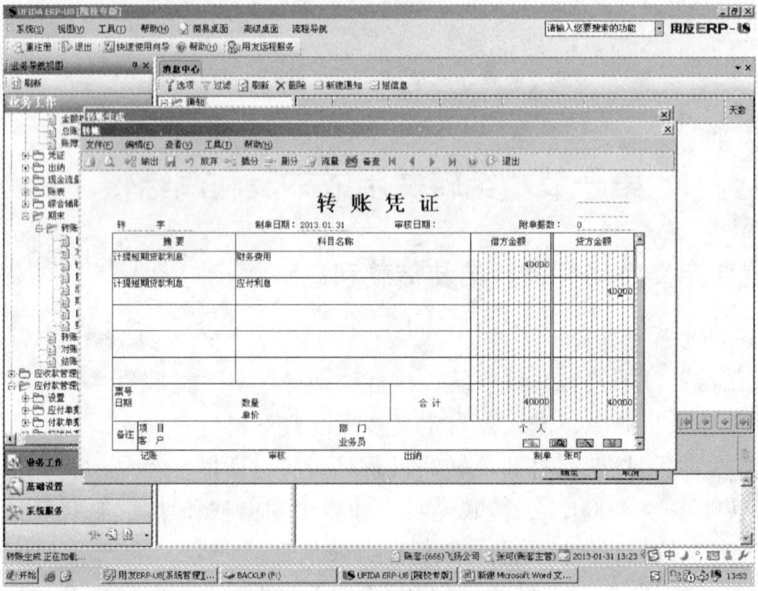

图 5-2　生成凭证

提示：

①转账凭证生成的工作应在月末进行。如果有多种转账凭证形式，特别是涉及多项转账业务，一定要注意转账的先后次序。

②通过转账生成功能，生成的转账凭证必须保存，否则将视同放弃。

③期末自动转账处理工作是针对已记账业务进行的，因此，在进行月末转账工作之前，应将所有未记账的凭证记账。

二、结转销项税额及相关成本

操作步骤：

（1）执行“期末”→“转账定义”→“对应结转”命令，进入“对应结转设置”窗口。

（2）录入编号“0001”，单击凭证类别栏的下三角按钮，选择“转账凭证”，输入摘要“结转销项税额”，在“转出科目编码”栏输入“222102”或单击参照按钮，选择“222102 应交税费—应交增值税—销项税额”。

（3）单击“增行”按钮，在“转入科目编码”栏输入“222103”，或单击“参照”按钮，选择“222103 应交税费”→“应交增值税”→“转出未交增值税”，结转系数为“1”，如图 5-3 所示。

（4）单击“保存”按钮，再单击“退出”按钮。

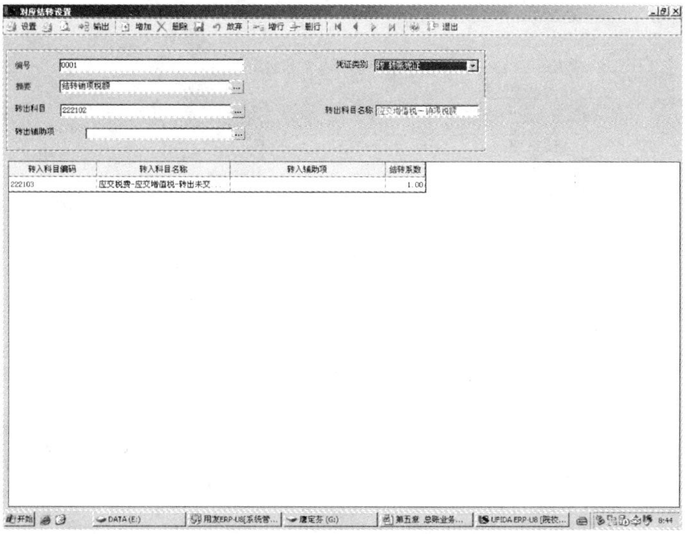

图 5-3　对应结转设置（1）

同理可设成本结转凭证，将“制造费用”转入“生产成本”，将“生产成本”科目余额转入“库存商品”科目中去。如图 5-4 和图 5-5 所示。

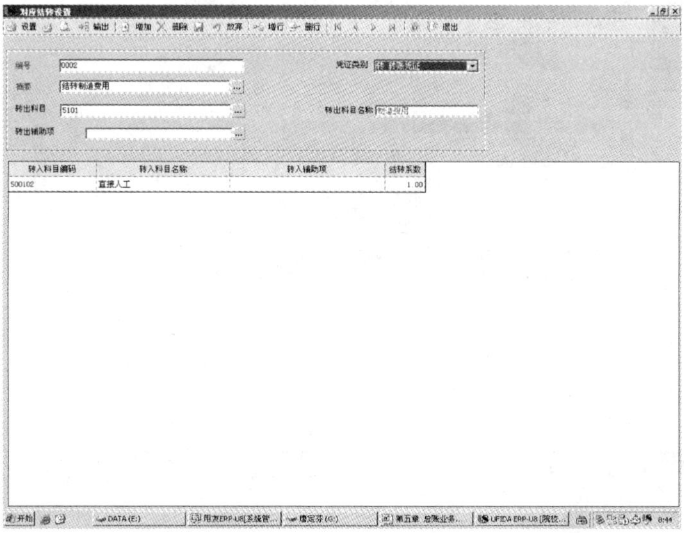

图 5-4　对应结转设置（2）

（5）执行“期末”→“转账生成”命令，进入“转账生成”窗口。

（6）单击“自定义转账”单选按钮。

（7）单击“全选”按钮（或者选中要结转的凭证所在行），再单击“确定”按钮，系统弹出“2013. 01 月之前有未记账凭证，是否继续结转?”信息提示框。如果有未记账凭证，先记账再生成凭证。生成凭证如图 5-6 ~ 图 5-8 所示。

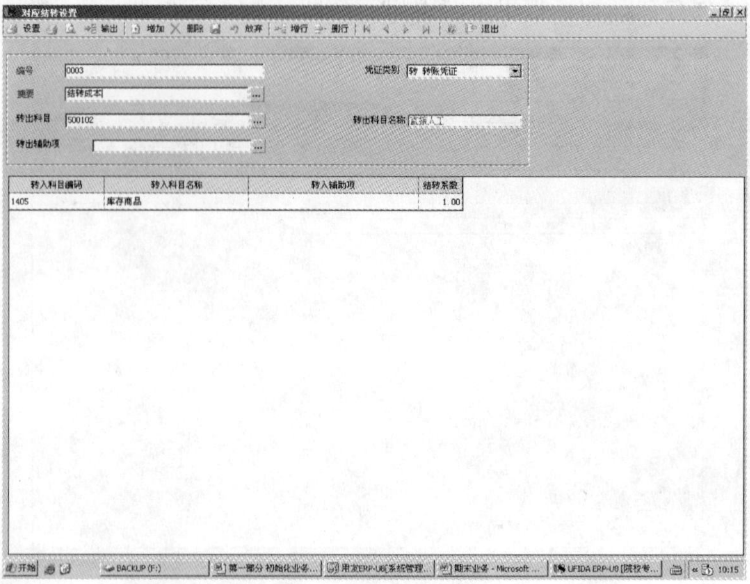

图 5-5 对应结转设置（3）

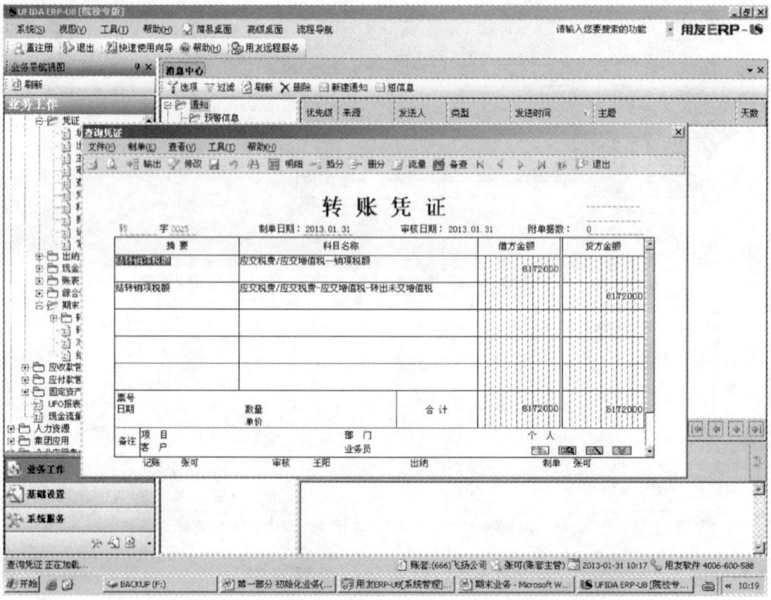

图 5-6 生成凭证（1）

提示：

①对应结转不仅可以进行两个科目一对一结转，还可以进行科目的一对多的结转（一个转出科目对多个转入科目的结转）。

②对应结转的科目可为上级科目，但其下级科目的科目结构必须一致（相同明细科目），如果有辅助核算，则两个科目的辅助账类也必须一一对应。

③对应结转只能结转期末余额。

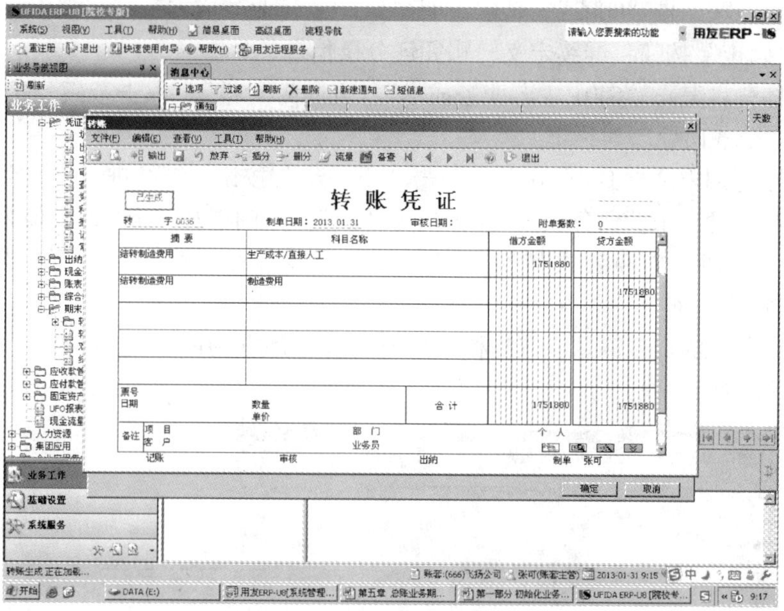

图 5-7　生成凭证（2）

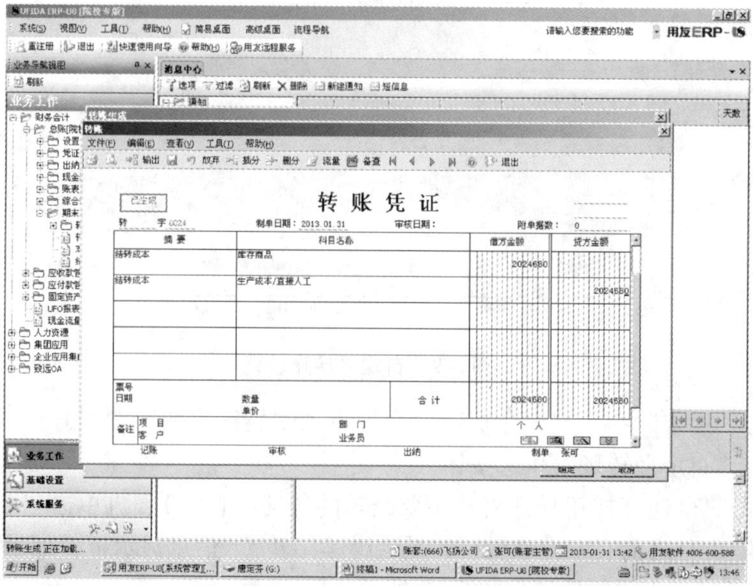

图 5-8　生成凭证（3）

三、结转销售成本

自定义主营业务成本结转：

操作步骤：

（1）以“张可”的身份注册进入总账系统，执行“业务”→“总账”→“期末”→“转账定义”→“自定义转账”命令，进入“自定义转账设置”窗口。

（2）单击“增加”按钮，打开“转账目录”设置对话框。

（3）输入转账序号“0002”，转账说明“结转主营业务成本”，选择凭证类别“转账凭证”。单击“确定”按钮，继续定义转账凭证分录信息。

（4）选择科目编码“6401 主营业务成本”，方向为“借”，双击金额公式栏，选择参照按钮，打开“公式向导”对话框。

（5）选择“期末余额 QM”函数，单击“下一步”按钮，继续进行公式定义。

（6）选择科目“主营业务收入”，方向为“贷”，期间选择“年”，其他采取系统默认，单击“完成”按钮，金额公式带回自定义转账设置界面。将光标移至末尾，输入“＊0.30”，回车确认。

（7）确定分录的贷方信息。选择科目编码“1405 库存商品”，方向为“贷”，输入金额公式“JG()”，如图 5-9 所示。

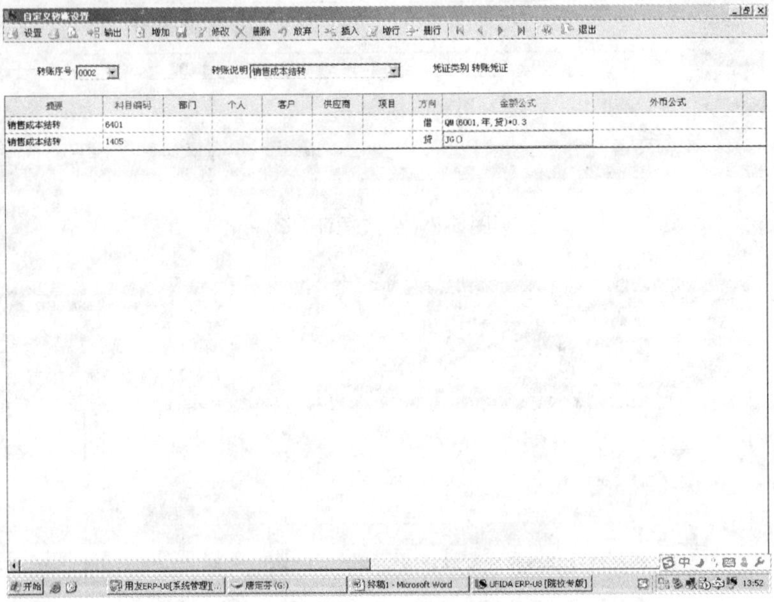

图 5-9 自定义转账设置

（8）执行“期末”→“转账生成”命令，进入“转账生成”窗口。

（9）单击“自定义转账”单选按钮。

（10）单击“全选”按钮（或者选中要结转的凭证所在行），再单击“确定”按钮，系统弹出“2013.01 月之前有未记账凭证，是否继续结转？”信息提示框。如果有未记账凭证，先记账再生成凭证。生成的凭证如图 5-10 所示。

四、期间损益结转

先设置期间损益结转转账凭证，操作步骤如下：

（1）执行“期末”→“转账定义”→“期间损益”命令，打开“期间损益结转设置”窗口。

（2）单击“凭证类别”栏的下三角按钮，选择“转账凭证”，在“本年利润科目”栏录入“4103”，或单击“参照”，选择“4103 本年利润”，如图 5-11 所示。

图 5-10　生成凭证

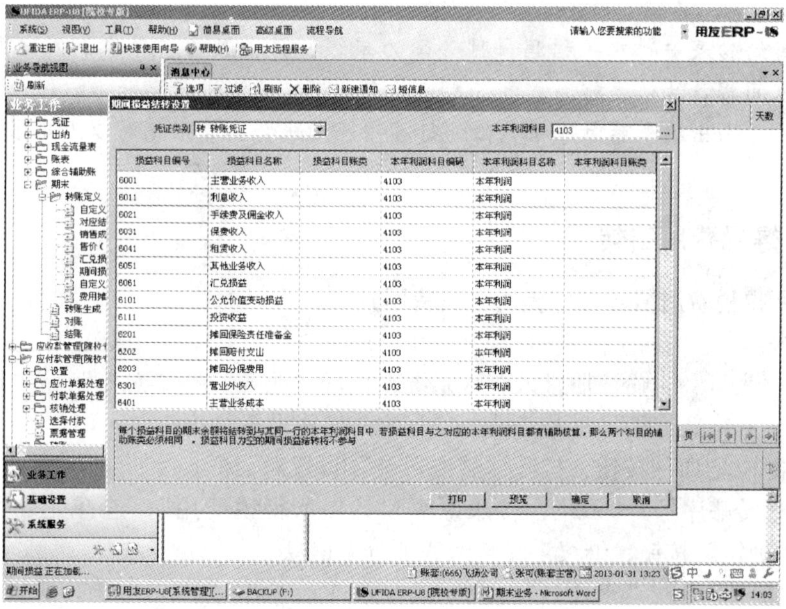

图 5-11　期间损益结转设置

（3）单击“确定”按钮。

（4）期间损益凭证制单，执行“期末”→“转账生成”命令，进入“转账生成”窗口。

（5）单击“期间损益”单选按钮。

（6）选中要结转的凭证所在行，单击“全选”按钮，再单击“确定”按钮，系统弹出“2013. 01 月之前有未记账凭证，是否继续结转?”信息提示框。如果有未记账凭证，先记账再生成凭证。如图 5-12 所示。

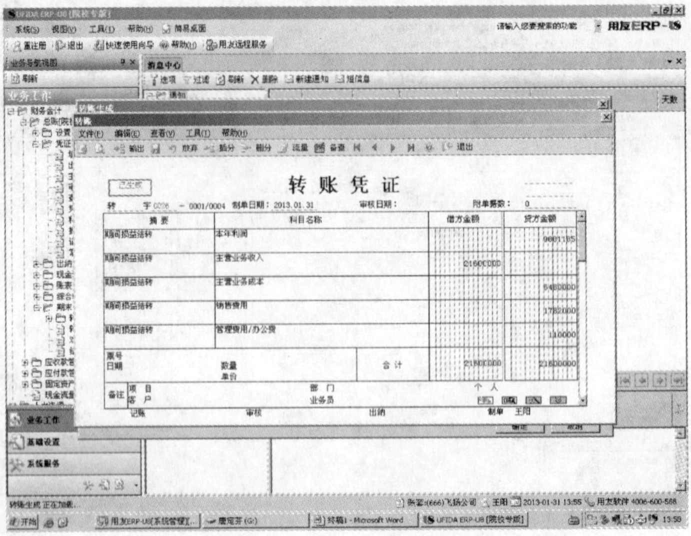

图 5-12 生成期间损益结转凭证

提示：

损益科目结转表中的本年利润科目必须为末级科目，且为本年利润入账科目的下级科目。在进行期间损益结转之前，需要将本月所有未记账凭证进行记账，以保证损益类科目的完整性。因此，由出纳李丽对冲销凭证进行签字，由账套主管张扬对以上几张未记账凭证进行审核和记账。

五、所得税费用结转

自定义所得税费用结转（计提所得税费用）。

操作步骤：

（1）以“张可”身份注册进入总账系统，执行“业务”→“总账”→“期末”→“转账定义”→“自定义转账”命令，进入“自定义转账设置”窗口。

（2）单击“增加”按钮，打开“转账目录”设置对话框。

（3）输入转账序号“0003”，转账说明“计提所得税费用”，选择凭证类别“转账凭证”。单击“确定”按钮，继续定义转账凭证分录信息。

（4）选择科目编码“6801 所得税费用”，方向为“借”，双击金额公式栏，选择参照按钮，打开“公式向导”对话框。

（5）选择“期末余额 QM”函数，单击“下一步”按钮，继续公式定义。

（6）选择科目“4103 本年利润”，方向为“贷”，期间选择“年”，其他采取系统默认，单击“完成”按钮，金额公式带回自定义转账设置界面。将光标移至末尾，输入“＊0.25”，回车确认。

（7）确定分录的贷方信息。选择科目编码“222104”，方向为“贷”，输入金额公式“JG ()”，如图 5-13 所示。

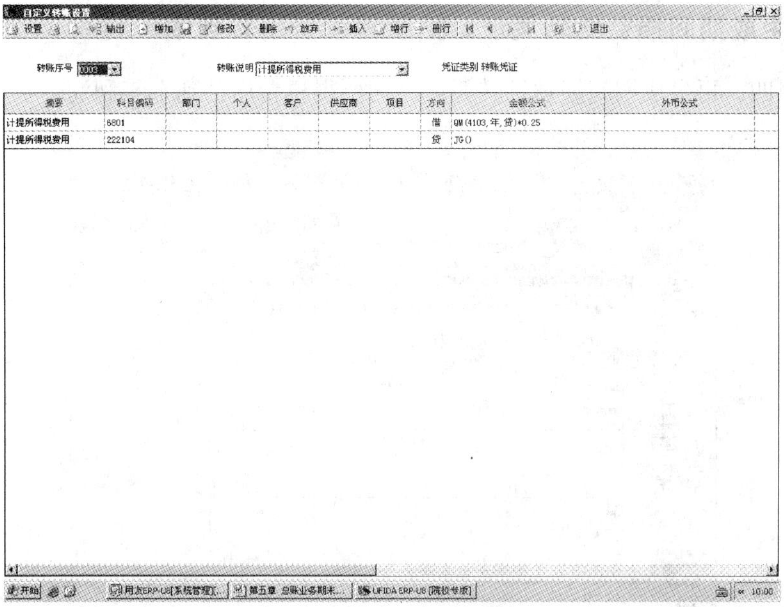

图 5-13　自定义所得税费用结转

（8）制单，执行“期末”→“转账生成”命令，进入“转账生成”窗口。

（9）单击“自定义转账”单选按钮。

（10）选中要结转的凭证所在行，单击“确定”按钮，系统弹出“2013.01 月之前有未记账凭证，是否继续结转?”信息提示框。如果有未记账凭证，先记账再生成凭证。如图 5-14 所示。

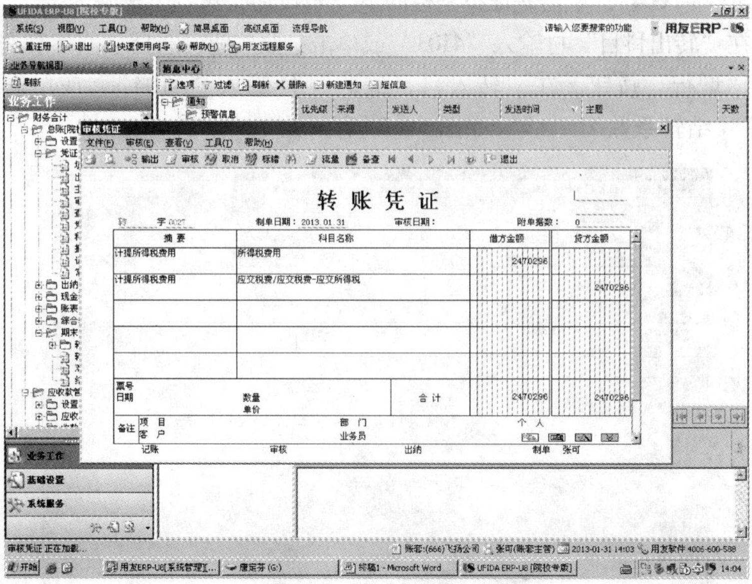

图 5-14　生成凭证

六、再生成期间损益结转凭证，把所得税费用转到本年利润

步骤参照四，再生成期间损益结转凭证，把所得税费用转到本年利润。生成凭证如图5-15所示。

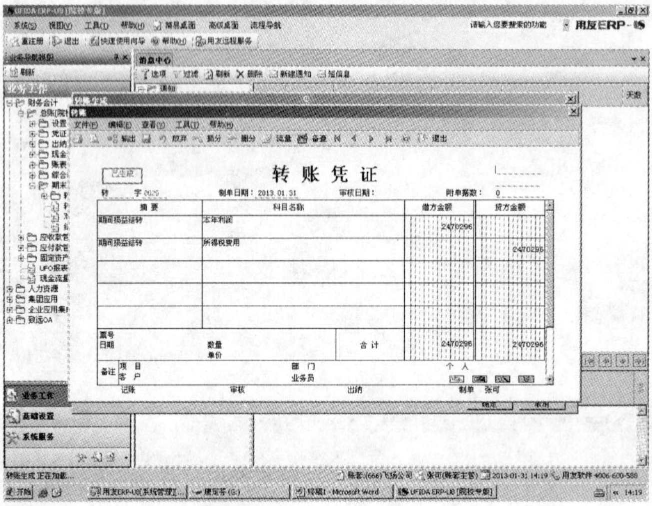

图5-15　生成凭证

七、设置利润分配结转转账凭证

操作步骤：

（1）执行“期末”→“转账定义”→“对应结转”命令，进入“对应结转设置”窗口。

（2）录入编号“0004”，单击凭证类别栏的下三角按钮，选择“转账凭证”，输入摘要“结转本年利润”，在“转出科目”栏输入“4103”或单击参照按钮，选择“本年利润”。

（3）单击“增行”按钮，在“转入科目编码”栏输入“4104”，或单击参照按钮，选择“利润分配”，结转系数为“1”，如图5-16所示。

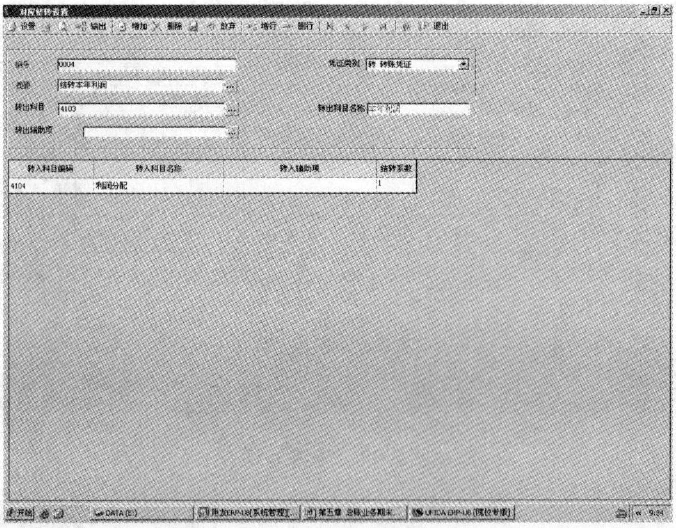

图5-16　“对应结转设置”窗口

（4）执行“期末”→“转账生成”命令，进入“转账生成”窗口。

（5）单击“对应结转”单选按钮。

（6）单击“全选”按钮（或者选中要结转的凭证所在行），单击“确定”按钮，系统弹出“2013.01 月之前有未记账凭证，是否继续结转?”信息提示框。如果有未记账凭证，先记账再生成凭证。生成凭证如图 5-17 所示。

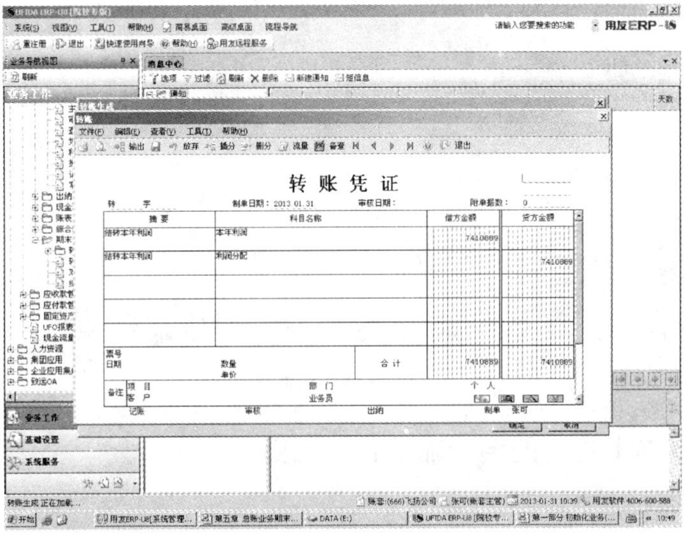

图 5-17　生成凭证

提示：

①由于期末转账业务的数据来源为账簿，因此，为了保证数据准确，应在所有业务都记账后，再进行期末转账业务的操作。

②666 账套有一笔冲销凭证尚未审核记账，只有在有未记账凭证的情况下才会有此提示，否则会直接出现生成凭证的窗口。如果确认该笔未记账的业务对此时正在结转的业务没有影响，则可以选择继续，否则停止当前的操作，在将未记账凭证记账后再进行期末转账业务的操作。

第二节　总账结账及反结账业务

一、对 2013 年 1 月份的会计账簿进行对账

操作步骤：

（1）执行“期末”→“对账”命令，打开“对账”对话框。

（2）单击“试算”按钮，出现“2013.01 试算平衡表”。

（3）单击“确定”按钮，单击“选择”按钮，在 2013.01“是否对账”栏出现“Y”标志，选中要对账的月份，再单击“对账”按钮，系统开始对账，并显示对账结果，如图 5-18 所示。

（4）单击“退出”按钮退出。

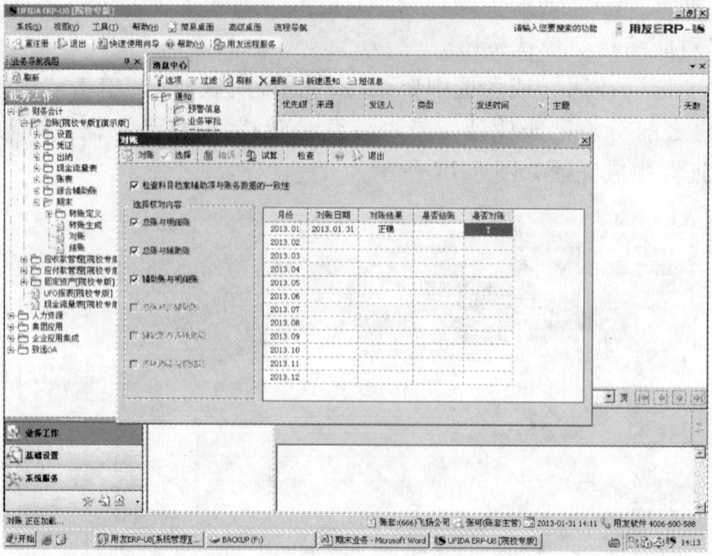

图 5-18　对账

二、对 2013 年 1 月份的会计账簿进行结账

操作步骤：

（1）执行“期末”→“结账”命令，打开“结账”对话框。

（2）单击“下一步”按钮，打开“结账 - 核对账簿”对话框。

（3）单击“对账”按钮，系统进行对账。当对账完毕后，单击“下一步”按钮，打开“结账—月度工作报告”对话框，如图 5-19 所示。

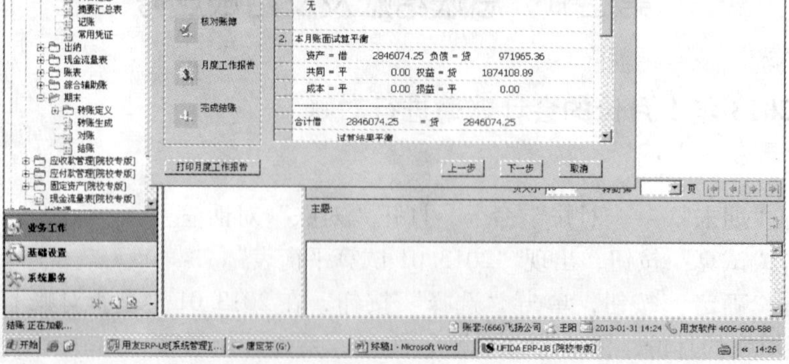

图 5-19　结账

（4）单击“下一步”按钮，如图 5-20 所示。

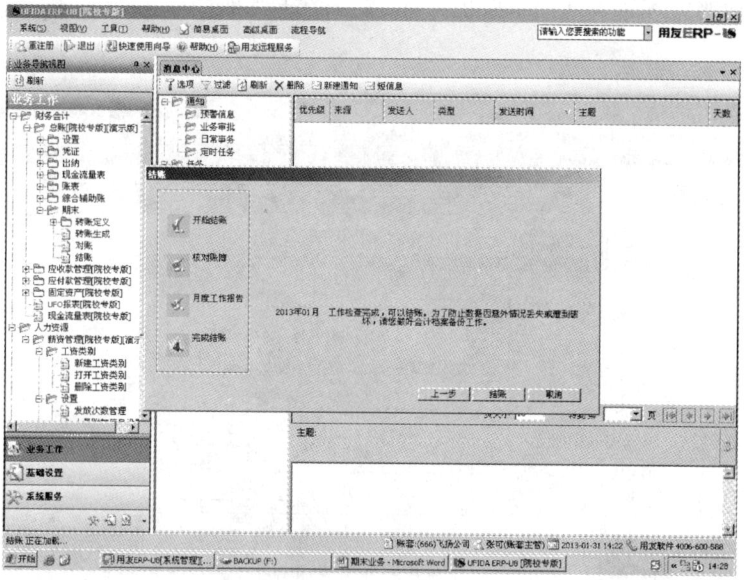

图 5-20　结账

（5）单击“结账”按钮，完成结账操作。

提示：

①结账后，除查询外，不得再对本月业务进行任何操作。

②如果由于某种原因需要取消本月结账，需要账套主管在“结账”界面按 Ctrl + Shift + F6 键，激活“取消结账”功能，输入口令，即可取消结账标记。

三、总账系统反结账

（1）以“001”账套主管张可身份登录系统，系统日期为 2013 年 1 月 31 日。

（2）依次单击“财务会计”→“总账”→“期末”→“结账”，进入“结账”界面，如图 5-21 所示。

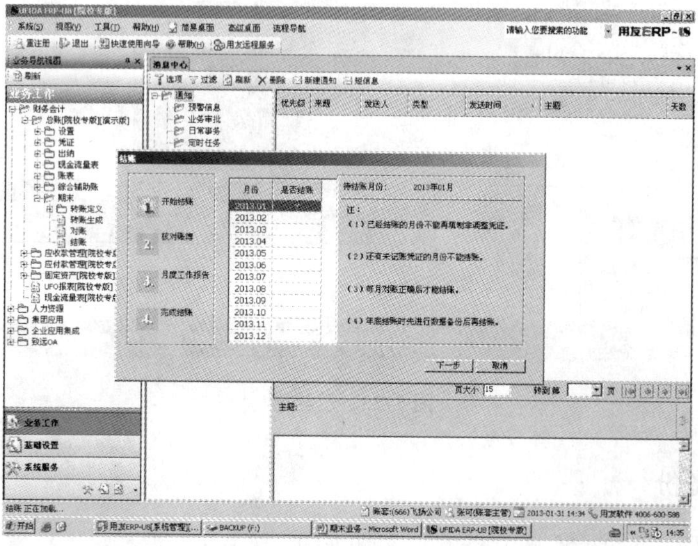

图 5-21　反结账

（3）在“结账”界面按 Ctrl + Shift + F6 键，激活“取消结账”功能，输入口令“1”，如图 5-22 所示。

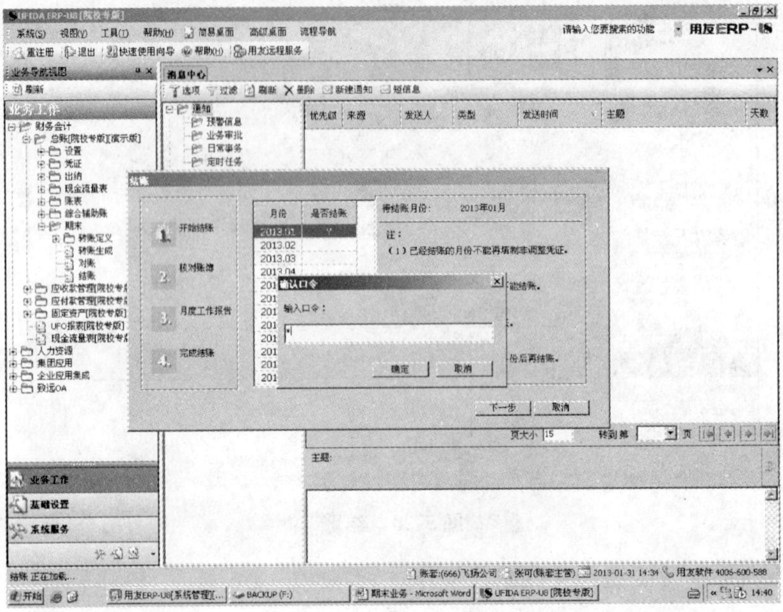

图 5-22　输入口令

（4）单击“确定”按钮，即可取消结账标志，如图 5-23 所示。

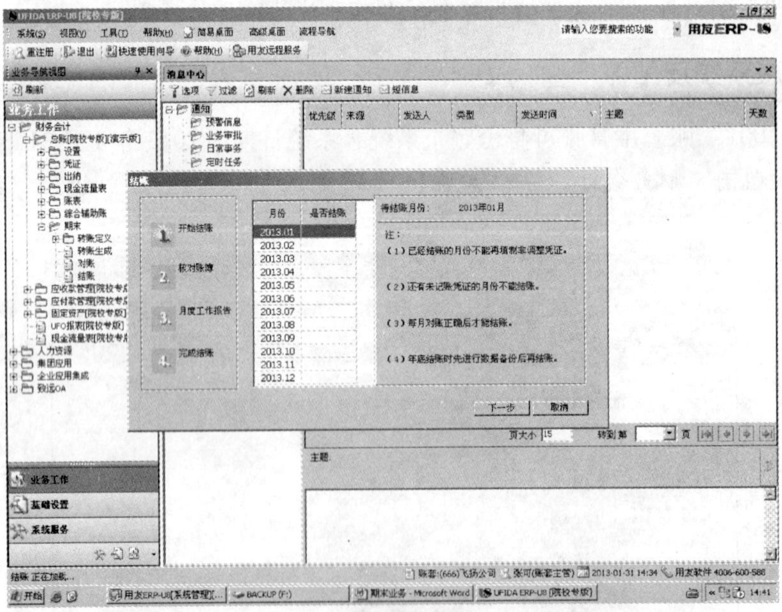

图 5-23　反结账

四、账套备份

将账套备份到“E：\ 666 账套备份”文件夹中。

第六章

UFO报表系统

知识与技能要求

系统学习自定义简单报表和利用报表模板生成报表的基本知识和操作方法。要求掌握报表格式设置、公式设置及报表数据的计算方法，利用报表模板生成报表数据的方法。了解设置报表模板的方法。

第一节　UFO 报表系统的功能概述

UFO 报表系统是会计信息系统中的一个独立的子系统，它为企业内部各管理部门及外部相关部门提供综合反映企业一定时期财务状况、经营成果和现金流量的会计信息。其主要功能如下。

文件管理：对报表文件的创建、读取、保存和备份进行管理。能够进行不同文件格式的转换：文本文件、*.MDB 文件、*.DBF 文件、Excel 文件、LOTUS 1—2—3 文件。支持多个窗口同时显示和处理，可同时打开的文件和图形窗口多达 40 多个。提供了标准财务数据的“导入”和“导出”功能，可以和其他流行财务软件交换数据。

格式管理：提供了丰富的格式设计功能，比如定义组合单元、画表格线（包括斜线）、调整行高列宽、设置字体和颜色、设置显示比例等，可以制作各种要求的报表。

数据处理：UFO 以固定的格式管理大量不同的表页，能将多达 99 999 张具有相同格式的报表资料统一在一个报表文件中管理，并且在每张表页之间建立有机的联系。提供了排序、审核、舍位平衡、汇总功能等；提供了绝对单元公式和相对单元公式，可以方便、迅速地定义计算公式；提供了种类丰富的函数，可以从财务等用友产品中提取数据，生成财务报表。

图表功能：将数据表以图形的形式进行表示。采用“图文混排”，可以很方便地进行图形数据组织，制作包括直方图、立体图、圆饼图、折线图等 10 种图式的分析图表。可以编辑图表的位置、大小、标题、字体、颜色等，打印输出图标。

二次开发：强大的二次开发功能则使其又不失为一个精练的 MIS 开发应用平台。提供批命令和自定义菜单，自动记录命令窗中输入的多个命令，可将有规律性的操作过程编制成批命令文件。提供了 Windows 风格的自定义菜单，综合利用批命令，可以在短时间内开发出本企业的专用系统。

第二节 自定义报表的实验

会计报表系统基础设置一般包括创建新的会计报表、报表格式设计、报表公式定义等。

一、实验准备

引入“E: \ 666 账套”的账套备份数据，将系统日期修改为“2013 年 1 月 31 日”，由 001 号操作员登录 666 账套的企业应用平台，进入 UFO 报表。

二、实验要求

1. 设计利润表的格式
2. 按新会计制度设计利润表的计算公式
3. 保存报表格式至“我的文档”中的“自制利润表”
4. 生成自制利润表的数据
5. 将已生成数据的自制利润表另存为“1 月份利润表”

三、实验资料

1. 表样内容

利润表见表 6-1。

表 6-1 利润表

编制单位： 年 月

项目	行数	本月数	本年累计数
一、主营业务收入	1		
减：主营业务成本	4		
主营业务税金及附加	5		
二、主营业务利润	10		
减：销售费用	11		
管理费用	12		
财务费用	15		
三、营业利润	17		
加：投资收益	18		
减：营业外支出	19		
四、利润总额	22		
减：所得税	23		
五、净利润	24		

2. 报表中的计算公式（表 6-2）

表 6-2　报表中的计算公式

位置	单元公式	位置	单元公式
C4	fs（6001，月，“贷”,,）	D4	？C4 + select（？D4，年@ = 年 and 月@ = 月 + 1）
C5	fs（6401，月，“借”,,）	D5	？C5 + select（？D5，年@ = 年 and 月@ = 月 + 1）
C6	fs（6403，月，“借”,,）	D6	？C6 + select（？D6，年@ = 年 and 月@ = 月 + 1）
C7	C4 - C5 - C6	D7	？C7 + select（？D7，年@ = 年 and 月@ = 月 + 1）
C8	fs（6601，月，“借”,,）	D8	？C8 + select（？D8，年@ = 年 and 月@ = 月 + 1）
C9	fs（6602，月，“借”,,）	D9	？C9 + select（？D9，年@ = 年 and 月@ = 月 + 1）
C10	fs（6603，月，“借”,,）	D10	？C10 + select（？D10，年@ = 年 and 月@ = 月 + 1）
C11	C7 - C8 - C9 - C10	D11	？C11 + select（？D11，年@ = 年 and 月@ = 月 + 1）
C12	fs（6111，月，“贷”,,）	D12	？C12 + select（？D12，年@ = 年 and 月@ = 月 + 1）
C13	fs（6711，月，“借”,,）	D13	？C13 + select（？D13，年@ = 年 and 月@ = 月 + 1）
C14	C11 + C12 - C13	D14	？C14 + select（？D14，年@ = 年 and 月@ = 月 + 1）
C15	fs（6801，月，“借”,,）	D15	？C15 + select（？D15，年@ = 年 and 月@ = 月 + 1）
C16	C14 - C15	D16	？C16 + select（？D15，年@ = 年 and 月@ = 月 + 1）

四、实验指导

（一）设置表尺寸

设置表尺寸是指设置报表的行数和列数。设置前可根据所要定义的报表大小计算该表所需的行、列，然后再设置。

操作步骤：

在企业应用平台“业务”选项卡中，执行“财务会计”→“UFO 报表”命令，进入 UFO 报表系统。

（1）执行“文件”→“新建”命令，进入报表“格式”状态窗口。

（2）执行“格式”→“表尺寸”命令，打开“表尺寸”对话框。

（3）录入行数“16”，列数“4”，如图 6-1 所示。

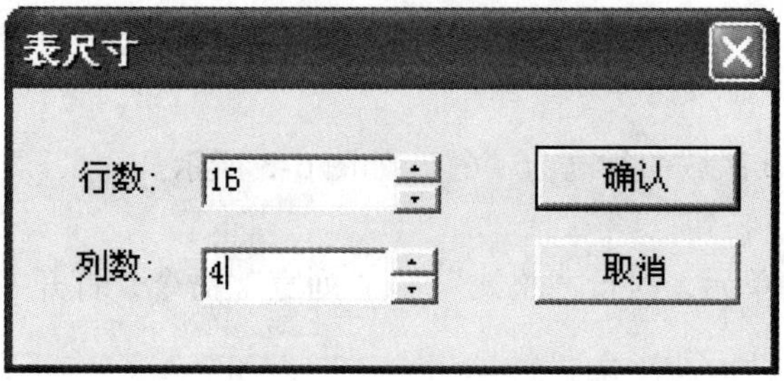

图 6-1　“表尺寸”对话框

（4）单击“确认”按钮，出现16行4列的表格。

提示：

①UFO建立的是一个报表簿，可以容纳多张报表。

②单击“新建”后，系统自动生成一张空白表。

③设置报表尺寸是指设置报表的大小。设置前应根据所定义的报表大小计算该表所需要的行数及列数，然后再设置。报表行数据应包括报表表头、表体和表尾。

（二）定义行高和列宽

设置列宽应以能够放下本栏最宽数据为原则，否则，在生成报表时，会产生数据溢出的错误。在设置了行高及列宽后，如果觉得不合适，可以直接用鼠标拖动行线及列线改变行高及列宽。

操作步骤：

（1）选定需要调整的单元所在行，例如“A1：D1”，单击选中A1单元，执行“格式”→“行高”命令，打开“行高”对话框。

（2）录入A1单元所在的行的行高“11”，如图6-2所示。

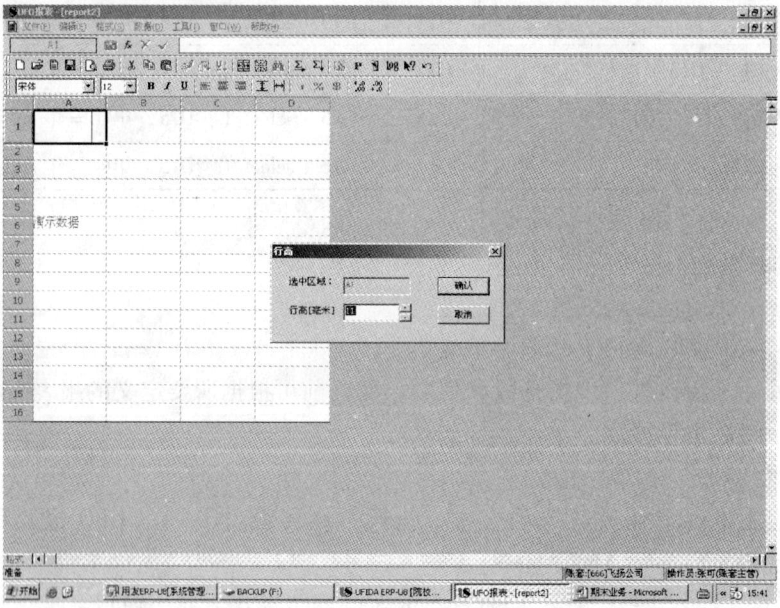

图6-2　设置行高

（3）单击“确认”按钮。

（4）单击选中A3单元后拖动鼠标到D16单元，执行“格式”→“行高”命令，打开“行高”对话框。

（5）录入A3：D16区域的行高为“6”，如图6-3所示。

（6）单击“确认”按钮。

（7）单击选中A1单元，执行“格式”→“列宽”命令，打开“列宽”对话框。

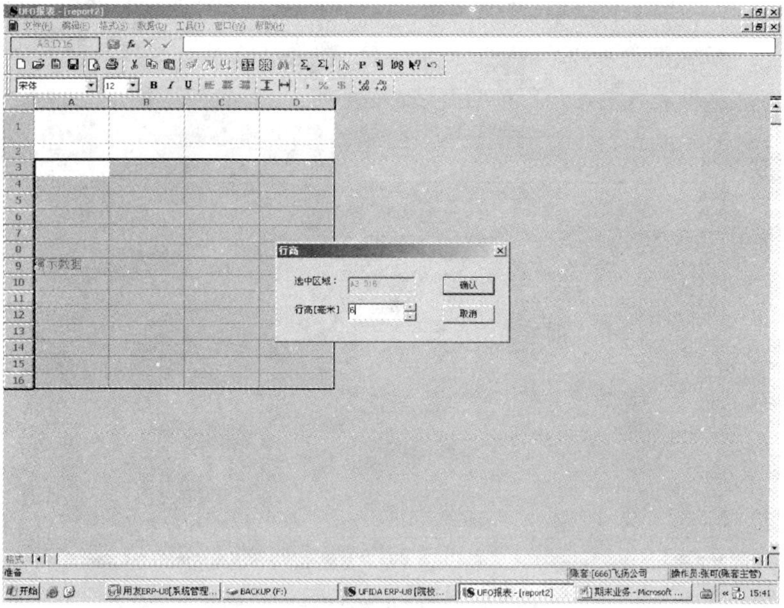

图 6-3　录入行高数据

（8）录入 A1 单元所在列的列宽为“50”，如图 6-4 所示。

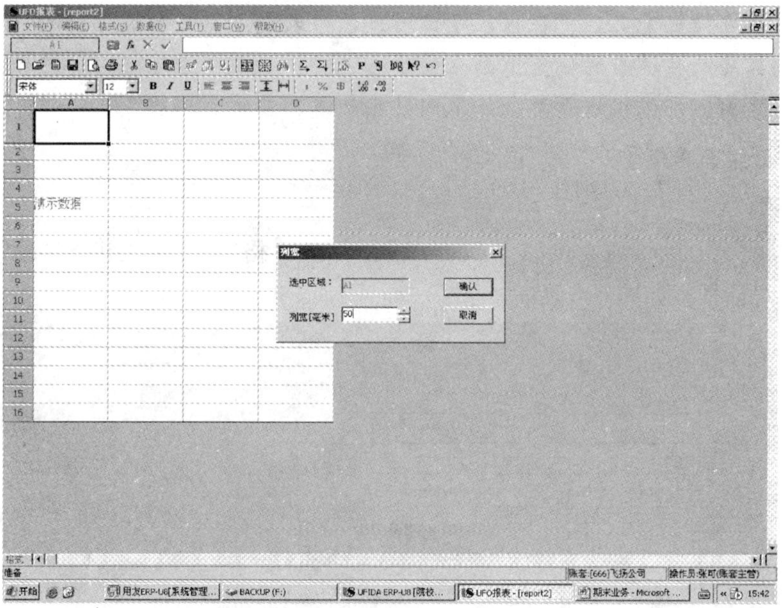

图 6-4　录入列宽数据

（9）同理，设置 B1 单元所在的列的列宽为“10”；设置 C 列和 D 列列宽为 32。
（10）单击“确认”按钮。

（三）画表格线

操作步骤：

（1）选中报表中需要画线的区域，例如“A3：D16”，单击“格式”→“区域画线”，打开

“区域画线”对话框。单击“网线”单选按钮，选择画线类型和样式为“网线”。如图6-5所示。

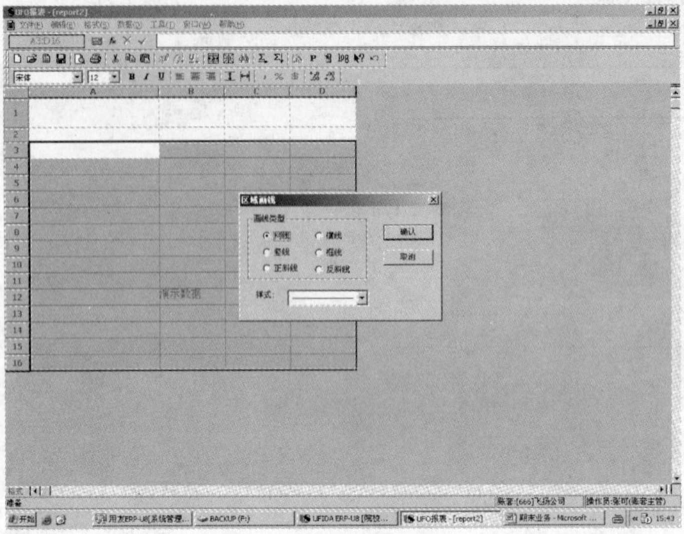

图6-5 “区域画线”对话框

（2）单击“确认”按钮。

提示：

①报表的尺寸设置完之后，在报表输出时，该报表是没有任何表格线的，为了满足查询和打印的需要，还应在适当的位置上画表格线。

②画表格线时，可以根据需要选择不同的画线类型及样式画线。

（四）定义组合单元

操作步骤：

（1）选择需合并的区域，例如“A1：D1”，单击“格式”→“组合单元”按钮，打开“组合单元”对话框，如图6-6所示。

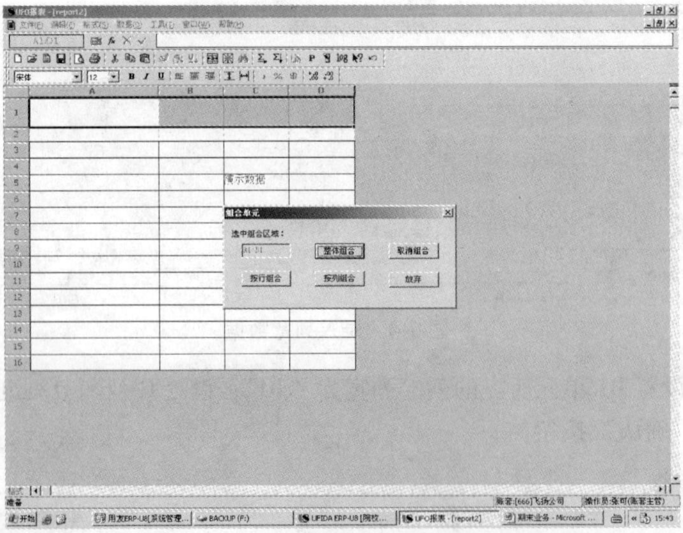

图6-6 “组合单元”对话框

（2）单击“整体组合”或“按行组合”按钮，该单元即组合成一个整体。

提示：

①组合单元实际上是把几个单元当成一个单元来使用，组合单元是一个大单元，所有针对单元的操作对组合单元均无效。

②组合单元既可以按行组合，也可以整体组合，即将选中的单元合并为一个整体。

（五）输入项目内容

操作步骤：

（1）选中需要输入内容的单元或组合单元。

（2）输入相关文字内容，例如“利润表”等，根据所给资料直接在对应单元中输入所有项目内容，如图 6-7 所示。

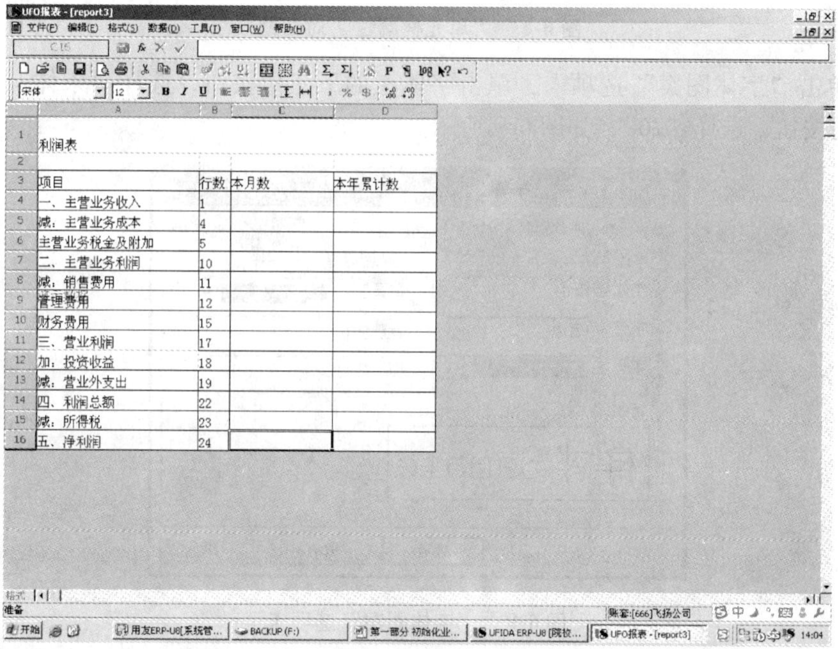

图 6-7　输入项目内容

提示：

在录入报表项目时，单位名称及日期无须手工录入，UFO 报表一般将其设置为关键字。用设置关键字的方法设置。

（六）设置单元属性

设置单元类型及数据格式、对齐方式、字型、字体、字号及颜色、边框样式等内容。其中最重要的是单元类型的设置。

操作步骤：

（1）单击选中 A1 单元，执行“格式”→“单元属性”命令，打开“单元格属性”对话框，如图 6-8 所示。

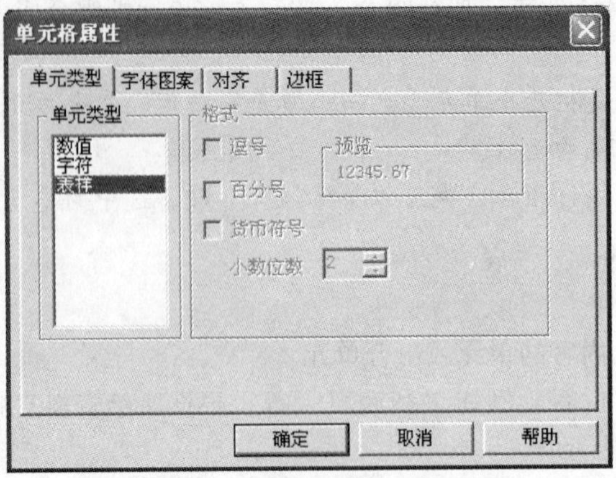

图 6-8 “单元格属性”对话框

（2）单击“字体图案”选项卡，单击字体栏的下三角按钮，选择“宋体”，单击字号栏的下三角按钮，选择“26”，如图 6-9 所示。

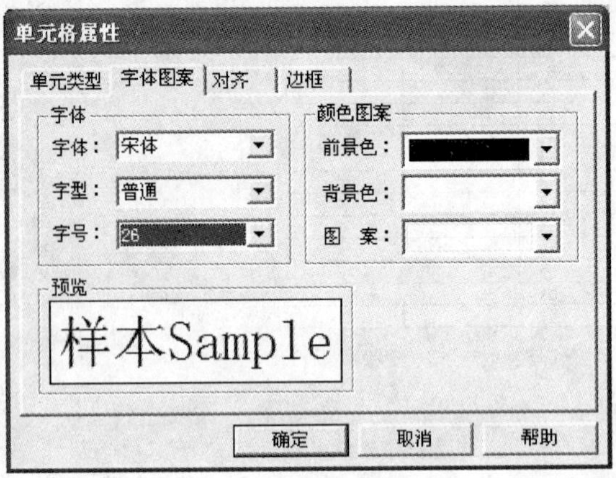

图 6-9 “字体图案”选项卡

（3）单击“对齐”选项卡，选择水平方向“居中”及垂直方向“居中”，如图 6-10 所示，单击“确定”按钮。

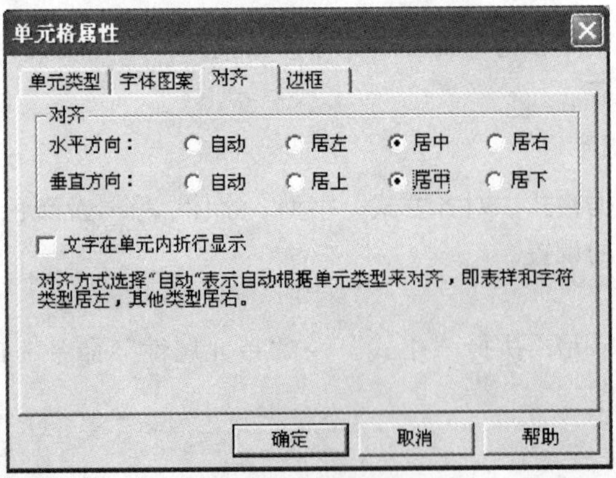

图 6-10 “对齐”选项卡

（4）单击选中 A3 单元后拖动鼠标到 D3 单元，同理，将该区域设置为“楷体”、“12”号字。选择水平方向“居中”及垂直方向“居中”。

（5）以此方法在设置 A4：D16 区域的字体为“宋体”，字号为“14”，单击“确定”按钮，如图 6-11 所示。

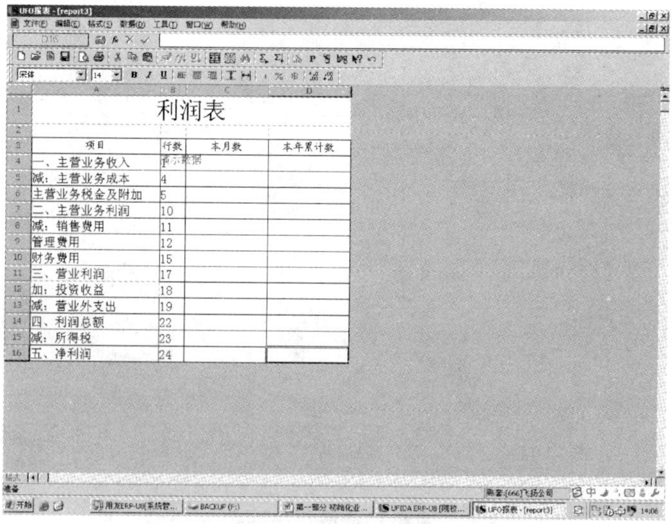

图 6-11　设置利润表格式

提示：

①在设置单元属性时，可以分别设置单元类型、字体图案、对齐方式及边框样式。

②新建的报表，所有单元的单元类型均默认为数值型。

③格式状态下输入的内容均默认为表样单元。

④字符单元和数值单元对本表页有效，表样单元输入后对所有的表页有效。

（七）设置关键字

操作步骤：

（1）选中需要输入关键字的单元，例如“A2”，单击 A2 单元，执行“数据”→“关键字”→“设置”命令，打开“设置关键字”对话框，如图 6-12 所示。

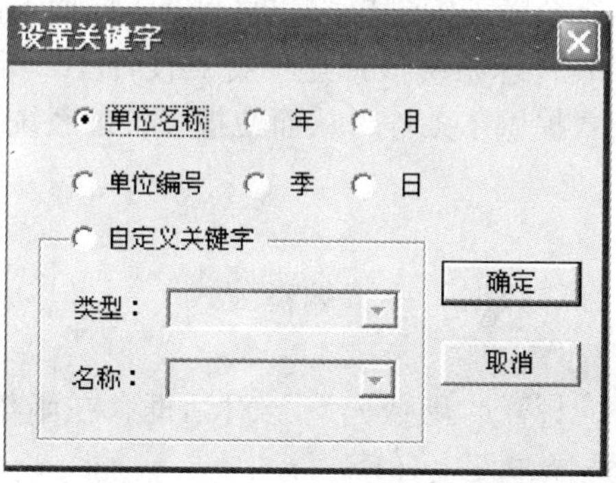

图 6-12　“设置关键字”对话框

（2）单击“数据”→“关键字”→“设置”，打开“设置关键字”对话框。单击“单位名称”单选按钮，A2 中显示红色的“单位名称：×××××××××”，即关键字。

（3）同理，在 C2 单元中设置关键字“年”；在 D2 单元中设置关键字“月”，如图 6-13 所示。

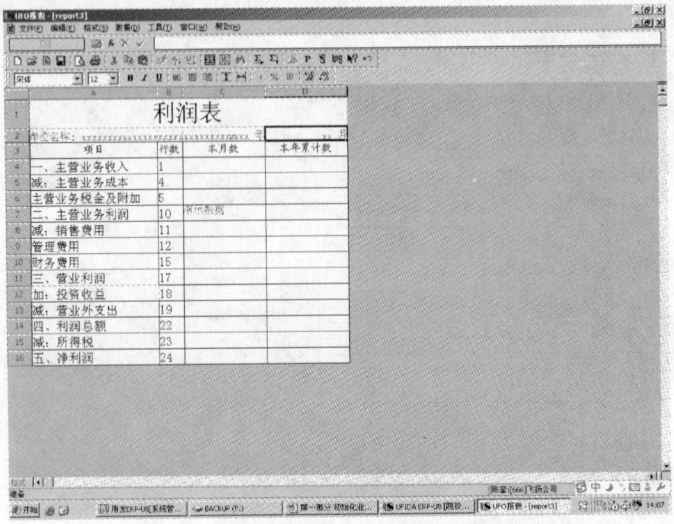

图 6-13 设置关键字

提示：

①定义关键字主要包括设置关键字和调整关键字在表页上的位置。

②关键字主要有 6 种，即单位名称、单位编号、年、月、日，另外，还包括一个自定义关键字。可以根据实际需要任意设置相应的关键字。

③一个关键字在一个表中只能定义一次，即同一个表中不能有重复的关键字。

④关键字在格式状态下设置，如果设置错误，可以取消。

⑤同一个单元或组合单元的关键字定义完以后，可能会重叠在一起，如果造成重叠，可以在设置关键字时输入关键字的相对偏移量。偏移量为负数时表示左移，正数时表示向右移。

（八）录入单元公式

会计报表的变动单元内容会随着编制单位和时间的不同而不同，但其获取数据的来源和计算方法是相对稳定的。报表管理系统依据这一特点设计了“定义计算公式”的功能，为定义报表变动单元的计算公式提供了条件，从而使报表管理系统能够自动、及时、准确地编制会计报表。

操作步骤：

（1）单击 C4 单元，执行“数据”→“编辑公式”→“单元公式”命令，打开“定义公式”对话框。

（2）单击“函数向导”，打开“函数向导”对话框，在函数分类列表中选择“用友账务函数”；在函数名列表中选择“发生（FS）”。

（3）单击“下一步”按钮，打开“用友账务函数”对话框。单击参照按钮，打开“账务函数”对话框。

（4）选择科目“6001”，方向“贷”，单击“确定”返回，如图 6-14 所示。

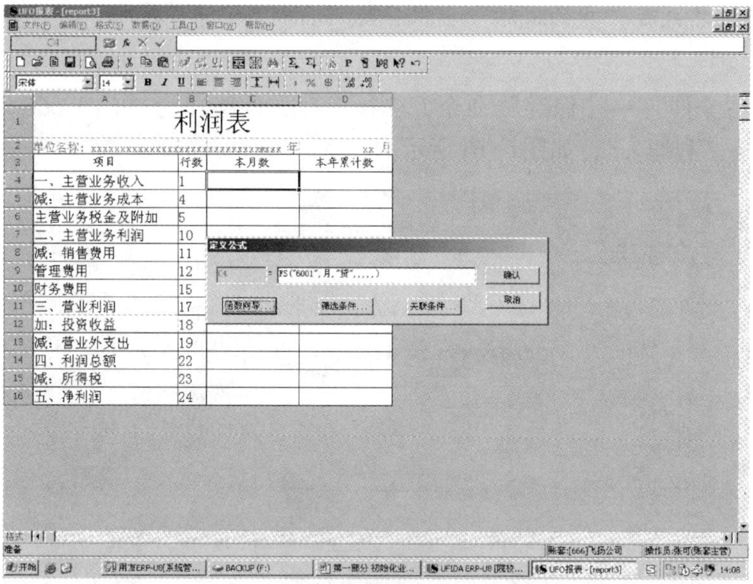

图 6-14　定义公式

（5）单击“确认”按钮。

（6）同理，继续录入其他单元的计算公式，如图 6-15 所示。

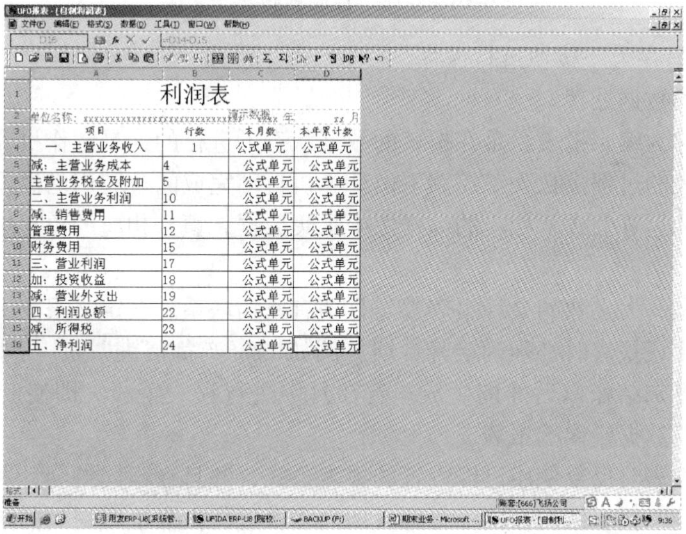

图 6-15　录入单元计算公式

提示：

①单元公式是指为报表数据单元与进行赋值的公式，单元公式的作用是从账簿、凭证、本表或其他报表等处调用运算所需要的数据，并输入相应的报表单元中。它既可以将数据单元赋值为数值，也可以赋值为字符。

②必须在英文状态下录入计算公式。

③计算公式可以直接录入，也可以利用函数向导参照录入。

④所录入的公式必须符合公式的模式，否则会被系统判定为公式错误。

（九）将报表格式在“我的文档”中保存为“自制利润表”。

操作步骤：

（1）执行“文件”→“保存”命令，选择保存文件路径为“E：\ 666 账套备份”，修改文件名为“自制利润表”，如图 6-16 所示。

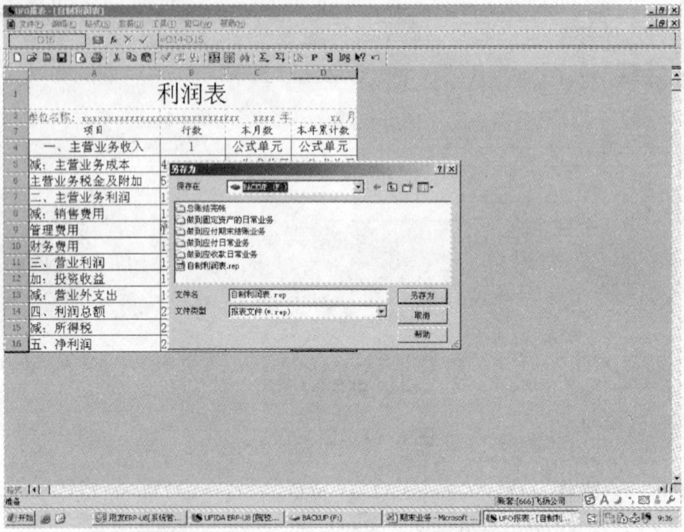

图 6-16　生成“自制利润表”文件

（2）单击“另存为”按钮进行保存。

接着进行报表数据处理。

生成报表又称为编制报表，是在报表的数据状态下进行的，是制作报表中不可缺少的重要环节。生成报表的过程是在人工控制下由计算机自动完成的。利用已经设置好的报表结构文件，运用其中的运算公式从相应的数据源中采集数据，填入相应的单元中，从而得到报表数据。

值得注意的是，大多数的会计报表都与日期有密切联系。在定义报表结构时，可以无日期限制，但是在生成报表时必须确定其日期。例如“资产负债表”和“利润表”等会计报表，一般必须在月末结账以后才能生成。若在月中进行报表生成，即使所有报表公式都正确，也会生成一张数据错误的报表。

可以在编制报表时反复使用已经设置的报表公式，并且在不同的会计期间可以生成不同结果的报表。而同一报表结构在同一会计日期内多次进行报表生成得到的结果是相同的。如果在报表生成时系统提示公式有误，则必须修改报表格式或公式，修改完毕后，重新进行报表计算，才能得到按新结构生成的会计报表。

（十）打开自制利润表

操作步骤：

（1）在 UFO 报表系统中，执行“文件”→“打开”命令，打开“D：\ 666 账套备份”中的“自制利润表”报表文件。

（2）自制利润表打开后，自动进入数据处理状态，屏幕左下角按钮显示为“数据”，如图 6-17 所示。

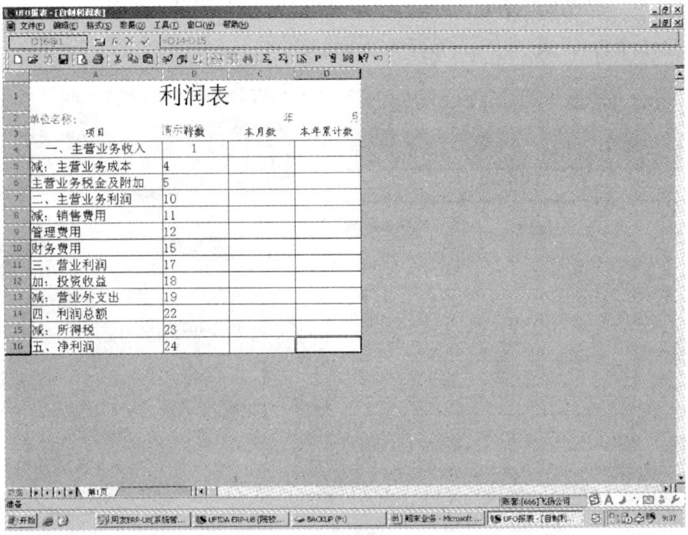

图 6-17 打开“利润表”

提示：

①利润表、资产负债表等报表既可以在进入 UFO 表之后打开，也可以直接打开。

②可以在编制报表时反复使用已经设置的报表公式，并且在不同的会计期间可以生成不同结果的报表。

(3) 在报表的数据状态可以插入表页或追加表页。

(十一) 录入关键字并计算报表数据

操作步骤：

(1) 执行“数据”→“关键字”→“录入”命令，打开“录入关键字”对话框。

(2) 录入单位名称“飞扬公司”，年“2013”，月“1”，如图 6-18 所示。

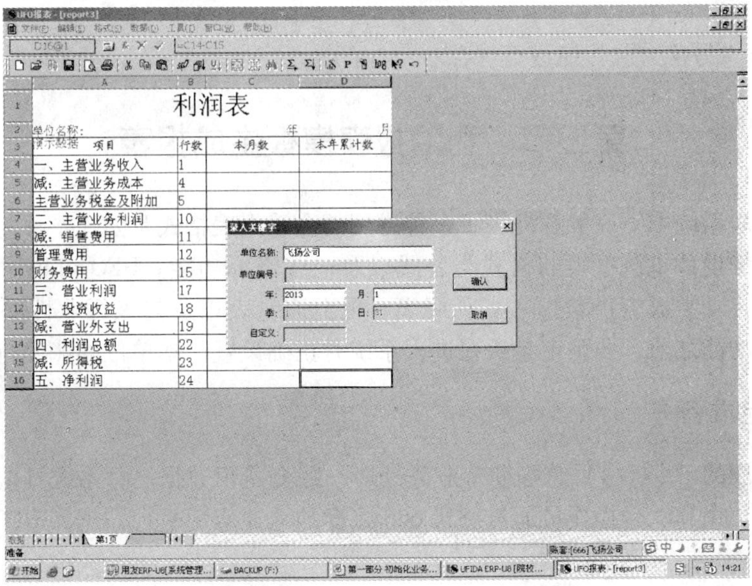

图 6-18 录入关键字

（3）单击“确认”按钮。系统提示“是否重算第1页?”，单击“是”按钮，系统自动计算报表数据，显示计算结果，如图6-19所示。

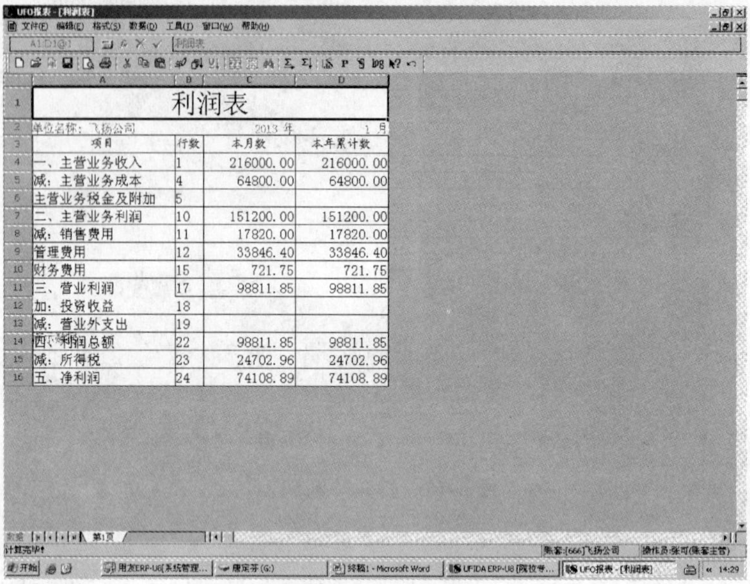

图6-19　计算报表数据

提示：

在编制报表时，可以选择整表计算或表页计算，整表计算是将该表的所有表页全部进行计算，而表页计算仅将该表页的数据进行计算。

（十二）将已生成数据的利润表另存为“1月份利润表”

操作步骤：

（1）执行“文件”→“另存为”命令，打开“另存为”对话框，录入文件名“1月份利润表”。

（2）单击“另存为”按钮进行保存。

第三节　利用报表模板生成报表

在会计报表系统中，一般都提供了多种常用的会计报表格式及公式，称为报表模板。在每个模板中详细设计了该报表的格式与公式以及一些修饰功能。UFO可根据用户默认账套的行业性质，自动生成资产负债表、利润表、现金流量表以及与该行业性质相关的其他报表。在单击该功能之前，要确定是否在进入系统时正确设置了本单位的账套行业性质。

一、实验准备

引入已完成的“（4－4）总账期末业务处理”账套备份数据。将系统日期修改为“2013年1月31日”，由001号操作员通过登录666账套的企业应用平台，进入UFO报表。

二、实验要求

1. 按新会计科目生成 666 账套 1 月的“资产负债表”。
2. 保存“资产负债表”到“我的文档”中。

三、实验资料

（1）单位名称为“飞扬公司”。
（2）编制时间为 2013 年 1 月。

四、实验指导

（一）建立“资产负债表”

操作步骤：

（1）在 UFO 报表系统中，执行“文件”→“新建”命令，进入报表“格式”状态窗口。

（2）执行“格式”→“报表模板”命令，打开“报表模板”对话框。

（3）单击“您所在的行业”栏的下三角按钮，选择“2007 年新会计制度科目”，再单击财务报表栏的下三角按钮，选择“资产负债表”，如图 6-20 所示。

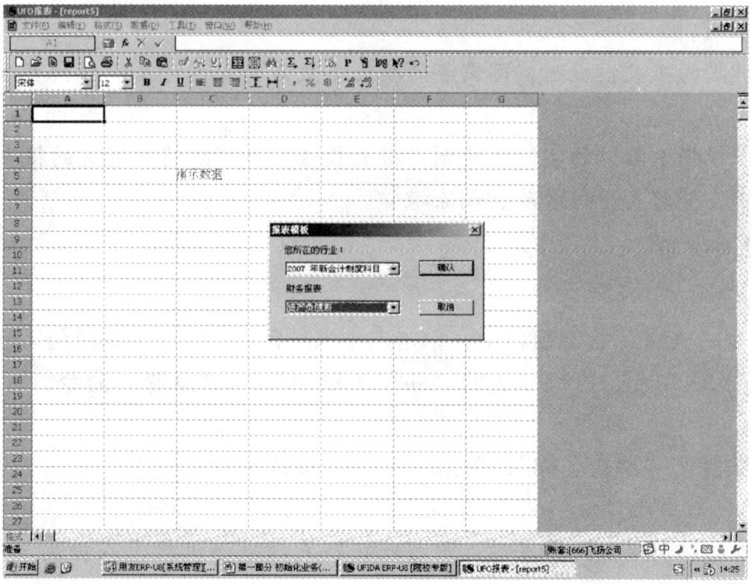

图 6-20　“报表模板”对话框

（4）单击“确认”按钮，系统弹出“模板格式将覆盖本表格式！是否继续”信息提示框。

（5）单击“确认”按钮，打开按“新会计制度科目”设置的资产负债表模板，如图 6-21 所示。

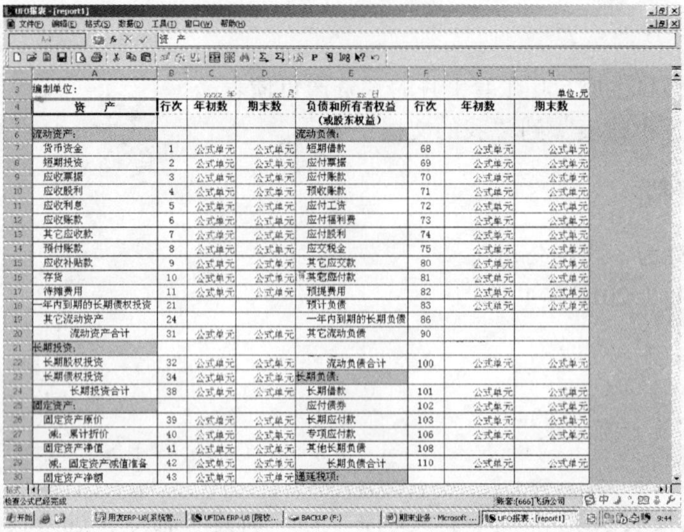

资 产	行次	年初数	期末数	负债和所有者权益（或股东权益）	行次	年初数	期末数
编制单位：		xxxx 年	xx 月	xx 日			单位：元
流动资产：				流动负债：			
货币资金	1	公式单元	公式单元	短期借款	68	公式单元	公式单元
短期投资	2	公式单元	公式单元	应付票据	69	公式单元	公式单元
应收票据	3	公式单元	公式单元	应付账款	70	公式单元	公式单元
应收股利	4	公式单元	公式单元	预收账款	71	公式单元	公式单元
应收利息	5	公式单元	公式单元	应付工资	72	公式单元	公式单元
应收账款	6	公式单元	公式单元	应付福利费	73	公式单元	公式单元
其它应收款	7	公式单元	公式单元	应付股利	74	公式单元	公式单元
预付账款	8	公式单元	公式单元	应交税金	75	公式单元	公式单元
应收补贴款	9	公式单元	公式单元	其它应交款	80	公式单元	公式单元
存货	10	公式单元	公式单元	其它应付款	81	公式单元	公式单元
待摊费用	11	公式单元	公式单元	预提费用	82	公式单元	公式单元
一年内到期的长期债权投资	21			预计负债	83	公式单元	公式单元
其它流动资产	24			一年内到期的长期负债	86		
流动资产合计	31	公式单元	公式单元	其它流动负债	90		
长期投资：							
长期股权投资	32	公式单元	公式单元	流动负债合计	100	公式单元	公式单元
长期债权投资	34	公式单元	公式单元	长期负债：			
长期投资合计	38	公式单元	公式单元	长期借款	101	公式单元	公式单元
固定资产：				应付债券	102	公式单元	公式单元
固定资产原价	39	公式单元	公式单元	长期应付款	103	公式单元	公式单元
减：累计折价	40	公式单元	公式单元	专项应付款	106	公式单元	公式单元
固定资产净值	41	公式单元	公式单元	其他长期负债	108		
减：固定资产减值准备	42	公式单元	公式单元	长期负债合计	110	公式单元	公式单元
固定资产净额	43	公式单元	公式单元	递延税项：			

图 6-21　资产负债表模板

提示：

①在格式状态下操作，生成的报表为新建，在保存或另存时选择路径。

②在调用报表模板时，一定要注意正确地选择所在行业相应的会计报表，不同行业的会计报表其内容不同。

③如果被调用的报表模板与实际需要的报表格式或公式不完全一样，可以在此基础上进行修改。

④用户可以根据本单位的实际需要制定报表模板，并可以将自定义的报表模板加入系统提示的目标库中，并对其进行修改、删除操作。

（二）设置关键字

操作步骤：

（1）在报表“格式”状态窗口中，单击选中 A3 单元，将“编制单位”删除。

（2）仍选中 A3 单元，执行“数据”→“关键字”→“设置”命令，打开“设置关键字”对话框。

（3）设置关键字“单位名称”，单击“确定”按钮。

提示：

①如果报表的编制单位是固定的，则可以在格式状态下直接录入编制单位的有关内容，不用设置关键字。

②通过设置关键字可以在每次生成报表数据时以录入关键字的形式录入单位名称等信息。

（三）录入关键字并计算报表数据

操作步骤：

（1）在报表“格式”状态窗口中，单击“数据”按钮，系统提示“是否确定全表重算?”。

（2）单击“否”按钮，进入报表的“数据”状态窗口。

（3）在报表的“数据”状态窗口中，执行“数据”→“关键字”→“录入”命令，打开“录入关键字”对话框。录入各项关键字，单击“确认”按钮，系统提示“是否重算第 1 页?”

（4）单击“是”按钮，生成资产负债表的数据，如图 6-22 所示。

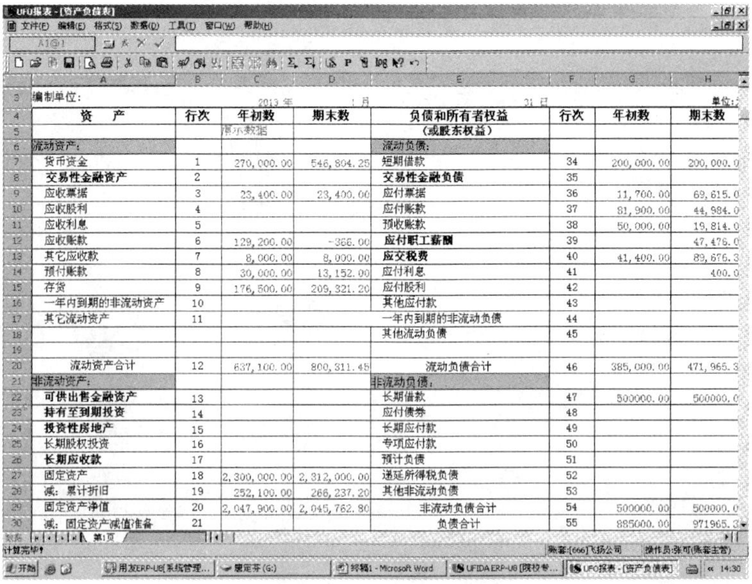

资　产	行次	年初数	期末数	负债和所有者权益（或股东权益）	行次	年初数	期末数
		演示数据					
流动资产:				流动负债:			
货币资金	1	270,000.00	546,804.25	短期借款	34	200,000.00	200,000.0
交易性金融资产	2			交易性金融负债	35		
应收票据	3	23,400.00	23,400.00	应付票据	36	11,700.00	69,615.0
应收股利	4			应付账款	37	81,900.00	44,984.0
应收利息	5			预收账款	38	50,000.00	19,814.0
应收账款	6	129,200.00	-366.00	应付职工薪酬	39		47,476.0
其它应收款	7	8,000.00	8,000.00	应交税费	40	41,400.00	89,676.3
预付账款	8	30,000.00	13,152.00	应付利息	41		400.0
存货	9	176,500.00	209,321.20	应付股利	42		
一年内到期的非流动资产	10			其他应付款	43		
其它流动资产	11			一年内到期的非流动负债	44		
				其他流动负债	45		
流动资产合计	12	637,100.00	800,311.45	流动负债合计	46	385,000.00	471,965.3
非流动资产:				非流动负债:			
可供出售金融资产	13			长期借款	47	500000.00	500000.0
持有至到期投资	14			应付债券	48		
投资性房地产	15			长期应付款	49		
长期股权投资	16			专项应付款	50		
长期应收款	17			预计负债	51		
固定资产	18	2,300,000.00	2,312,000.00	递延所得税负债	52		
减：累计折旧	19	252,100.00	266,237.20	其他非流动负债	53		
固定资产净值	20	2,047,900.00	2,045,762.80	非流动负债合计	54	500000.00	500000.0
减：固定资产减值准备	21			负债合计	55	885000.00	971965.3

图 6-22　生成资产负债表数据

提示：

①关键字应采用系统提供的定义关键字功能定义，而不应该直接录入。而现在所调用过的报表模板，在 A3 单元中已经录入了“编制单位”，应先删除后再定义。

②在数据状态中录入关键字后，系统会提示“是否重算第 1 页?”，可以单击“是”直接计算，也可以单击“否”暂时不算。

（四）保存资产负债表

执行“文件”→“保存”命令，在“E:\ 666 账套备份”中将文件存为“1 月份资产负债表”。

附录

综/合/实/验

第一部分

初始化业务

实验一　系统管理与基础设置

实验准备

正确安装用友 ERP－U8（872 版），将系统日期修改为“2013 年 1 月 1 日”。

实验要求

- 增加用户
- 建立账套（不进行系统启用的设置）
- 设置用户权限
- 101 号操作员在企业应用平台中分别启用“总账”、“应收款管理”、“应付款管理”、“固定资产”、“薪资管理”，启用日期为 2013 年 1 月 1 日
- 设置部门档案、人员类别、职员档案、供应商分类、客户档案
- 账套备份

实验资料

1. 操作员及权限（附录表 1-1）

附录表 1-1　操作员及其权限

编号	姓名	口令	所属部门	角色	权限
101	张立	A01	财务部	账套主管	账套主管的全部权限
102	李娜	A02	财务部	总账会计	具有总账会计的全部权限
103	陈乐	A03	财务部	出纳	总账系统中出纳签字（GL0203）及出纳（GL04）的所有权限

2. 账套信息

账套号：100

单位名称：辉煌股份有限公司

单位简称：辉煌公司

单位地址：北京市西城区南四大街 20 号

法人代表：王东

邮政编码：100056

税号：100011010255669

启用会计期：2013 年 1 月

企业类型：工业

行业性质：2007 新会计制度科目

账套主管：张立

基础信息：对供应商进行分类

分类编码方案：

科目编码级次：4222

供应商分类编码级次：123

部门编码级次：122

3. 部门档案（附录表 1-2）

附录表 1-2 部门档案

部门编码	部门名称
1	人事部
2	财务部
3	供销中心
301	采购部
302	销售部
4	生产部

4. 人员类别

在职人员分为 1001 企业管理人员、1002 经营人员和 1003 生产人员。

5. 人员档案（附录表 1-3）

附录表 1-3 人员档案

人员档案	人员姓名	性别	人员类别	行政部门	是否业务员
001	王东	男	企业管理人员	人事部	
002	张立	男	企业管理人员	财务部	
003	李娜	女	企业管理人员	财务部	
004	陈乐	男	企业管理人员	财务部	

续表

人员档案	人员姓名	性别	人员类别	行政部门	是否业务员
005	周芳	女	经营人员	采购部	是
006	马超	男	经营人员	销售部	是
007	江明	男	生产人员	生产部	

6. 供应商分类（附录表 1-4）

附录表 1-4　供应商分类

类别编码	类别名称
1	主料供应商
2	配件供应商

7. 供应商档案（附录表 1-5）

附录表 1-5　供应商档案

供应商编码	供应商名称/简称	所属分类	税号	分管部门	专管业务员
01	成长公司	1	110142568901237	采购部	周芳
02	大华公司	2	110143879603218	采购部	周芳

8. 客户档案（附录表 1-6）

附录表 1-6　客户档案

客户编码	客户名称/简称	税号	分管部门	专管业务员
01	飞乐公司	245689840492194	销售部	马超
02	兴建公司	490392871630426	销售部	马超

实验二　总账系统初始化

实验准备

已经完成了实验一的操作；将系统日期修改为“2013 年 1 月 1 日”，由 101 号操作员注册进入企业应用平台操作。

实验要求

- 设置会计科目
- 指定会计科目
- 设置凭证类别

- 设置选项
- 输入期初余额
- 设置结算方式
- 设置项目目录
- 备份账套

实验资料

1. 会计科目

（1）“1001 库存现金”为现金总账科目、“1002 银行存款”为银行总账科目。

（2）增加会计科目（附录表 1-7）。

附录表 1-7　增加的会计科目

科目编码	科目名称	辅助账类型
100201	建行存款	日记账、银行账
122101	职工个人借款	个人往来
660201	差旅费	部门核算
660202	办公费	部门核算
660203	工资	部门核算
660204	福利费	部门核算
660205	折旧费	部门核算
660206	其他	

（3）修改会计科目。

- “1121 应收票据”、“1122 应收账款”、“2203 预收账款”科目辅助账类型为“客户往来”（受控系统为应收系统）；
- “2201 应付票据”、“2202 应付账款”、“1123 预付账款”科目辅助账类型为“供应商往来”（受控系统为应付系统）；
- “1605 工程物资”科目及所属明细科目辅助账类型为“项目核算”。

2. 凭证类别（附录表 1-8）

附录表 1-8　凭证类别

类别名称	限制类型	限制科目
收款凭证	借方必有	1001，1002
付款凭证	贷方必有	1001，1002
转账凭证	凭证必无	1001，1002

3. 选项

不允许修改、作废他人填制的凭证；出纳凭证必须经由出纳签字；可以使用应收、应付系统的受控科目。

4. 期初余额（附录表 1-9）

附录表 1-9　期初余额

科目名称	借方金额	贷方金额	备注
库存现金	20 000		
银行存款－建设银行	280 000		
应收账款	1 400 000		飞乐公司在 2012 年 12 月 11 日购买甲产品 10 台，价税合计 798 000 元，货款未付，代垫运费 2 000 元，发票号 78 600；兴建公司在 2012 年 11 月 24 日购买乙产品 20 台，价税合计 600 000 元，货款未付，发票号 78599
原材料	3770140		
库存商品	1 200 000		
固定资产	3 500 000		
累计折旧	170 140		
短期借款		2 000 000	
应付账款		4 000 000	2012 年 11 月 15 日，向成长公司购买乙材料 2 000 000元，款未付；2012 年 12 月 12 日向大华公司购买甲材料 2 000 000 元，款未付
实收资本		3 500 000	
盈余公积		500 000	
合计	10 000 000	10 000 000	

5. 结算方式

结算方式包括现金结算、现金支票结算、转账支票结算及其他结算。

6. 项目目录

项目大类为“工程”，核算科目为“工程物资”及明细科目，项目内容为“办公楼”和“商务楼”，其中“商务楼”包括“1 号楼”和“2 号楼”两项工程。

实验三　薪资管理系统初始化

实验准备

已经完成了“总账系统初始化”的操作；将系统日期修改为“2013 年 1 月 1 日”。由 101 操作员注册进入 100 账套的薪资管理系统。

实验要求

- 建立工资账套
- 基础设置
- 工资类别管理
- 设置基本人员工资账套的工资项目
- 设置计算公式
- 录入并计算 1 月份的工资数据
- 扣缴所得税
- 银行代发工资
- 分摊工资并生成转账凭证
- 账套输出

实验资料

1. 100 账套工资系统的参数

工资类别有两个，工资核算本位币为人民币，不核算计件工资，自动代扣个人所得税，进行扣零设置且扣零到元，人员编码长度采用系统默认的 10 位。工资类别为“基本人员”和“退休人员”，并且总人员分布各个部门，而退休人员只属于人事部门。

2. 人员附加信息

人员的附加信息为“学历”和“技术职称”。

3. “基本人员”的工资项目（附录表 1-10）

附录表 1-10　工资项目

工资项目名称	类型	长度	小数	增减项
基本工资	数字	8	2	增项
职务补贴	数字	8	2	增项
交通补贴	数字	8	2	增项
奖金	数字	8	2	增项
缺勤扣款	数字	8	2	减项
缺勤天数	数字	8	2	其他

4. 银行名称

银行名称为“工商银行”。账号长度为 11 位，录入时自动带出的账号长度为 8 位。

5. 工资类别

基本人员和退休人员（注：如果在建立工资账套后已经设置了“基本人员”的工资类别，此处只需设置“退休人员”的工资类别，否则，两类工资类别需要在此设置）。

6. 基本人员档案（附录表 1-11）

附录表 1-11　基本人员档案表

职员编号	人员姓名	学历	职称	人员类别	所属部门	银行代发账号
0000000001	王东	大学	中级	企业管理人员	人事部（1）	11020128001
0000000002	张立	大学	经济师	企业管理人员	财务部	11020128002
0000000003	李娜	大学	会计师	企业管理人员	财务部	11020128003
0000000004	陈乐	大专	助理会计师	企业管理人员	财务部	11020128004
0000000005	周芳	大学	初级	经营人员	采购部	11020128005
0000000006	马超	大专	初级	经营人员	销售部	11020128006
0000000007	江明	大专	初级	生产人员	生产部	11020128007

实验四　固定资产系统初始化

实验准备

已经完成了“薪资系统初始化”的操作；将系统日期修改为“2013 年 1 月 1 日”。由 101 号操作员注册进入 100 账套的“固定资产”。

实验要求

- 建立固定资产子账套
- 基础设置
- 录入原始卡片
- 修改固定资产卡片
- 增加固定资产
- 计提本月折旧并制单
- 生成增加固定资产的记账凭证
- 账套备份

实验资料

1. 100 账套固定资产系统的参数

固定资产账套的启用月份为“2013 年 1 月”，固定资产采用“平均年限法（一）”计提折旧，折旧汇总分配周期为一个月；当“月初已计提月份 = 可使用月份 - 1”时，将剩余折旧全部提足。固定资产编码方式为“2 - 1 - 1 - 2”；固定资产编码方式采用手工输入方法。要求固定资产系统与总账进行对账；固定资产对账科目为“1601 固定资产”；累计折旧对账科目为“1602 累计折旧”；对账不平衡的情况下允许固定资产月末结账。

2. 部门对应折旧科目（附录表1-12）

附录表1-12 部门对应折旧科目

部门名称	贷方科目
人事部	管理费用－折旧费（660205）
财务部	管理费用－折旧费（660205）
采购部	销售费用（6601）
销售部	销售费用（6601）
生产车间	制造费用（5105）

3. 固定资产类别（附录表1-13）

附录表1-13 固定资产类别

类别编码	类别名称	使用年限/年	净残值率/%	计提属性	折旧方法	卡片样式
01	房屋	30	5	总提折旧	平均年限法（一）	通用样式
02	营业设备	10	5	正常计提	平均年限法（一）	通用样式
03	办公设备	30	5	正常计提	平均年限法（一）	通用样式
04	运输设备	10	5	正常计提	平均年限法（一）	通用样式

4. 固定资产增减方式（附录表1-14）

附录表1-14 固定资产增减方式

增加方式	对应入账科目	减少方式	对应入账科目
直接购入	银行存款－建行存款（100201）	出售	固定资产清理（1606）
投资者投入	实收资本（4001）	投资转出	长期股权投资（1511）
捐赠	资本公积（4002）	捐赠转出	固定资产清理（1606）
盘盈	待处理财产损溢（1901）	盘亏	待处理财产损溢（1901）
在建工程转入	在建工程（1604）	报废	固定资产清理（1606）

5. 固定资产原始卡片（附录表1-15）

附录表1-15 “固定资产原始卡片”窗口

资产名称	类别号	增加方式	原值	使用年限/年	使用部门	累计折旧	开始使用时间	使用状况
办公楼	01	在建工程转入	800 000	30	人事部	1 920	2012－01－08	在用
营业楼	01	在建工程转入	700 000	30	销售部		2011－01－08	在用
仓库	01	在建工程转入	1 000 000	30	生产部		2010－01－08	在用
5吨卡车	04	直接购入	400 000	10	销售部		2010－01－08	在用
10吨卡车	04	直接购入	600 000	10	采购部		2010－04－01	在用

实验五　应收账款管理系统初始化

实验准备

已经完成了“固定资产系统初始化”的操作；将系统日期修改为“2013 年 1 月 1 日”。由 101 号操作员注册进入 100 账套的“应收款管理”。

实验要求

- 设置系统参数
- 设置科目
- 坏账准备设置
- 账龄区间设置
- 报警级别设置
- 录入期初余额
- 账套备份

实验资料

1. 100 账套应收款系统的参数

坏账处理方式为“应收余额百分比法”，启用客户权限，并且按信用方式根据单据提前 7 天自动报警。

2. 基本科目

应收科目为“1122 应收账款”，销售收入科目为“6001 主营业务收入”，应交增值税科目为“2221 应交税费”，销售退回科目为“6001 主营业务收入”，商业承兑科目为“1121 应收票据”。

3. 结算方式科目

现金支票结算方式科目为“1001 现金”，转账支票结算方式科目为“100201 建行存款”。

4. 坏账准备

提取比率为“0.3%”，坏账准备期初余额为“0”，坏账准备科目为“1231 坏账准备”，坏账准备对方科目为“6701 资产减值损失”。

5. 账龄区间

总天数分别为 0～30，31～60，61～90，91～180，181～360，361 以上。

6. 报警级别

A 级时的总比率为 20%，B 级时的总比率为 30%，总比率在 30% 以上的为 C 级。

7. 存货分类（附录表 1-16）

附录表 1-16　存货分类

存货分类编码	存货分类名称
01	原料
02	辅助材料
03	库存商品
04	应税劳务

8. 计量单位（附录表 1-17）

附录表 1-17　计量单位

计量单位组	计量单位
基本计量单位（无换算率）	1 吨
	2 台
	3 桶
	4 千米

9. 存货档案（附录表 1-18）

附录表 1-18　存货档案

存货编码	存货名称	所属分类码	计量单位	税率/%	存货属性
001	钢材	01	吨	17	外购、生产耗用
002	油漆	01	桶	17	外购、生产耗用
003	甲产品	03	台	17	自制、销售（内销、外销）
004	乙产品	03	台	17	自制、销售（内销、外销）
005	运输费	04	千米	7	外购、销售（内销、外销）、应税劳务
006	乙材料	01	吨	17	外购、生产耗用
007	甲材料	01	吨	17	外购、生产耗用

10. 期初余额（开票日期为 2012 年，见附录表 1-19）

附录表 1-19　期初余额情况

单据名称	方向	开票日期	客户名称	销售部门	科目编码	价税合计/元	票号	货物名称	数量	无税单价/元
销售专用发票	正	2012. 12. 11	飞乐公司	销售部	1122	79 200	78600	甲产品	10	7 920
销售专用发票	正	2012. 11. 24	兴建公司	销售部	1122	600 000	78599	乙产品	20	30 000
其他应收单	正	2012. 12. 11	飞乐公司	销售部	1122	2 000		运费		

实验六　应付账款管理系统初始化

实验准备

已经完成了“总账系统初始化”的操作；将系统日期修改为“2013 年 1 月 1 日”。由 101 号操作员注册进入 100 账套的“应付款管理”。

实验要求

- 设置系统参数
- 基础设置
- 报警级别设置
- 录入期初余额
- 账套备份

实验资料

1. 100 账套应付款系统的参数

启用供应商权限，并且按信用方式根据单据提前 7 天自动报警。

2. 基本科目

应付科目为“2202 应付账款”，预付科目为“1123 预付账款”，采购科目为“1201 在途物资”，采购税金科目为“2221 应交税费”，商业承兑科目为“2201 应付票据”。

3. 结算方式

转账支票结算方式科目为“100201 建行存款”。

4. 报警级别

A 级时的总比率为 30%，B 级时的总比率为 40%，总比率在 40% 以上的为 C 级。

5. 期初余额（开票日期为 2012 年，见附录表 1-20）

附录表 1-20　期初余额

单据名称	方向	开票日期	票号	供应商名称	采购部门	科目编码	货物名称	数量	原币单价
采购专用发票	正	2012. 11. 15	33987	成长公司	采购部	2202	乙材料	400	5 000
采购专用发票	正	2012. 12. 12	34567	大华公司	采购部	2202	甲材料	500	3 980
采购普通发票	正	2012. 12. 12	34674	大华公司	采购部	2202	运费		10 000

第二部分

日常业务处理

实验一　总账系统日常业务处理

实验准备

已经完成了初始化的操作，将系统日期修改为“2013 年 1 月 31 日”。

实验要求

- 由 101 号操作员设置常用摘要并审核凭证；由 102 号操作员对除设置常用摘要、审核凭证和出纳签字以外的业务进行操作；由 103 号操作员进行出纳签字
- 设置账套参数
- 填制凭证
- 审核凭证
- 出纳签字
- 修改第 2 号付款凭证的金额为 130 000 元
- 删除第 1 号收款凭证并整理断号
- 设置常用凭证
- 记账
- 查询已记账的第 1 号转账凭证
- 银行对账
- 定义转账分录
- 生成机制凭证
- 对账
- 冲销第 1 号付款凭证
- 期间损益结转
- 账套备份

实验资料

1. 常用摘要（附录表 2-1）

附录表 2-1　常用摘要

摘要编码	摘要内容
1	报销办公费
2	提现
3	报销差旅费

2. 2013 年 1 月发生如下经济业务

（1）1 月 5 日，以现金 1 000 元支付修理费。

借：管理费用　　1 000

　贷：库存现金　　1 000

（2）1 月 10 日，偿还以前欠成长公司的货款 120 000 元。

借：应付账款－成长　　120 000

　贷：银行存款－建行　　120 000

（3）1 月 15 日，销售部马超向飞乐公司销售 A 产品 60 000 元，货款暂欠。

借：应收账款－飞乐公司　　60 000

　贷：主营业务收入－销售部 / 马超 / A 产品　　60 000

（4）1 月 20 日，采购甲材料 1 000 千克，单价 50 元 / 千克；乙材料 500 千克，单价 40 元 / 千克，以建行存款支付。

借：原材料－甲材料　　50 000

　　　　－乙材料　　20 000

　贷：银行存款－建设银行　　70 000

（5）1 月 30 日，支付本月通信费。

借：管理费用 / 销售部 / 马超　　1 200

　贷：库存现金　　1 200

（6）1 月 30 日，收回飞乐公司前欠货款 60 000 元，存入建行。

借：银行存款－建行　　60 000

　贷：应收账款－飞乐公司　　60 000

3. 常用凭证

摘要：从建行提取现金，凭证类别：付款凭证；科目编码：1001 和 100201。

4. 银行对账期初数据

单位日记账余额为 280 000 元，银行对账单期初余额为 288 000 元，有银行已收企业未收金额 8 000 元。

5. 2013 年 1 月建设银行对账单记录（附录表 2-2）

附录表 2-2　银行对账单

日期	结算方式	票号	借方金额/元	贷方金额/元
2013.01.08	转账支票	1133		10 000
2013.01.21	转账支票	1342	8 000	

实验二　薪资日常业务处理

实验准备

已经完成了上述实验的操作；将系统日期修改为“2013 年 1 月 31 日”。

实验要求

- 由 101 号操作员设置薪资计算公式
- 由 101 操作员计算个人所得税
- 由操作员 101 录入工资项目
- 分摊工资构成设置并生成相关凭证
- 账套备份

1. 计算公式

缺勤扣款 = 基本工资/22 * 缺勤天数

采购人员和销售人员的交通补贴为 200 元，其他人员的交通补贴为 100 元。

2. 个人所得税

按“实发工资”扣除“3500”元后计税。

3. 2013 年 1 月有关的工资数据（附录表 2-3）

附录表 2-3　2013 年 1 月有关的工资数据

职员编号	人员姓名	所属部门	人员类别	基本工资/元	职务补贴/元	奖金/元	缺勤天数
001	王东	人事部（1）	企业管理人员	4 000	2 000	800	
002	张立	财务部	企业管理人员	3 000	1 500	700	2
003	李娜	财务部	企业管理人员	4 000	1 500	800	
004	陈乐	财务部	企业管理人员	1 500	900	1 000	
005	周芳	采购部	经营人员	1 500	900	1 200	
006	马超	销售部	经营人员	1 200	800	1 100	
007	江明	生产部	生产人员	1 200	800	1 100	

4. 分摊构成设置

按工资总额的 14% 计提福利费，按工资总额的 2% 计提工会经费，见附录表 2-4。

附录表 2-4　分摊构成设置

计提类型名称	部门名称	人员类别	项目	借方科目	贷方科目
应付工资	人事部、财务部	企业管理人员	应发合计	管理费用－工资（660203）	应付职工薪酬（2211）
	采购部、销售部	经营人员	应发合计	销售费用（6601）	应付职工薪酬（2211）
应付福利费	人事部、财务部	企业管理人员	应发合计	管理费用－福利费（660204）	应付职工薪酬（2211）
	采购部、销售部	经营人员	应发合计	销售费用（6601）	应付职工薪酬（2211）
工会经费	人事部、财务部	企业管理人员	应发合计	管理费用－其他（660206）	其他应付款（2241）
	采购部、销售部	采购人员	应发合计	销售费用（6601）	其他应付款（2241）

实验三　固定资产日常业务处理

实验准备

已经完成了实验二的操作；将系统日期修改为“2013 年 1 月 31 日”。

实验要求

- 由 101 号操作员修改固定资产折旧方式
- 由 101 号操作员做新增固定资产的处理并生成凭证
- 由 103 号操作员进行出纳签字
- 由 102 审核凭证并记账
- 账套备份

1. 修改固定资产卡片

将卡片类别号为“01”的固定资产的折旧方式由“平均年限法（一）”修改为“年数总和法”。

2. 新增固定资产

2013 年 1 月 16 日直接购入并交付销售部使用一台打印机，预计使用年限为 5 年，原值为 20 000 元，净残值率为 3%，采用“双倍余额递减法”计提折旧。

3. 生成新增固定资产的凭证并审核记账

实验四　应收管理系统日常业务处理

实验要求

- 录入应收单据（其他应收单）并在审核后制单
- 录入收款单据并在审核后制单
- 核销兴建收款单据 50021
- 填制商业承兑汇票并制单
- 应收冲应收（01－02）暂不制单
- 处理坏账发生业务并制单
- 取消对兴建公司的核销操作
- 将未制单的单据制单
- 账套备份

实验资料

（1）2013 年 1 月 8 日，收到飞乐公司开出并承兑的商业承兑汇票一份，票面金额 120 000元，票据号 25006，2012 年 12 月 16 日签发，2013 年 1 月 16 日到期。

（2）2013 年 1 月 10 日，销售给兴建公司甲产品 20 台，无税单价 7 800 元，乙产品 10 台，无税单价 3 570 元。

（3）2013 年 1 月 28 日，收到兴建公司转账支票一张，还款共计 50 021 元。

（4）2013 年 1 月 28 日，销售给飞乐公司甲产品 20 台，无税单价 5 500 元，乙产品 20 台，无税单价 4 000 元。

（5）2013 年 1 月 30 日，收到飞乐公司预付款 60 000 元。

（6）2013 年 1 月 31 日，将 1 月 10 日形成的应向兴建公司收取的应收账款余额 10 000 元转为坏账。

实验五　应付款管理系统日常业务处理

实验要求

- 录入应付单据（其他应付单），审核但暂不制单
- 修改应付单据并审核
- 录入付款单据审核后制单
- 核销大华公司的付款单据
- 填制商业承兑汇票结算并制单
- 查询凭证
- 取消对大华公司的转账操作
- 将未制单的单据制单

- 账套备份

实验资料

（1）2013 年 1 月 14 日，从成长公司采购甲材料 30 吨，单价为每吨 700 元，增值税率为 17%，原材料已验收入库，货税款尚未支付。

（2）2013 年 1 月 15 日，从大华公司采购乙材料 20 吨，每箱单价为 3 000 元，增值税率为 17%，原材料已验收入库，货税款尚未支付。

（3）2013 年 1 月 18 日，发现 2013 年 1 月 14 日从大华公司采购原材料 30 吨的单价应为每吨 3 680 元。

（4）2013 年 1 月 20 日，以转账支票向大华公司支付采购原材料 20 吨的货税款 70 200元。

（5）2013 年 1 月 2 日，向大华公司签发并承兑商业承兑汇票一张（NO. 56688），面值为 30 000 元，到期日为 2013 年 1 月 22 日。

（6）2013 年 1 月 27 日，经三方同意，将向成长公司 2013 年 1 月 14 日购买原材料 30 吨货税款的余款转付给大华公司。

（7）2013 年 1 月 31 日，将 1 月 2 日向大华公司签发的商业承兑汇票结算。

（8）取消对大华公司的转账操作。

第三部分

期末业务处理

实验一　期末业务处理的实验

一、实验准备

引入已完成的“D:\888 账套备份\(4–2)总账日常业务处理”账套备份数据。将系统日期修改为“2013 年 1 月 31 日”，以“102”李娜的身份注册进入总账系统。

二、实验要求

1. 定义转账分录
2. 生成机制凭证
3. 对账
4. 结账
5. 账套备份

三、实验资料

将薪资管理系统（结账时删除退休人员工资类别）、固定资产系统、应收账款系统、应付账款系统分别做月末处理。

(一) 自定义转账

按短期借款期末余额的 0.2% 计提短期借款利息。

借：财务费用

　贷：应付利息

(二) 对应结转

将“应交税费—应交增值税—销项税额”贷方发生额转入“应交税费—应交增值税—未交增值税”，需增加这两个明细科目。

(三) 期间损益结转

将本月“期间损益”转入“本年利润”。

（四）利润分配结转

将“本年利润”贷方发生额转入“利润分配—未分配利润”。需增加明细科目。

实验二 编制报表

实验准备

在完成上述实验的基础上，由101操作员进入“UFO报表”进行编制报表的操作。

实验要求

- 设计利润表的格式
- 按新会计制度设计利润表的计算公式
- 生成自制利润表的数据
- 将已生成数据的自制利润表另存为“1月份利润表”
- 利用报表模板，按新会计制度科目生成资产负债表
- 保存“资产负债表”

实验资料

1. 表样内容（附录表3-1）

附录表3-1 表样内容

	A	B	C	D
1	利润表			
2	单位名称：	年	月	
3	项目	行数	本月数	本年累计数
4	一、主营业务收入	1		
5	减：主营业务成本	4		
6	主营业务税金及附加	5		
7	二、主营业务利润	10		
8	减：销售费用	11		
9	管理费用	12		
10	财务费用	15		
11	三、营业利润	17		
12	减：营业外支出	19		
13	四、利润总额	22		
14	减：所得税	23		
15	五、净利润	24		

2. 报表中的计算公式（附录表 3-2）

附录表 3-2 计算公式

位置	单元公式
C4	fs（6001，月，“贷”,,年）
C5	fs（6401，月，“借”,,年）
C6	fs（6403，月，“借”,,年）
C7	C4 - C5 - C6
C8	fs（6601，月，“借”,,年）
C9	fs（6602，月，“借”,,年）
C10	fs（6603，月，“借”,,年）
C11	C7 - C8 - C9 - C10
C12	fs（6711，月，“借”,,年）
C13	C11 - C12
C14	fs（6801，月，“借”,,年）
C15	C13 - C14
D4	？C4 + select（？D4，年@ = 年 and 月@ = 月 + 1）
D5	？C5 + select（？D5，年@ = 年 and 月@ = 月 + 1）
D6	？C6 + select（？D6，年@ = 年 and 月@ = 月 + 1）
D7	D4 - D5 - D6
D8	？C8 + select（？D8，年@ = 年 and 月@ = 月 + 1）
D9	？C9 + select（？D9，年@ = 年 and 月@ = 月 + 1）
D10	？C10 + select（？D10，年@ = 年 and 月@ = 月 + 1）
D11	D7 - D8 - D9 - D10
D12	？C12 + select（？D12，年@ = 年 and 月@ = 月 + 1）
D13	D11 - D12
D14	？C14 + select（？D14，年@ = 年 and 月@ = 月 + 1）
D15	D13 - D14